AF536063

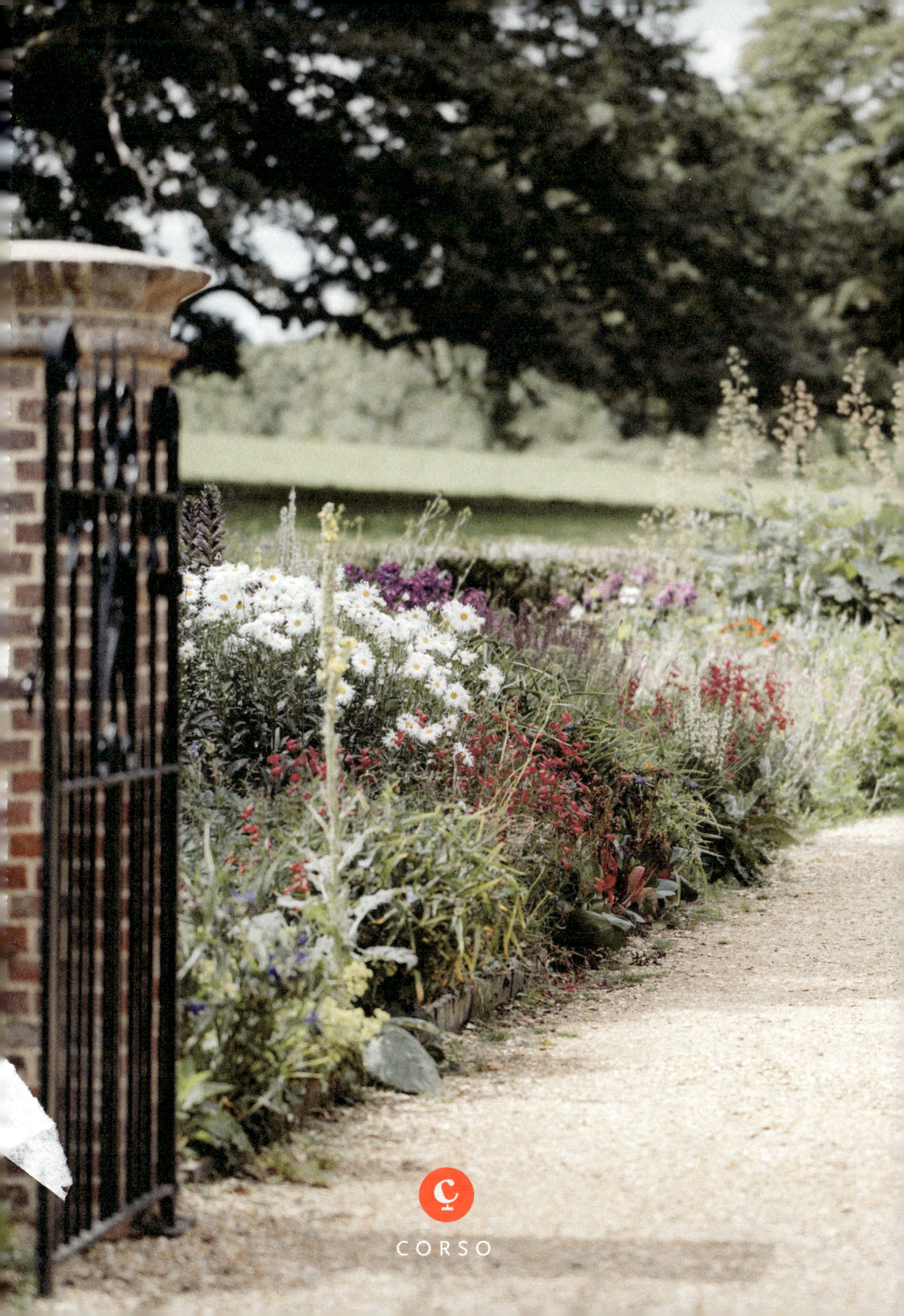
CORSO

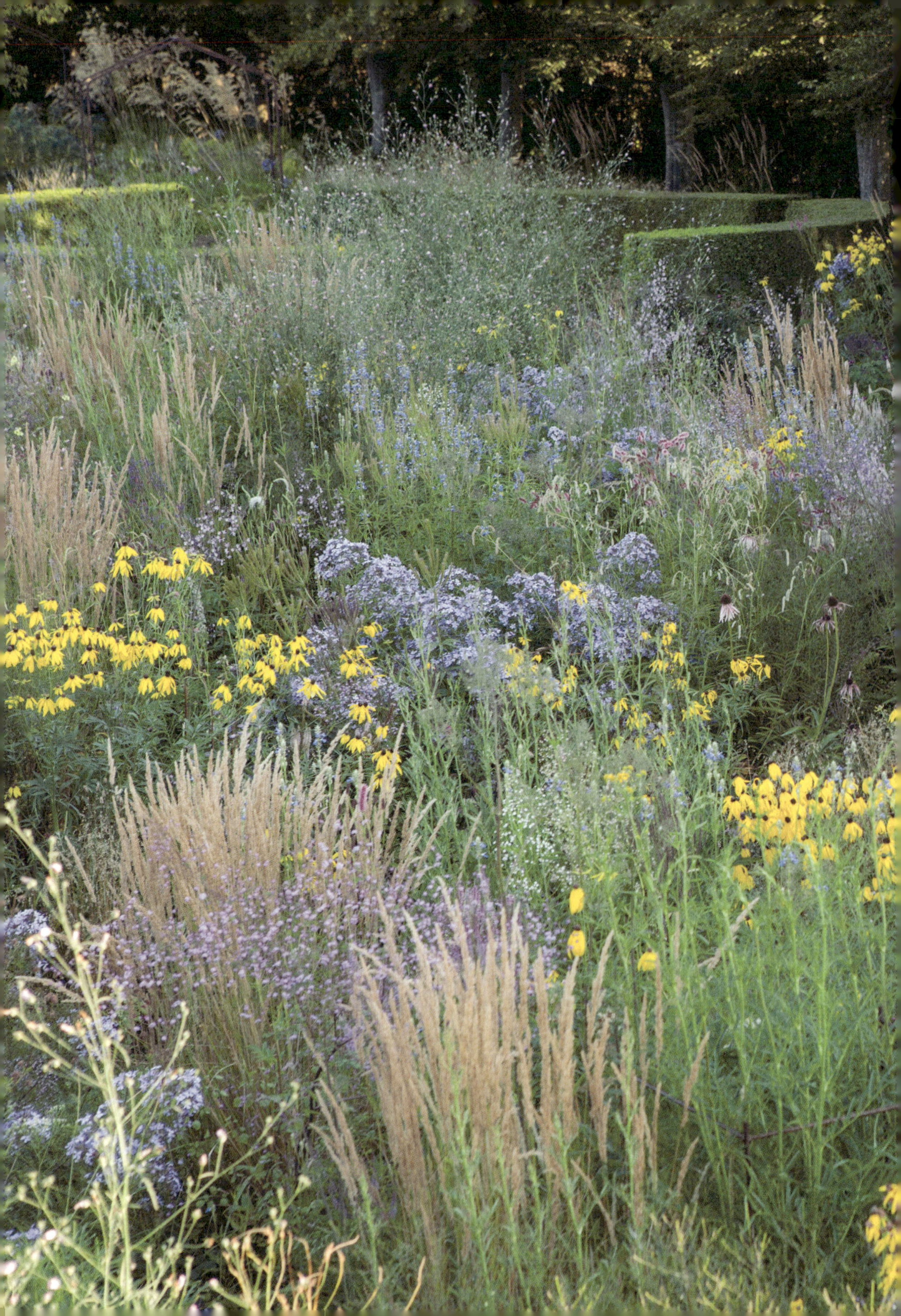

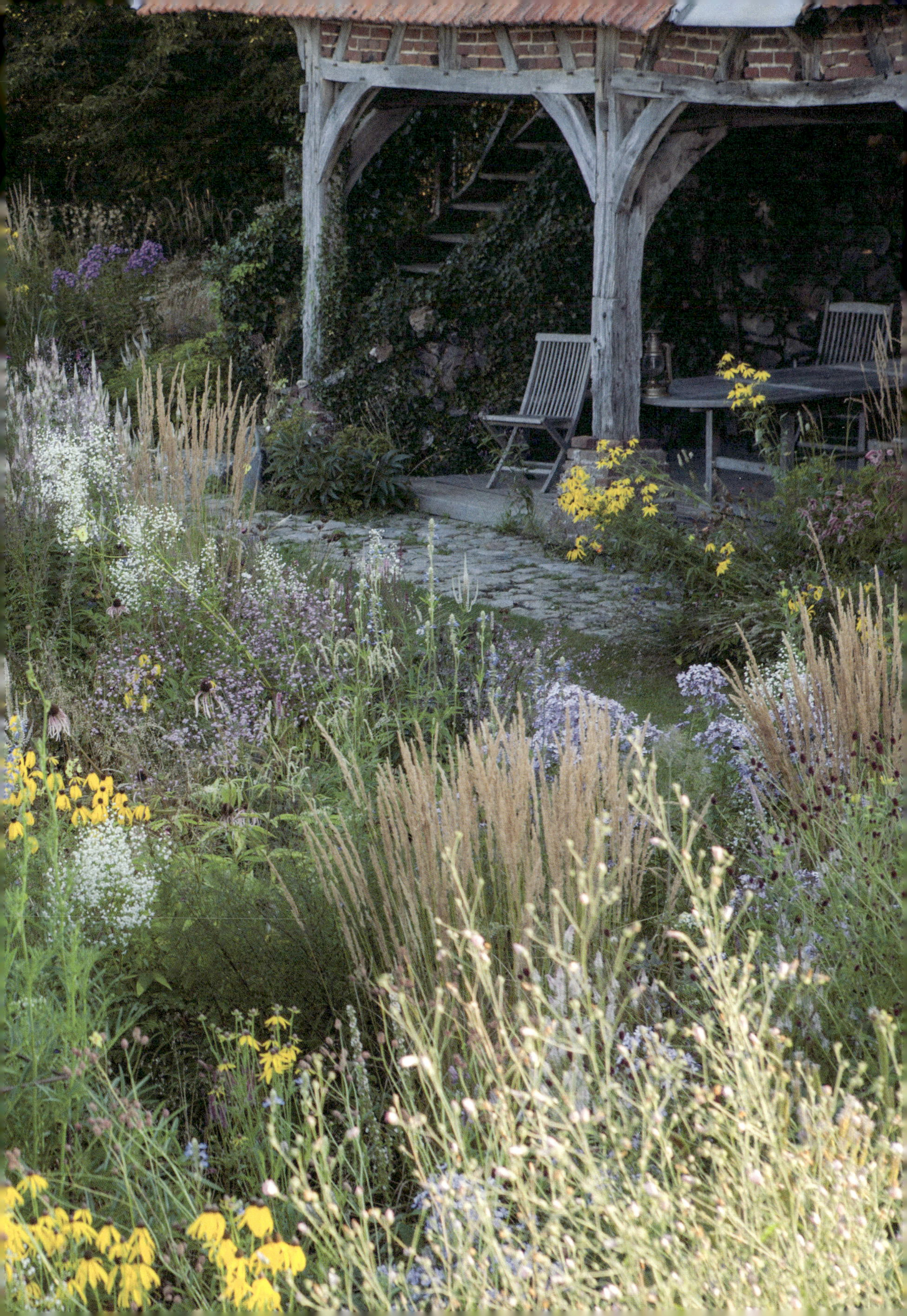

Christa Hasselhorst

Zwischen Schlosspark und Küchengarten

Das Paradies ist überall

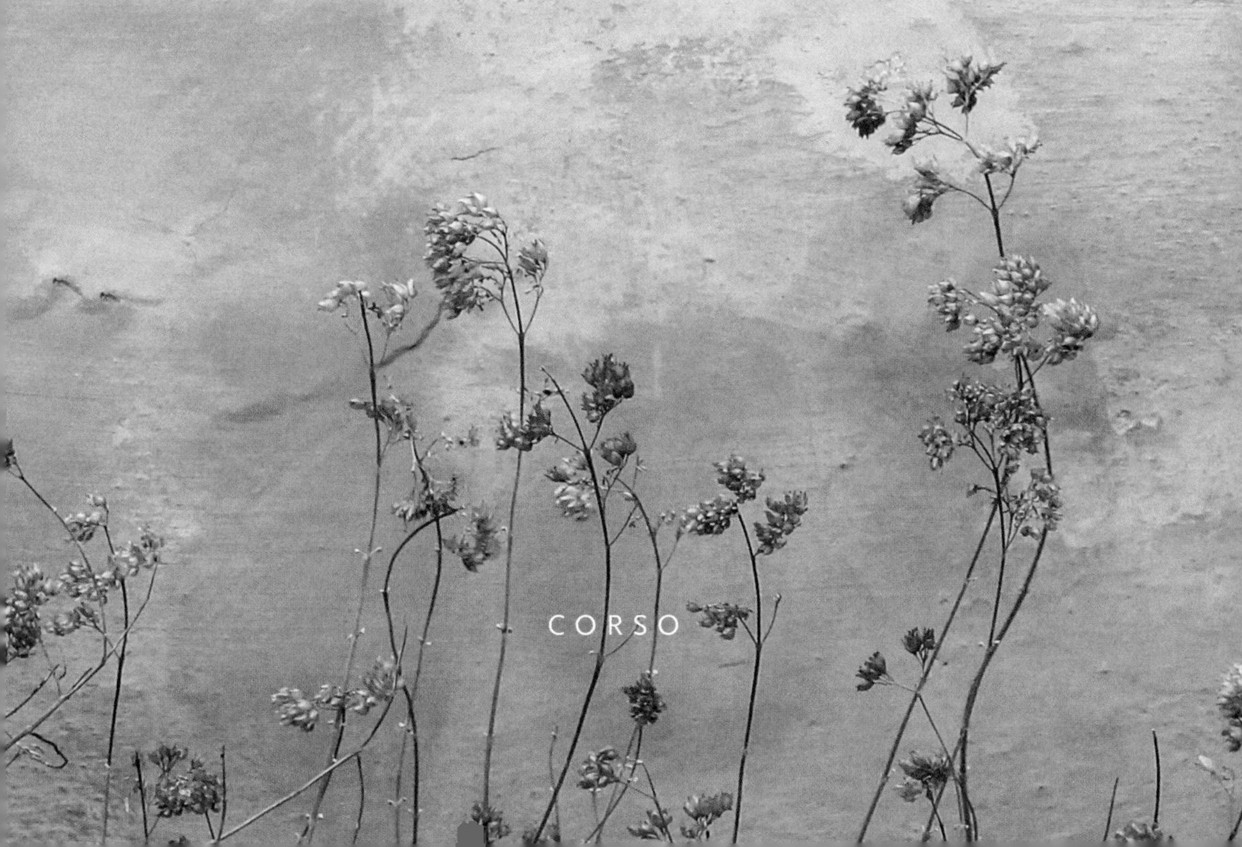

CORSO

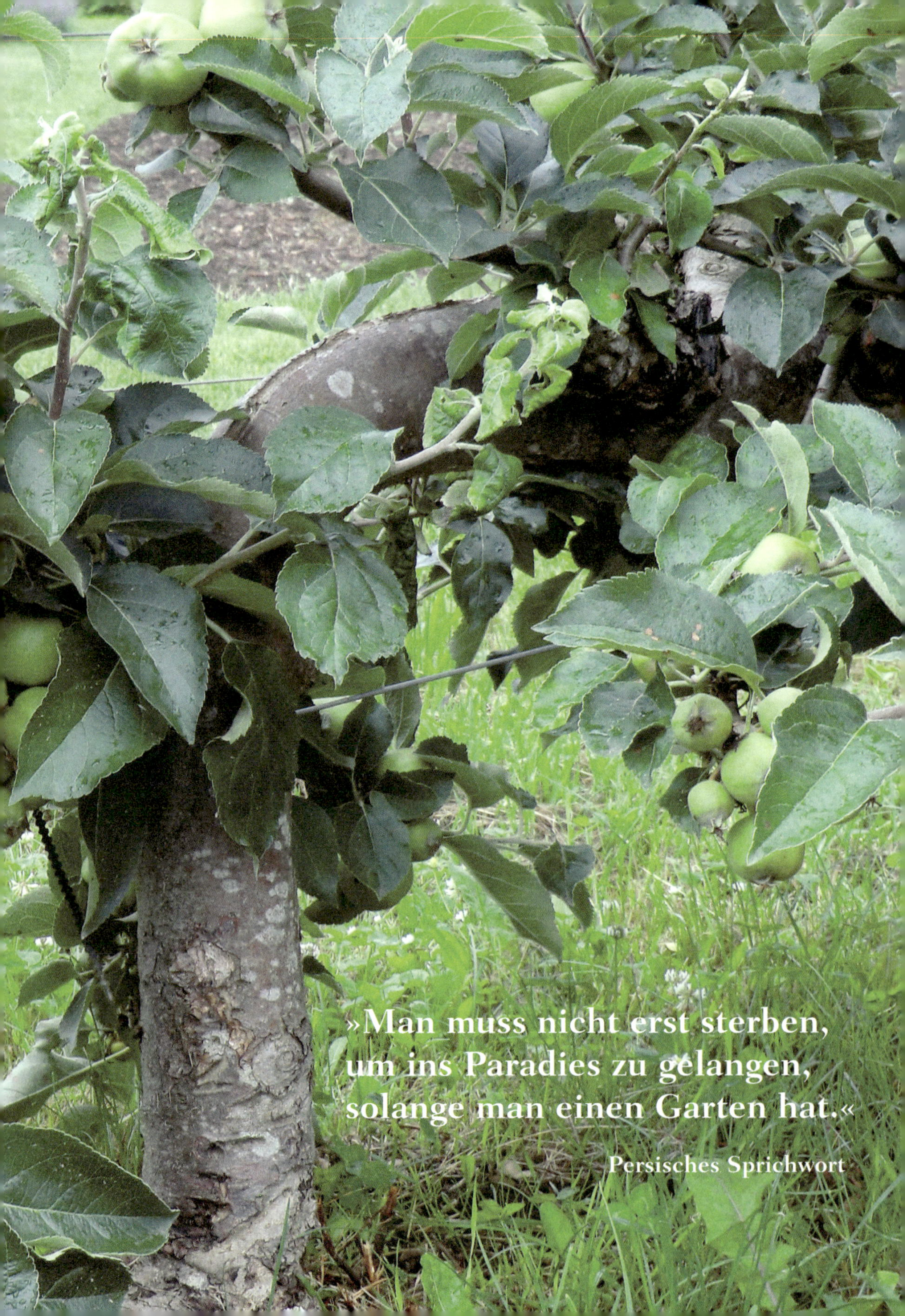
»Man muss nicht erst sterben,
um ins Paradies zu gelangen,
solange man einen Garten hat.«
Persisches Sprichwort

Das Paradies

Das Paradies. Für wohl fast alle Menschen weltweit bedeutet dieser mythologische Ort des Glücks ganz konkret: Garten. Das eigene, vielleicht sogar selbst gestaltete Refugium als Paradies, in das wir uns zurückziehen. Seit Jahrtausenden modulieren wir die Erde nach eigenen Vorstellungen und domestizieren dafür die Natur. Jeder Garten, jeder Park ist eine vom Menschen gestaltete Kunst-Natur. Und jeder bezeugt die immerwährende Suche nach einem Ort der Geborgenheit, voller Schönheit und Fülle. Ein Realität gewordener individueller Sehnsuchtsort. Im 21. Jahrhundert ist dieser mehr denn je zum begehrten Objekt geworden. Denn seit ein Virus im Jahr 2020 unser Leben radikal auf den Kopf stellte, erkennen wir, welch ein kostbares Gut, ja Luxus, ein Stück Natur ist. Und so ändert sich gerade unsere Vorstellung vom Paradies. Was bedeutet es heute? Muss es das eingezäunte Eigentum sein? Schrebergärten und Gemeinschaftsgärten sind gefragt wie nie, Balkonien ist ein neues Reiseziel. Das Paradies kann auch der öffentliche Park sein, heute mehr denn je auch gesellschaftlicher Spielraum. Schon vor Jahrhunderten ließen Fürsten – von Schwetzingen bis zum Gartenreich Wörlitz – traumhafte grüne Oasen für alle schaffen. Und die Städte wollen nun mit mehr Grün mehr Lebensqualität erreichen. Vielleicht liegt das Paradies um die Ecke, in der üppig blühenden Grünfläche mitten im Häusermeer. Gleichzeitig ist unsere gesamte Natur, also auch Parks und Gärten, vielfältig bedroht. Angesichts dieser Herausforderungen stellt sich die Frage, was das Paradies zukünftig sein könnte. Was es sein kann, zeigen die Beispiele in diesem Buch: dass es weder auf Größe noch finanzielle Mittel ankommt, ob ein Garten oder Park zum Paradies wird. Sondern auf Kreativität, Hingabe, Respekt, Geduld und Leidenschaft.

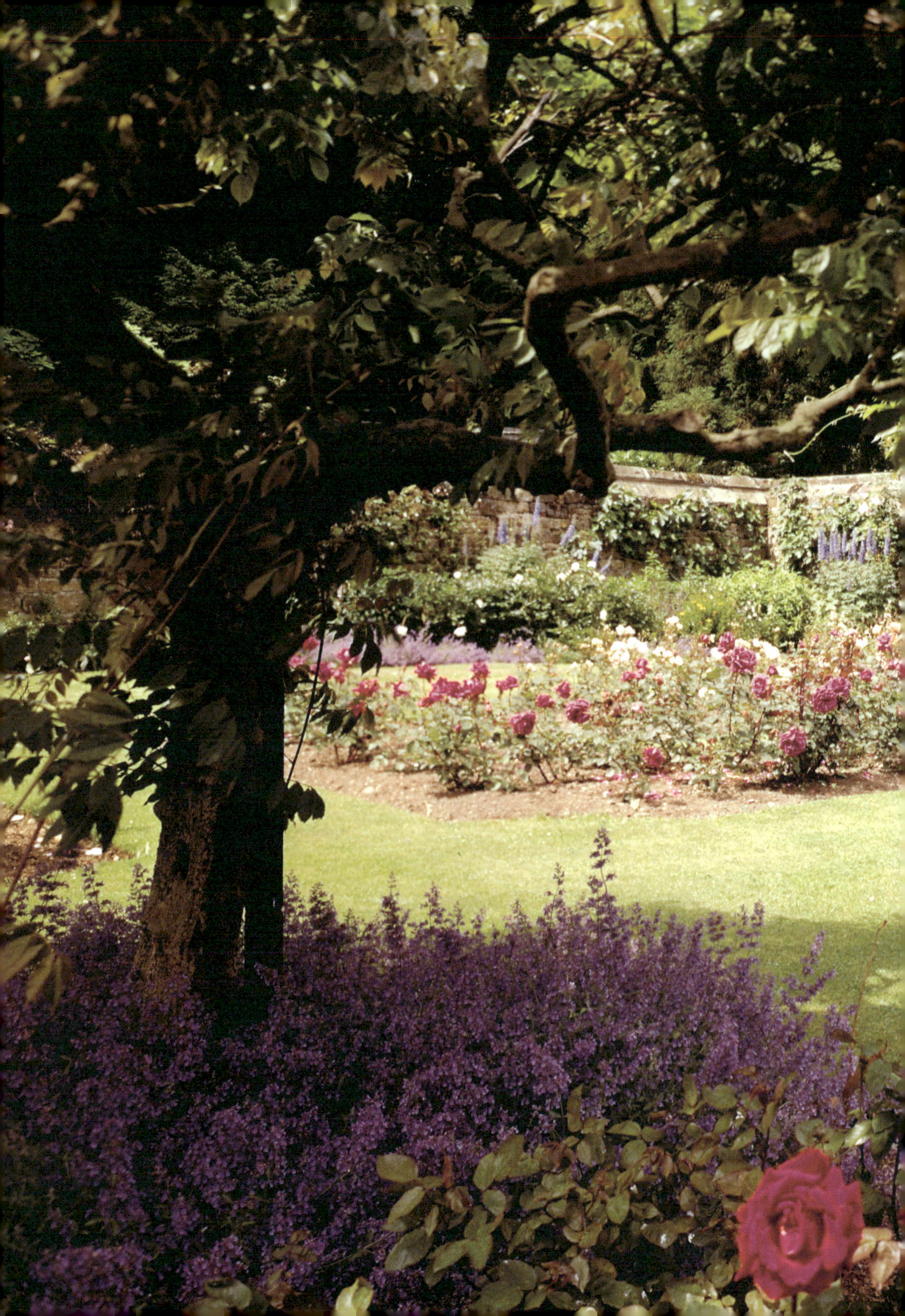

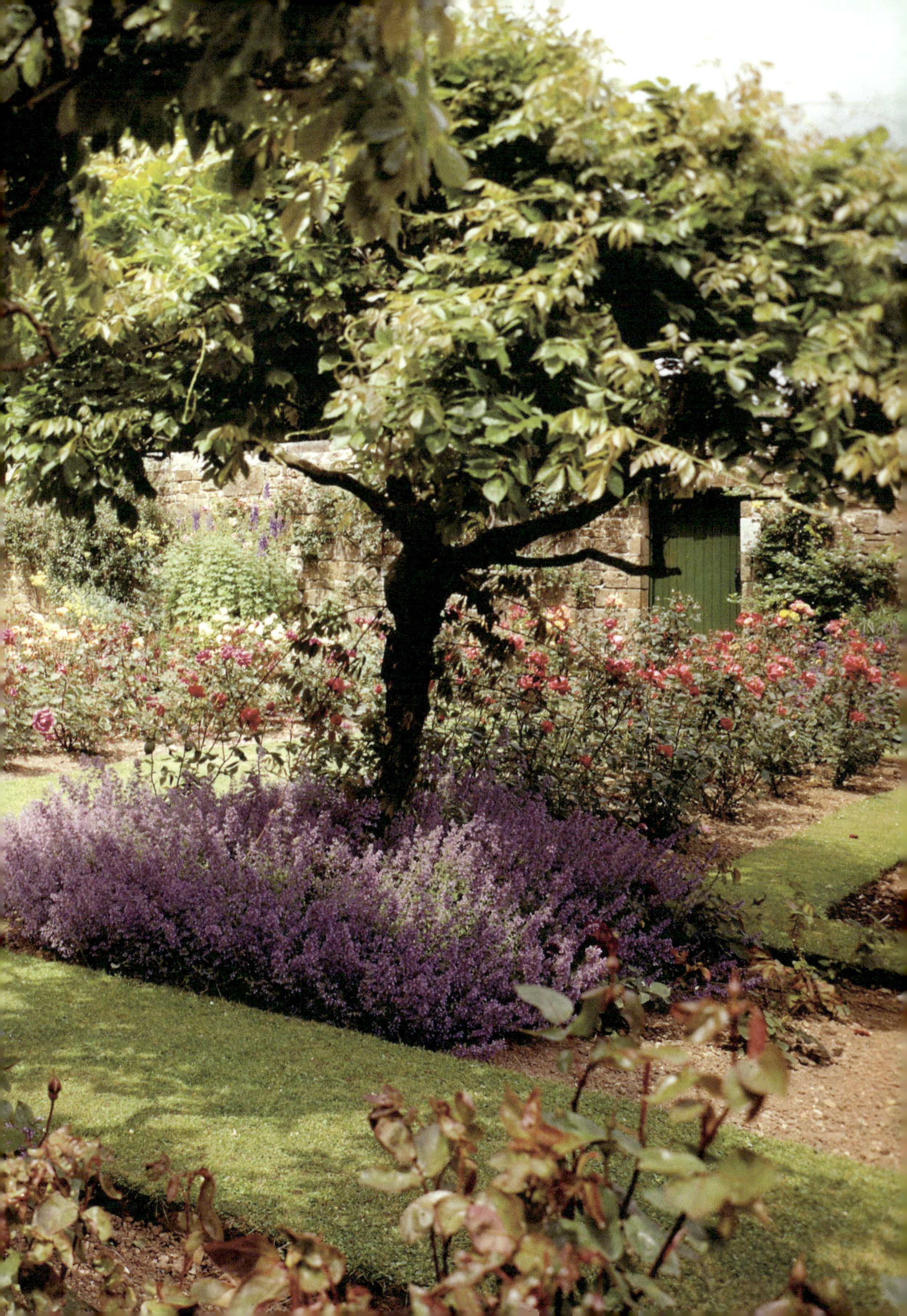

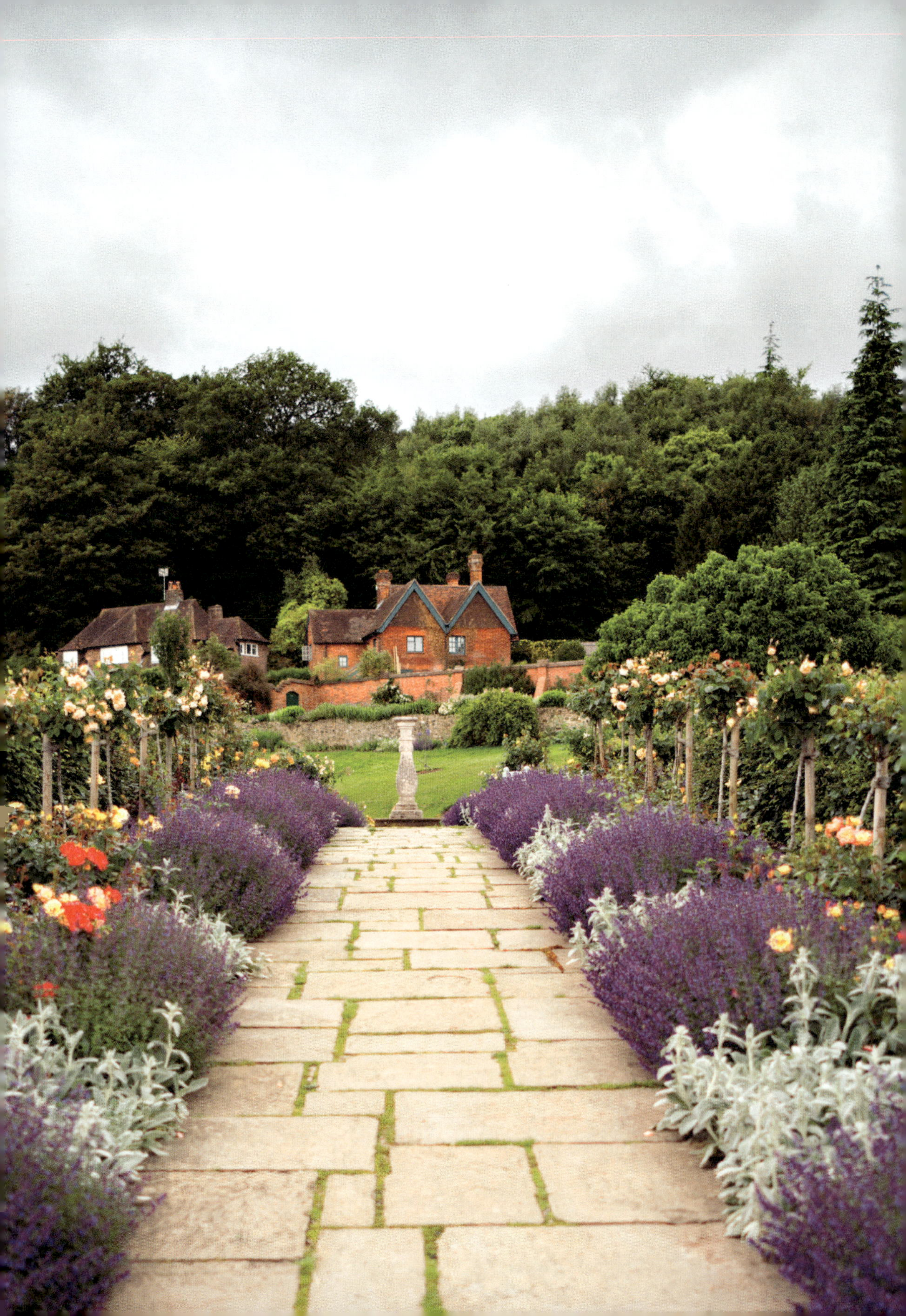

Das Paradies des Polit-Stars

Staatsmann, Rosenfan, Bauer – auf seinem Landsitz Chartwell schuf sich Winston Churchill eine romantische Zuflucht

Chartwell ist ein malerischer Landsitz südlich des Örtchens Westerham in der Grafschaft Kent. Der parkartige Garten ist jedoch nicht der alleinige Grund, warum der Landsitz zu den meistbesuchten Orten des an grünen Juwelen reichen National Trust gehört. Denn Chartwell war die private Zuflucht von Winston Churchill, hier konnte Englands größter – und durchaus umstrittener – Staatsmann des 20. Jahrhunderts (Sorry, Mrs Thatcher) der Welt und den politischen Rankünen Londons abhandenkommen. Hier durfte er Familienmensch, Maler, Schriftsteller, Bauer, Rosenliebhaber und Handwerker sein. Im Reiseführer wirkte Chartwell so zauberisch abgeschieden. Vor Ort entzaubert die Realität den heutigen Besucher zunächst. Denn Sir Winston war, ist und bleibt wohl auch d e r moderne politische Nationalmythos Englands. Also bewegt man sich mit Kolonnen von Churchill-Bewunderern – offensichtlich aus aller Welt – durch Haus, Park und Garten, auf den Spuren des Privatmenschen Churchill. Doch die Aussicht von der Terrasse des herrschaftlichen, auf einer Anhöhe thronenden Backsteinhauses versetzt flugs wieder in romantische Stimmung. Der Blick schweift in unendliche Weiten über sanft geschwungene sattgrüne Hügelchen und Täler, weit unten glitzern zwei Seen.

Genau diese Aussicht war es, die Churchill beim ersten Besuch von Chartwell 1921 verzauberte: »Er war vom ersten Moment an, wo er

Zur Goldhochzeit 1958 schenkten Churchills Kinder ihren Eltern den »Golden Rose Walk«, 50 Sorten in Gelb-Nuancen.
Doppelseite davor: Der Rosengarten am ehemaligen Familiensitz von Sir Winston Churchill.

vom Haus über die Hügel schaute, gefesselt von dem großartigen Panorama«, erinnerte sich seine Tochter Mary. Vielleicht lag die Sensibilität für grandiose Landschaft Winston Spencer Churchill im »blauen« Blut. Er wurde 1874 in Blenheim Palace (Oxfordshire) geboren, Wohnsitz seines Großvaters, des 7. Herzogs von Marlborough. Blenheim, im frühen 18. Jahrhundert erbaut, gilt als eines der beeindruckendsten Schlösser Englands. Mit ebensolchem Park, überformt von Lancelot ›Capability‹ Brown, jenem genialen Gestalter von Grünanlagen, die als Englischer Landschaftspark Geschichte schrieben. Der kleine Winston verbrachte glückliche Tage in diesem Paradies: »Es ist so schön auf dem Lande, in diesen Gärten und Parks zu spazieren ist viel schöner als im Hyde Park«, schrieb der Siebenjährige an seine Mutter.

Chartwell, ein Landsitz mit 23 Hektar Land plus acht Hektar Garten, erwarben Winston und Clementine Churchill 1922. Wunderbares *Countryside*-Leben, nur 40 Kilometer von Westminster entfernt. Der Architekt Philip Tilden vergrößerte und renovierte das dreigeschossige Landhaus aus dem 16. Jahrhundert mit typischen hohen Kaminen repräsentativ. Den Garten nahm der neue Hausherr beherzt selbst in die Hand, packte tatkräftig zu, machte nebenbei sogar eine Maurerlehre. Höhen und Tiefen seiner Politik-Karriere sowie Depressionen bewältigte er statt mit Golfspiel mit Malen und Mauern. Sein blauer Baumwoll-Overall, den er dabei trug, ist heute noch zu bestaunen, ebenso die legendäre nachtblaue Fliege mit weißen Tupfen (Kopien der »Churchill«-Fliege gibt es neben anderen Devotionalien im Souvenir-Shop). Des Politikers legendäre Antwort »No sports« auf die Frage, wie er sein Alter erreicht habe – er starb 1965 im Alter von 90 Jahren – ist ebenso witzig wie nicht belegt, vielleicht hielten Garten- und Handwerksarbeit ihn fit.

So mauerte er die roten Backstein-Wände, die den Küchengarten schützend rahmen – ein klassischer »Walled Garden« – eigenhändig. Kein Kleckerkram, sie sind 2,5 Meter hoch und in Hanglage.

Englands ruhmreichster Politiker baute in Do-it-yourself-Manier auch ein Häuschen für Tochter Mary, »Marycote« und eines für seine Hühner, »Chickenham Palace« getauft! »Es ist sehr wichtig, Tiere, Blumen und Pflanzen im Leben zu haben«, schrieb der bekennende »Country Man« an Clementine. Wein überwuchert eine Pergola, blassblauer Blauregen schäumt über alte Mauern, Wogen aus Rosen und Clematis zieren die Mauern des Küchengartens. Dessen Ernte versorgte während der Kriegsjahre die sechsköpfige Familie Churchill samt Personal, sogar in Londons Downing Street Nr. 10 genoss man frisches Gemüse und Obst von dort. Heute wird beides für Chartwell-Besucher im »The Landemare Café« angeboten.

Stück für Stück fügte sich der Garten den Hang hinunter zu einem harmonischen Ganzen. Ob Churchill dabei auch Tipps der befreundeten Nachbarin Vita Sackville-West annahm? Die prominente Gärtnerin traf öfters bei Diners mit den Churchills zusammen, vergötterte Winston (so ihre Biographin Victoria Glendinning) geradezu: Churchill sei die einzige Person, »mit der ich jederzeit durchbrennen würde, wenn er mich fragte!« Ehefrau Clementine jedenfalls besaß einen exquisiten Geschmack für Kombinationen von Farben und Formen. Sie legte einen formalen Rosengarten an, vier quadratische Beete mit einem Kreuzgang. Die Rosen entsprachen der Mode jener Zeit, heute betören ähnliche Sorten wie »Ice Cream« und »Pink Parfait«.

Dazu pflanzte sie charakteristische *Mixed Border* in sanften Pastelltönen, mit Königs-Lilien (*Lilium regale*), glockenblütigem Bartfaden (*Penstemon*), zartblauer Säckelblume (*Ceanothus*), Fuchsien und Pfingstrosen. Von einem »Rock-Garden« war sie 1948 auf der Londoner Chelsea Flower Show so begeistert, dass der Designer ihr den kompletten Garten schenkte, nur der Transport musste bezahlt werden. Chartwell war um eine Attraktion reicher: ein Halbkreis aus von Farnen überwachsenen Sandsteinen, umspült von einer Wasser-Kaskade, die im darunter liegenden ovalen Swimmingpool mündete.

Folgende Doppelseite: Sein Goldfischteich war der Lieblingsplatz des Politikers, der Blick aufs Wasser schenkte ihm totale Entspannung.

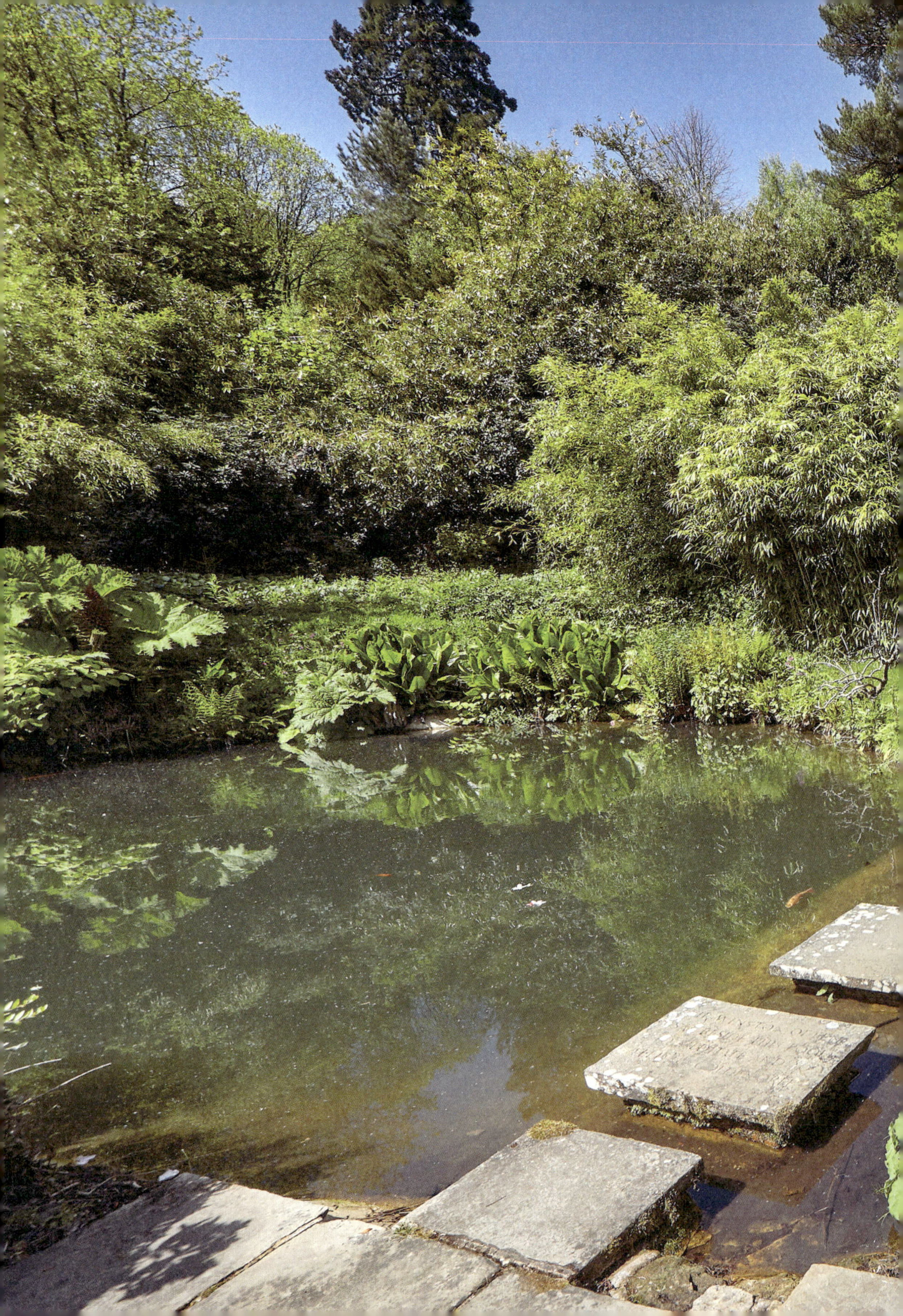

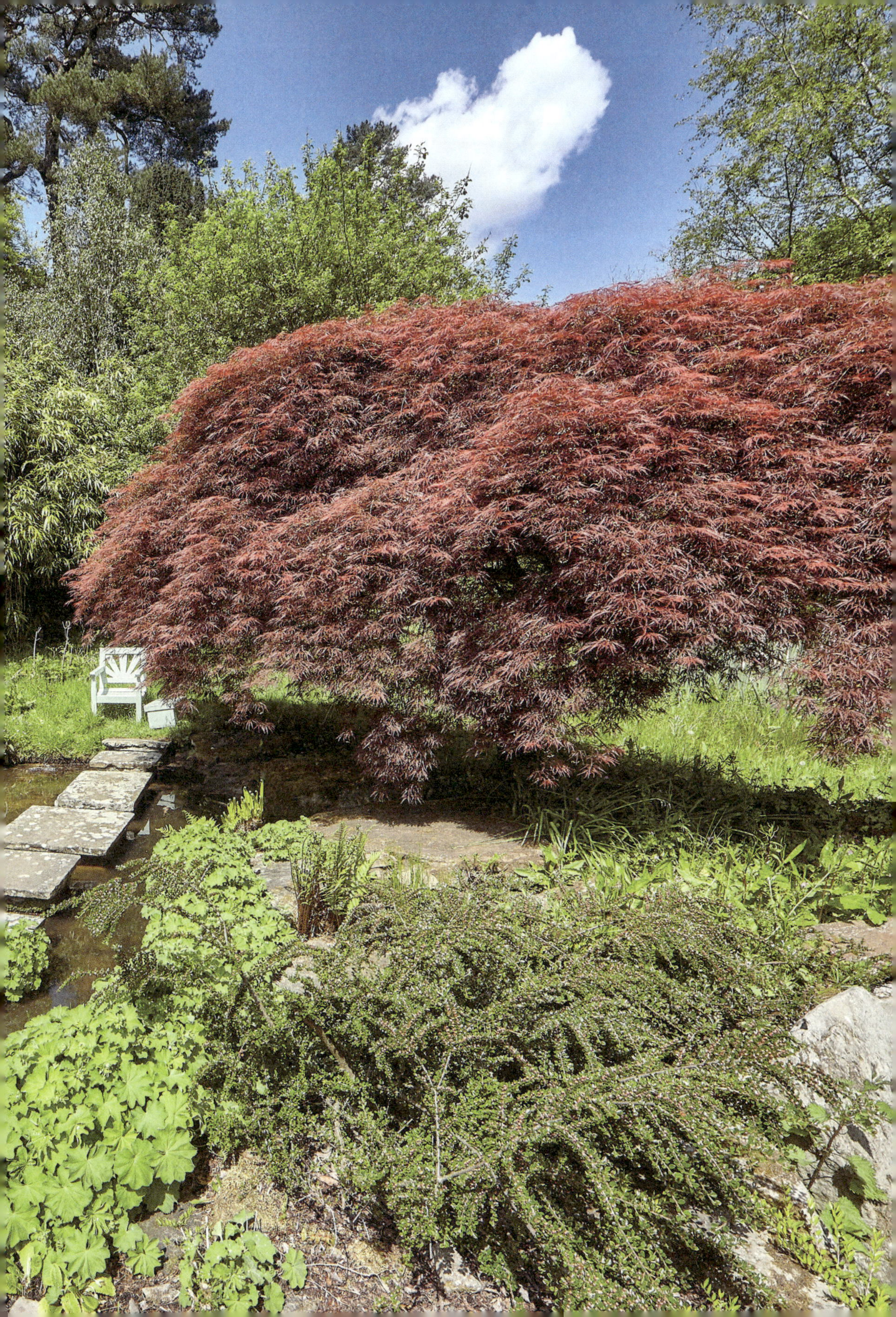

Fasziniert von Wasser, schuf Churchill neben dem vorhandenen einen weiteren, organisch geformten See. Darauf schwammen, ein Geschenk der australischen Regierung, schwarze Schwäne; auch heute ziehen wieder welche ihre Kreise – eine magische Szenerie. Ebenso wie die Goldfische und orangefarbenen Goldorfen im Goldfischteich. Der wurde sein favorisierter Platz, Fische füttern und aufs Wasser schauen – das war für ihn totale Entspannung. Bambus, Mammutblatt (*Gunnera manicata*), Zwergmispel, Ahorne und Hortensien rahmen fast dschungelartig das Gewässer, nicht weit davon zieht im Frühling eine grandiose Tulpen-Magnolie (*Magnolia soulangeana*) mit zartrosa Blüten die Blicke auf sich.

Man könnte Churchill als visionären Vorreiter eines ökologischen, naturnahen Gartens sehen. Er war ein großer Liebhaber von Schmetterlingen – das 1946 von ihm errichtete Schmetterlingshaus wurde 2010 vom National Trust renoviert – und viele Blumen lockten die prächtigsten Falter an: Sommerflieder (*Buddleja davidii*), Fetthenne (*Sedum spectabile*), Rote Spornblume (*Centranthus ruber*), Strauchveronika (*Hebe*) und Lavendel. Er begünstigte Flora und Fauna wo immer es ging: Wiesen wurden erst spät gemäht, damit Wiesen-Schaumkraut, Margeriten, Kornblumen und Klee wachsen konnten, Grasscheiben unter Bäumen blieben ungemäht als Wurzelschutz und Schutzraum für Insekten. Der heutige *Head Gardener* des National Trust führt die Regeln des berühmten Besitzers enthusiastisch fort.

Vom Küchengarten führt eine von Salomons-Siegel (*Polygonatum odoratum*) und Funkien gesäumte Allee in den Obstgarten, wo Churchill viele Apfel- und Birnbäume pflanzen ließ. Darunter auch die Apfelsorte »Winston«, der einstige »Winterking« wurde 1945 als Hommage in »Winston« umgetauft. Der Küchengarten wird durchkreuzt vom spektakulären »Golden Rose Walk«. Er wurde 1958 von Churchills Kindern zur Goldenen Hochzeit der Eltern angelegt. Der lange schmale Pfad ist beidseitig mit 52 Rosensorten bepflanzt, Strauch- und

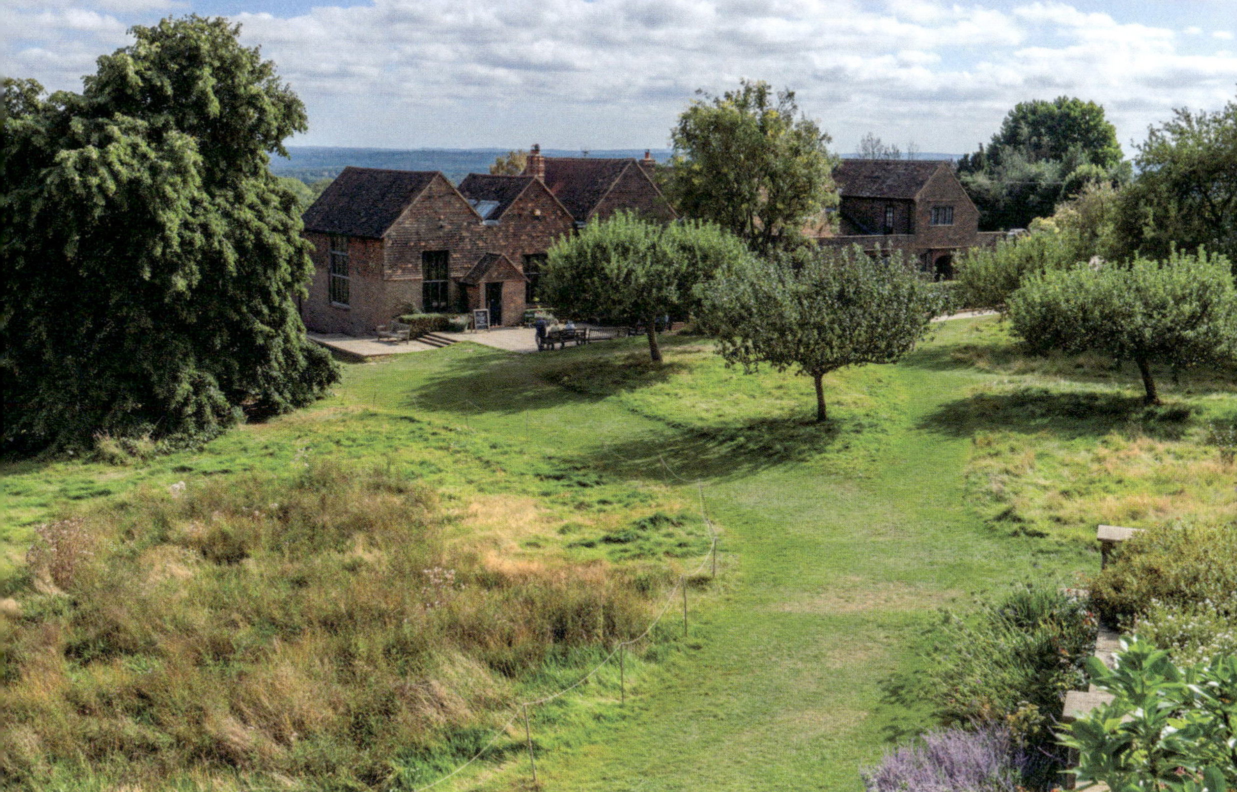

Der malerische Landsitz Chartwell in der Grafschaft Kent, 40 Jahre Zuflucht für die Churchills, gehört heute dem National Trust.

Hochstamm-Rosen – alle in matten oder gülden-glitzernden Gold-Gelb-Nuancen, *very sophisticated*. 2015 pflanzte der National Trust erneut die originalen Sorten. Aparten Kontrast schenkt die Unterpflanzung mit üppiger violetter Katzenminze und silbergrauem Wollziest.

»Churchill war Rosenliebhaber«, versichert heute die ehrenamtliche Führerin Phoebe, doch seine Favoritin sei die Amaryllis gewesen. Die Tour durch das Haus ist ein *must:* Hier entfaltet sich das Fluidum eines großen Politikers, sinnlich und hautnah. Das gesamte Interieur, ein gelungener Mix aus wuchtigem Barock und elegantem Art déco, ist original belassen. Viele Memorabilia, Geschenke, Bücher geben einen intimen Einblick in das Privatleben. Im glamourösen, lichtdurchfluteten *Dining Room* mit Gartenblick speisten unter anderem Charlie Chaplin und Albert Einstein. Das Arbeitszimmer wirkt, als käme der Hausherr gleich, mit einem Whiskyglas bewaffnet, um die Ecke geschlurft. In einem wuchtigen Kristallaschenbecher ruht eine dicke, halb verpaffte Zigarre, sein unverzichtbares Accessoire. Sie

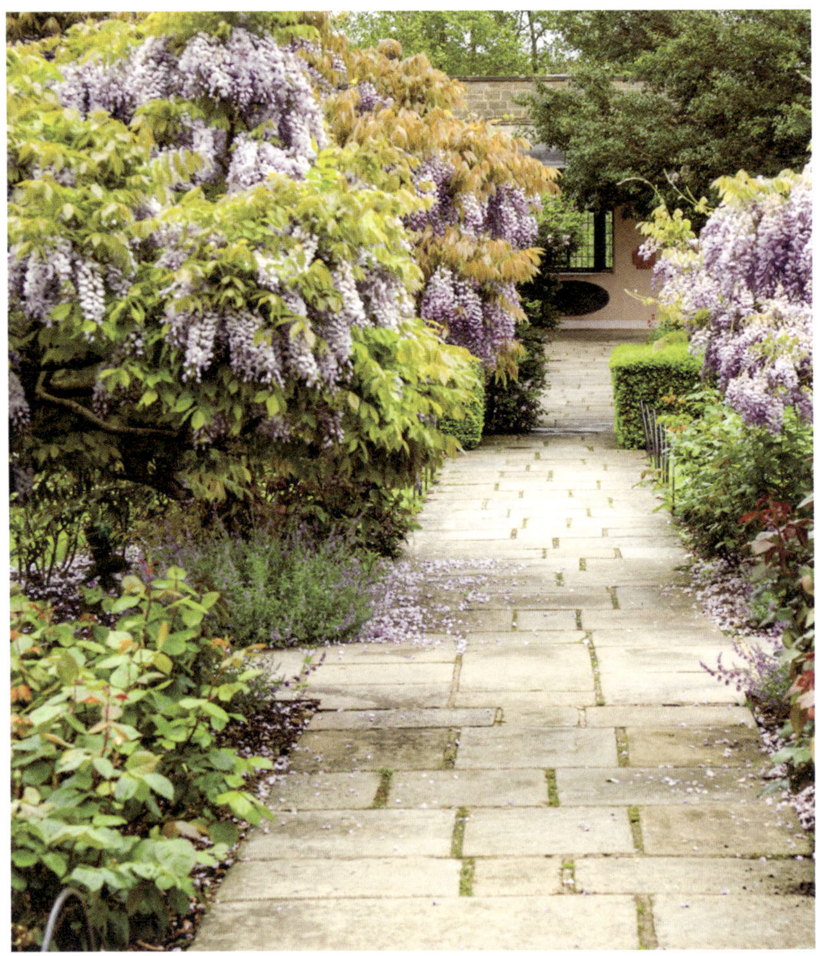

Üppig schäumende Blütenrispen des Blauregens betören die Besucher im Mai mit ihrem süßlichen Duft.

bleibt kalt – es würde das süße Aroma der fragilen pastellfarbenen Wicken zerstören. Die stammen aus den prachtvollen Stauden-Beeten. Viele Räume der Pilgerstätte sind mit frischen Bouquets geschmuckt, nostalgisch im *Country-Style* mit Schmuckkörbchen, Akelei oder Dahlien, wie sie über 40 Jahre lang dem Haus seinen Charme gaben. Im noblen Schlafraum von Lady Clementine bezaubert stets ein Strauß ganz in Weiß, ihrer Lieblingsfarbe.

Der zweimalige Premierminister und glühende Monarchist Churchill war auch ein begnadeter Schriftsteller – 1953 erhielt er den Nobelpreis für Literatur und wurde zum Sir geadelt – und obendrein ein durchaus talentierter Maler. Etliche seiner Werke, insgesamt über 500, sind in Chartwell im Haus und dem Studio nahe der Seen zu bewundern. Bevorzugtes Motiv: Blumen und die Landschaft rund um sein Refugium. Ein Bild des geliebten Goldfischteiches wurde sogar in der Royal Academy of Arts ausgestellt, 2014 erzielten Nachfahren beim Verkauf durch Sotheby's 2,2 Millionen Euro dafür, der Nimbus des Namens dürfte den Preis in die Höhe getrieben haben.

Zu Lebzeiten plagten den Politiker Finanznöte, 1946 drohte Chartwell der Verkauf. Doch großzügige Freunde kauften den Landsitz und übergaben ihn dem National Trust mit der Auflage eines lebenslangen Wohnrechts für die Familie. Ein Jahr nach Churchills Tod 1965 öffnete der National Trust das gesamte Anwesen als Museum. Seitdem reißt der Strom der jährlichen Besucher nicht ab, 2016 pilgerten 230 000 Neugierige zum idyllischen Paradies des Politikers. Selbst für Nicht-Churchill-Fans ist Chartwell die Reise wert: Es ist ein zauberhafter, privater kleiner Kosmos, in dem sich Weltgeschichte entfaltet. »Ein Tag jenseits von Chartwell ist ein vergeudeter Tag« – man kann Churchill verstehen.

Tipp

Eine intime Idylle voller Zauber ist der Goldfischteich. Churchills Lieblingsplatz. Hier ist man ihm mit am nächsten. Wie einst lädt die weiße Gartenbank zum Ausruhen, dahinter blühen üppige Hortensien, im Wasser tummeln sich Goldfische. Purer Genuss – auch wenn Fische füttern verboten ist.

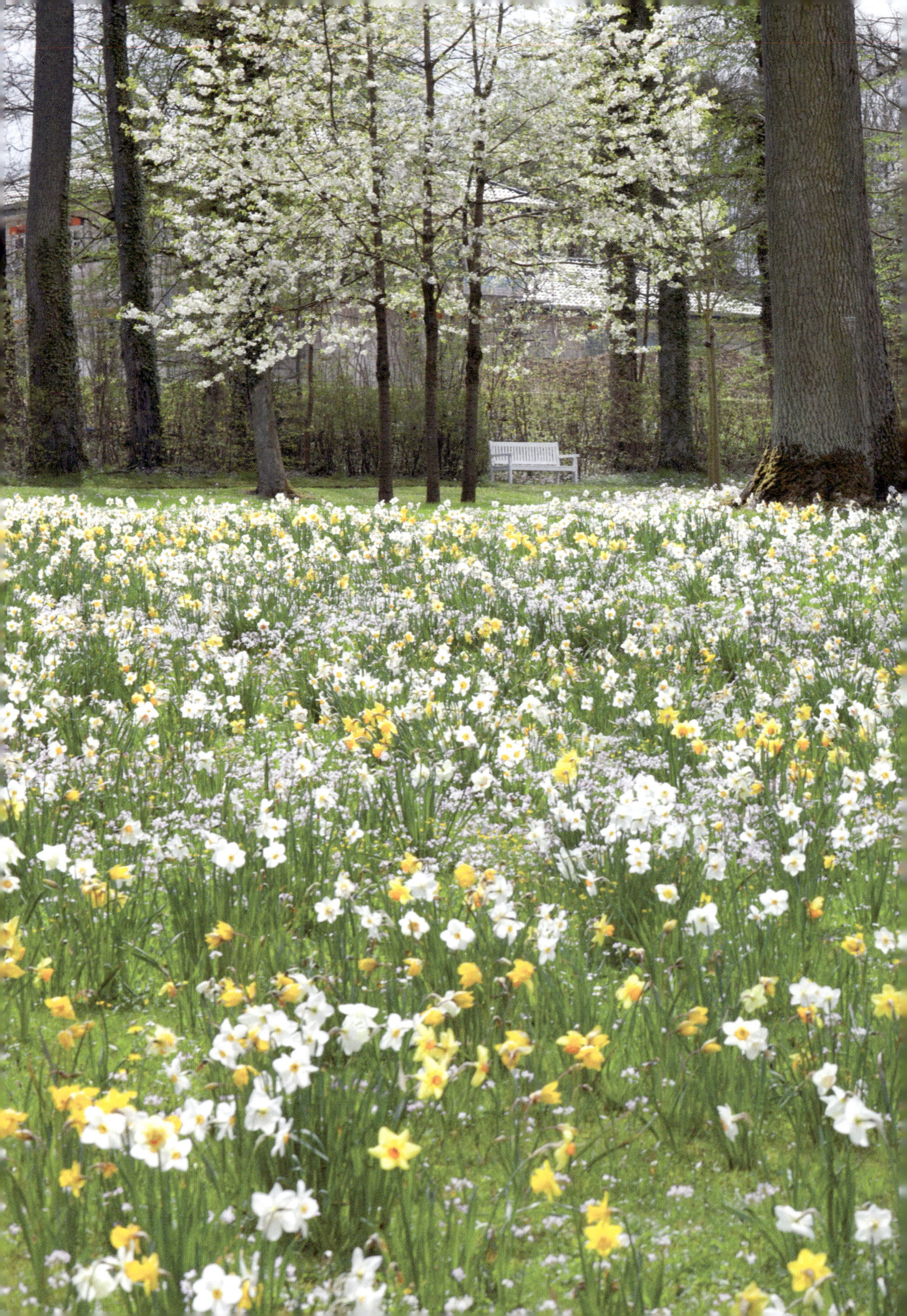

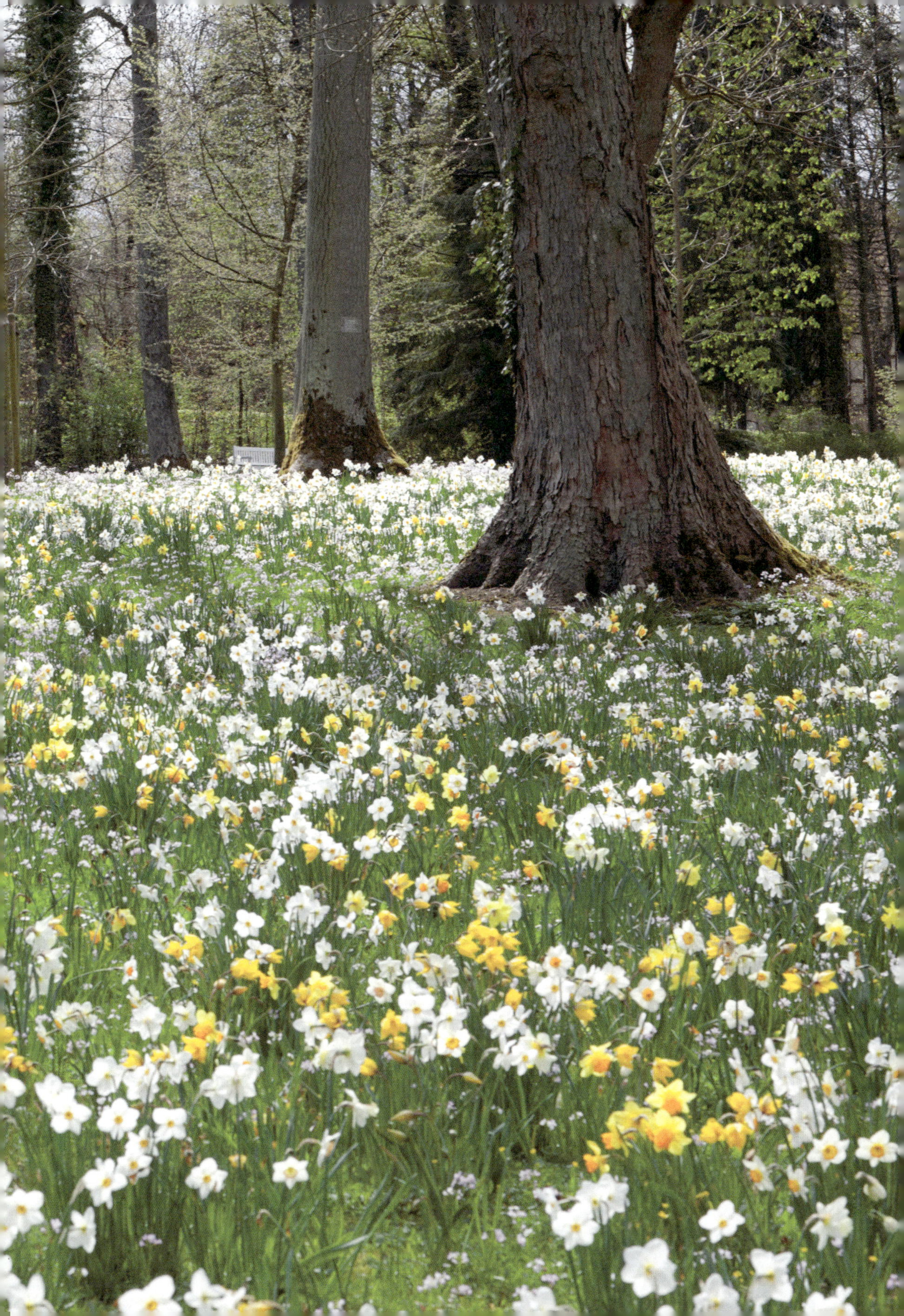

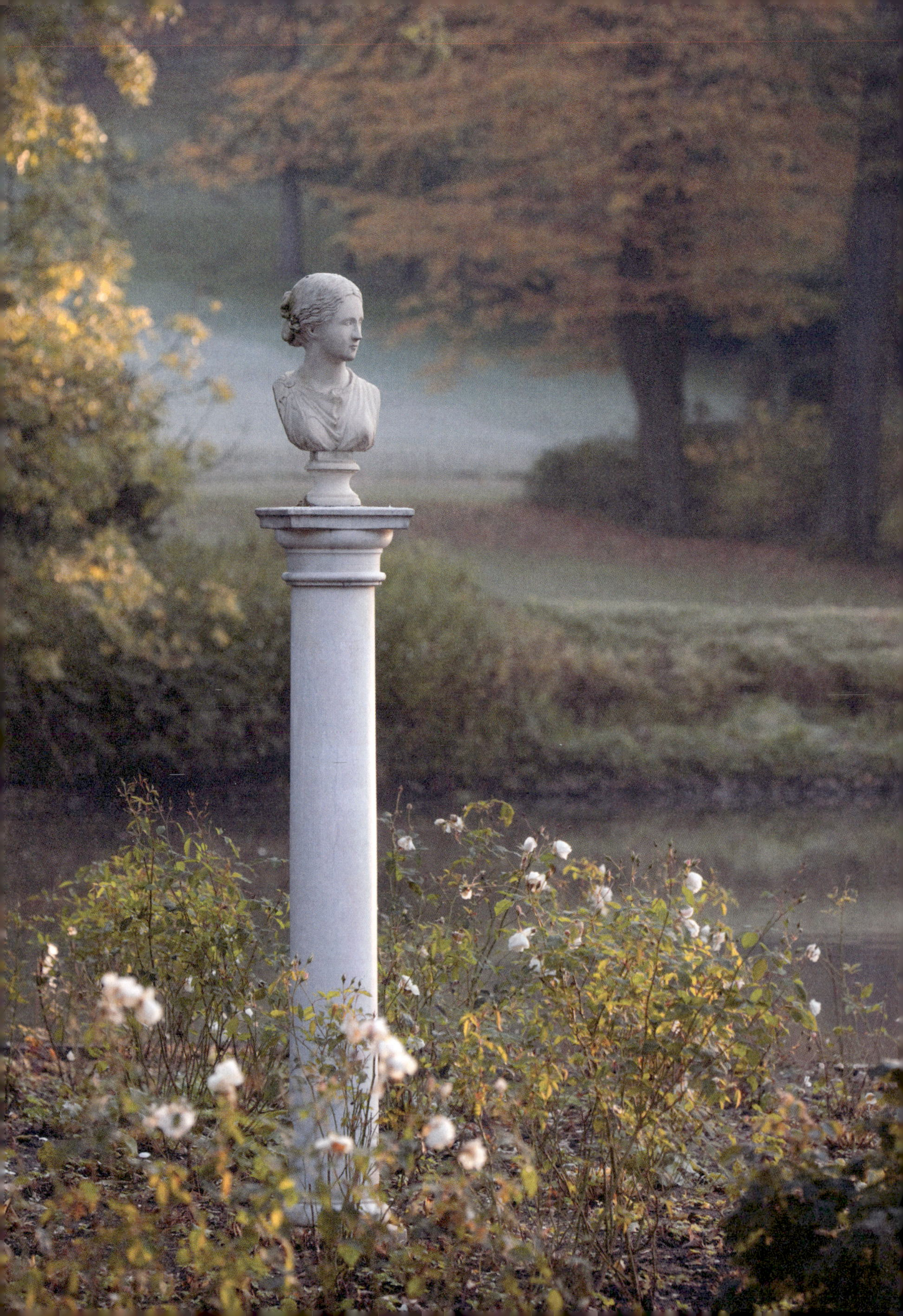

Lustwandeln zwischen Poesie und Pflanzenpracht

Im Kurpark von Bad Driburg verbrachte Hölderlin glückliche Wochen. Heute fasziniert der Park mit einem gelungenen Mix aus Tradition und Avantgarde.

Ein Sommer im Jahr 1796, im beschaulichen Bad Driburg in Westfalen. Hier verbringt der 25-jährige Friedrich Hölderlin von Juli bis September die, nach eigenem Bekunden, »glücklichsten Wochen« seines Lebens. Seit Januar als Hauslehrer bei der Bankiersfamilie Gontard in Frankfurt tätig, schickt Gontard seine Gattin Susette und die vier Kinder samt Hölderlin zur Erholung. Durch »wilde, schöne Gegenden« sei er in dieser Zeit gereist, schreibt der Dichter später, die Umgebung von Driburg sei ihm als heroisch, mythisch aufgeladene Landschaft erschienen. Ansonsten genießt Hölderlin im idyllischen Kurort die Heilquellen (»Ich trank das köstliche, stärkende und reinigende Mineralwasser und befinde mich ungewöhnlich gut davon«) und das Flanieren im Park mit Susette. Schon in Frankfurt entstand eine heimliche Liebesbeziehung, hier können beide ungestört ihre Zweisamkeit genießen. »Wahrhaft glückliche Tage und goldene Spaziergänge«, notiert Hölderlin. Bereits vor seiner *Amour fou* tauchte Platons Diotima in seinem Romanfragment auf. Nun wird aus der Romanfigur, dieser »wie aus Licht und Duft gewebten geistigen Gestalt«, mit Susette die wirkliche Diotima. Er verewigt seine Herzensdame in dem Ostern 1797 erscheinenden Roman »Hyperion«

Auf der idyllischen Diotima-Insel blickt die Büste von Hölderlins Muse Susette Gontard sehnsüchtig zum Hain des Dichters vis-à-vis.

Doppelseite davor: Im April überwältigt ein Narzissen-Meer im Hölderlin-Hain, blühende Hommage an den Aufenthalt des Dichters.

als weibliche Idealgestalt. Es ist naheliegend, dass die romantische Atmosphäre im Kurpark ihn in jeder Hinsicht beflügelte.

Damals noch in den Anfängen, aber schon »fashionabel«, ist dieser heute einer der ältesten Kurparks Deutschlands. Kurpark? Da denkt man gleich an altmodische Aura: lange Alleen, bunte Blümchenbeete, Heilwässerchen, Kurkonzert und Kaffeekränzchen. Gibt es alles im Gräflichen Park Bad Driburg. Und doch ist hier alles anders. Es vereinen sich anmutiger Park und nostalgische historische Gebäude mit grüner Avantgarde des 21. Jahrhunderts. Ein botanisch-ästhetisches Gesamtkunstwerk, ein eigener Kosmos. Angefangen hat es 1782, als Graf Caspar Heinrich von Sierstorpff die natürlichen Heilquellen am Rande des Teutoburger Waldes nutzte und ein Kurbad gründete. Den Park ließ er im Englischen Stil anlegen, beeindruckt von Anlagen in Richmond bei Braunschweig und Wörlitz sowie Kew Gardens in London, das er bei seiner Hochzeitsreise besuchte. Der weitsichtige En-trepreneur ließ komfortable Bad- und Logierhäuser errichten, bereits 1791 schrieb das »Journal des Luxus und der Moden« (das Lifestyle-Magazin des späten 18. Jahrhunderts) von einem »Ort der Ruhe und des ländlichen Vergnügens«.

Wer also heute auf Hölderlins Spuren wandeln will, der reist statt nach Tübingen in jenen Park im ostwestfälischen Bad Driburg. Der einzige Kurpark, der sich – öffentlich bei geringem Eintritt – immer noch im Privatbesitz befindet. Fast 240 Jahre nach dem ersten Spatenstich ist des Dichters Arkadien (und Liebeszuflucht) mit 64 Hektar genau jene elegante Symbiose aus Natur und Gestaltung, wie sie das Ideal des Englischen Landschaftsparks prägt. Und obendrein ein botanisches Juwel. Beim Rundgang mit Parkdirektor Heinz-Josef Bickmann gerät man in andachtsvolle Bewunderung angesichts zahlreicher Baumriesen mit knorrigen, skurrilen Kronen oder malerischem Habitus. Die Zeit hat aus ihnen majestätische und teils bizarre Skulpturen gemacht. Von rund 1500 Bäumen sind zehn

Prozent »Antiquitäten«, also über 200 Jahre alt. Mächtige Eichen und Buchen, mehrstämmige Sumpf-Eichen, aber auch imposante Urweltmammutbäume (*Metasequoia glyptostroboides*). »Da staunen selbst Dendrologen«, zeigt Bickmann stolz auf Raritäten wie eine uralte Berg-Ulme oder eine geschlitztblättrige Buche (*Fagus sylvatica* »Laciniata«). Mal steht ein Solitär als grüner Gigant mitten in der Wiese, dann schirmt eine Silhouette von Pyramiden-Eichen die Blicke ab, ein Trio Linden markiert als *clump* (Baumgruppe) eine Wegkreuzung. Ebenso typisch für den Englischen Landschaftspark wie die in weiten Schwüngen geführten Wege, die hinter jeder Biegung neue Blickachsen und *Point de vues* schenken. Wie ein Motiv des französischen Barock-Malers Claude Lorrain wirkt die malerische »Diotima«-Insel inmitten eines Teiches mit geschwungenen Uferpartien, zwei zierlichen Brücken und einem Tempelchen am Ufer. Auf der Insel blickt die Büste Susette Gontards sehnsüchtig übers Wasser vis-à-vis zum »Hölderlin-Hain«, der den Aufenthalt des Dichters lebendig erhält. Der Hain zeigt sich im Frühling als grandiose poetische Partie, wenn unter schattigen Bäumen ein wogendes Meer von Narzissen als blühende Hymne weithin leuchtet. Mittendrin ein Gedenkstein und ein Metall-Scherenschnitt mit dem Profil des Dichters. Auch andere illustre Gäste wie Annette von Droste-Hülshoff und Viktor Klemperer lustwandelten im einst mondänen Kurpark.

Das gelungene Kunststück ist, wie harmonisch sich Neues in das altehrwürdige Gelände einfügt. Die Eiben-Kuben der englischen Star-Gärtnerin Arabella Lennox-Boyd rahmen *sophisticated* die Terrasse. Von dort genießt man bei Frühstück oder *Tea-Time* den Panoramablick auf eine hügelige Waldbühne mit Rasenstufen, auf denen Rotwild weidet. Eine romantische Szenerie wie ein Gemälde. In den klassizistischen Brunnen-Arkaden genießt man etliche Heilwässer, manchmal begleitet von schmissigen Tango-Rhythmen. Bei gutem Wetter lässt sich die Musik in einem Freiluft-Theater *open air* genießen, die Musiker sitzen in einer Konzertmuschel, Kurkonzert klassisch

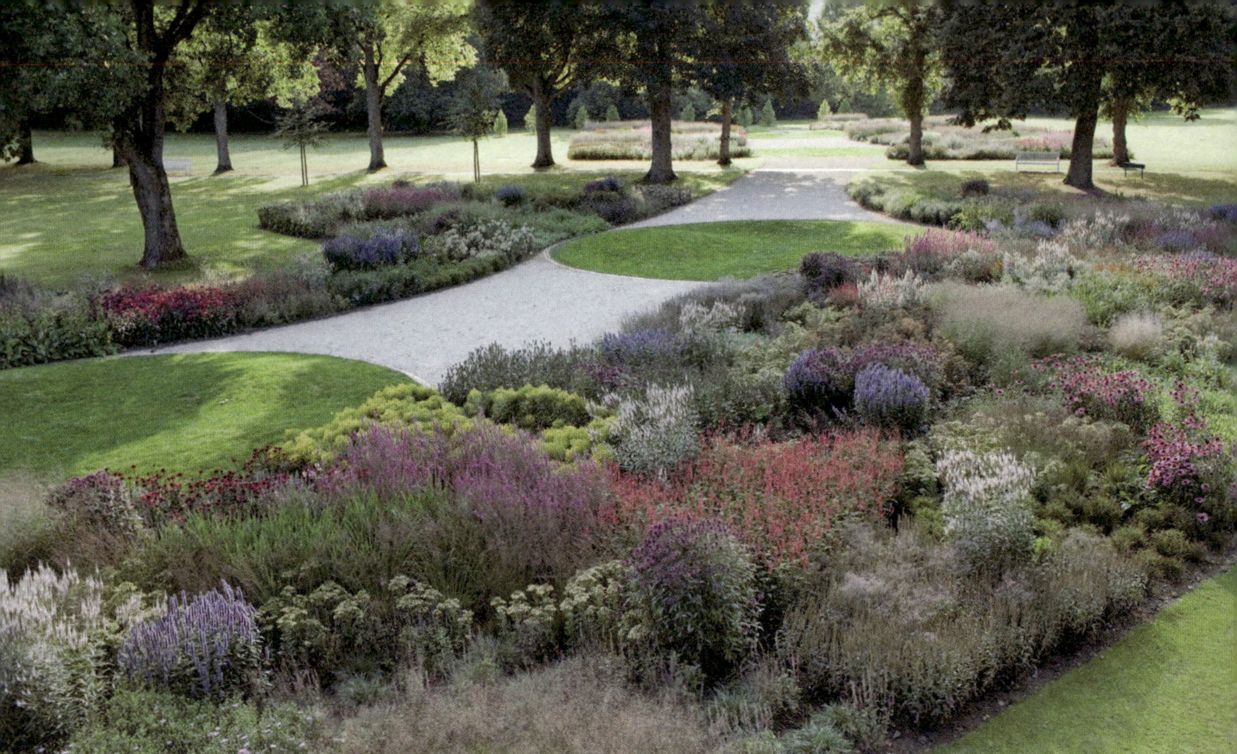

Der Niederländer Piet Oudolf, gefragter Star grüner Avantgarde, lässt eine naturnahe, wogende Doppel-Rabatte durch den Park mäandern.

und herrlich *old style*. Nebenan lockt ein intimes Kabinett aus hohen Hainbuchenhecken, innen überrascht ein Brunnen der englischen Bildhauerin Angela Conner. Ein träumerisches Tableau dahinter bildet eine schattige Waldwiese, in die der französische Gartenkünstler Gilles Clement grazile, duftende Lilien setzte. Den Monopteros im formalen, 3000 qm großen Rosengarten entwarf der britische Landschaftsarchitekt Peter Coats.

Die Attraktion im unter Denkmalschutz stehenden Park aber ist von einem Weltstar der Gartenkunst, dem Niederländer Piet Oudolf. Er wurde berühmt durch sein Meisterwerk, den »Highline« Park in New York. In Bad Driburg setzte er westlich der Hotel- und Park-Zufahrt einen »Garten im Park« in eine ausladende, kurzgeschorene Rasenfläche. Eine 6000 qm große Doppel-Rabatte aus sechs ineinanderfließenden Beeten wird mittig begleitet von zwei flachen Wasserkreisen und Mini-Grashügeln. Betreten bewusst erlaubt! Das Ganze mäandert als blühender, wogender Fluss dahin. 2009 angepflanzt, gedeiht der Dialog zwischen Stauden und Gräsern inzwischen in vollster

Sanfte Farben, fragile Strukturen – Stauden und Gräser verweben sich zu einem flirrenden, impressionistischen Patchwork.

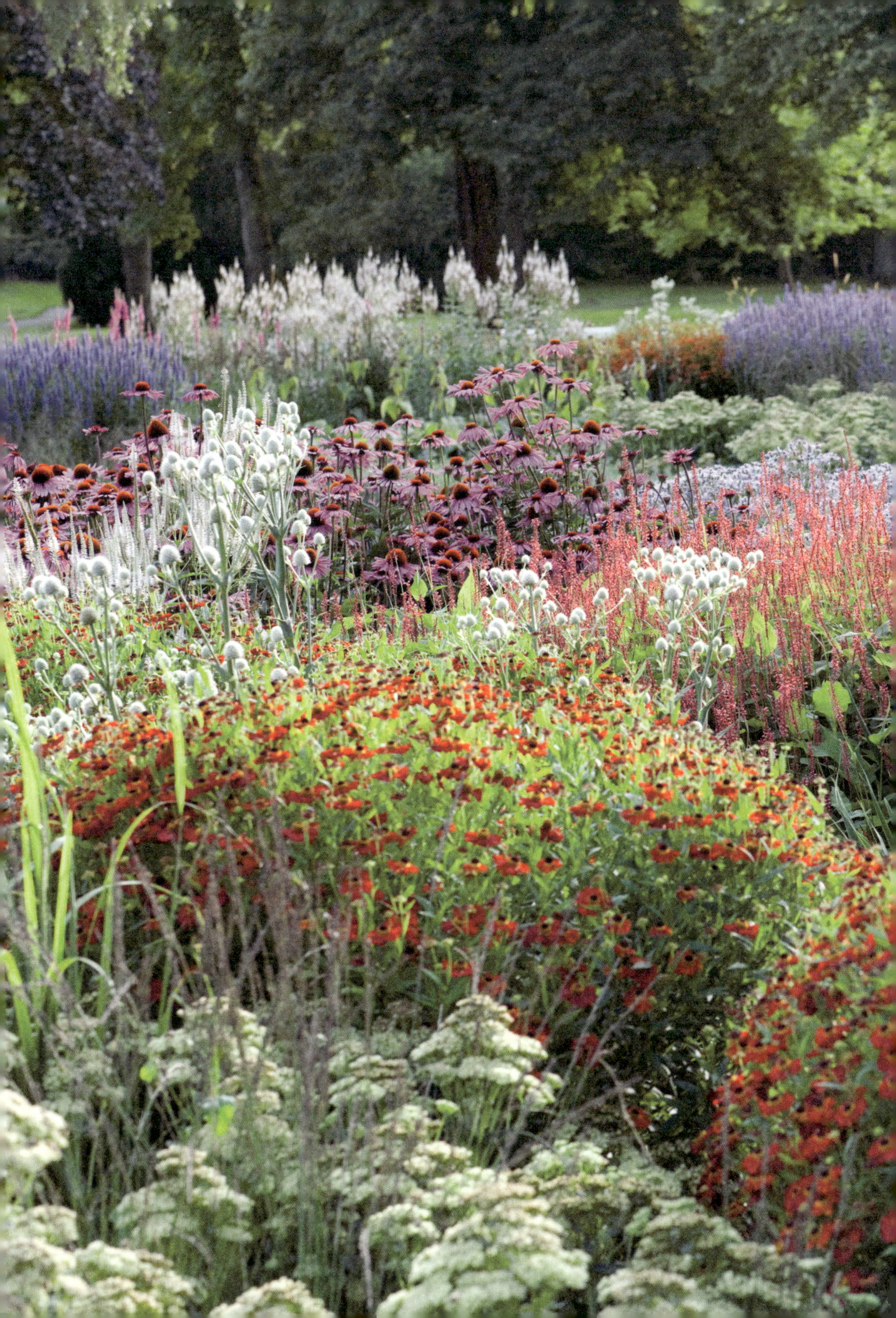

Pracht. Ein natürlich wirkendes Patchwork mit impressionistischem Touch. Doch dahinter steckt – stets Oudolfs große Kunst – präzise Planung. Alles ist in Farbe, Textur, Blatt- und Blütenform, Volumen und Blüh-Phase perfekt aufeinander abgestimmt. Über 70 verschiedene Sorten Stauden und Gräser und 30 000 Stauden fügen sich zu einer dreidimensionalen Komposition mit faszinierenden Facetten. Oudolfs Favoriten sind diverse Sorten von Schafgarbe (*Achillea*), Sonnenhut (*Echinacea*), niedere Bart-Iris (*Iris sibirica*), Ziersalbei, Ziest (*Stachys*), Fetthenne (*Sedum*), Indianer-Nessel (*Monarda*) sowie Lampenputzergras (*Pennisetum*), Hirse (*Panicum*) und Blaugras (*Sesleria*). Das Ganze lebt durch den typischen Oudolf-Stil: Rhythmus, Dynamik, Wiederholung.

Die Farben sind sanft, hellstes Pastell bis zu geheimnisvoll dunklen Nuancen. Keine knalligen Töne. Ein wichtiger Aspekt für Oudolf: »Das Ganze ist in natürlichem Wiesen-Stil angelegt. Ich will Natur nicht kopieren, aber man soll den Eindruck haben, so könnte es auch in der Natur sein.« Chapeau, Mission erfüllt! Durch geschickte Höhenstaffelung – manche Pflanzen erreichen im Herbst bis zu 1,5 Meter und mehr – erfüllt sich die Illusion, durch eine blühende Wiese zu flanieren. Wichtig ist ihm die Attraktivität vor der Blüte – »auch dann haben sie Charakter« – aber erst recht danach, »sie behalten ihre Schönheit!« Stimmt, gerade im Herbst entfalten die Beete besondere Magie mit Braun-Rost-Kupfer-Varianten. Und alles bleibt im Winter stehen, »schätzen Sie den Anblick sterbender Pflanzen«. Morbidität kann reizvoll sein: schräge, gebogene Stängel, verwelkte Blätter, abstrakte Samenstände ergeben melancholisch-stimmungsvolle Winteraspekte – und tolle Buffets für die Vögel. Oudolfs Kreation geht als organische Ergänzung brillant auf den *Genius Loci* ein. »Ich kann mir den Park ohne seine Arbeit gar nicht mehr vorstellen«, sagt Eigentümerin Gräfin Annabelle von Oeynhausen-Sierstorpff, »erst jetzt ist das Ganze in perfekter Balance«.

Bevor die virtuos komponierte Stauden-Symphonie im Sommer so richtig in Rausch kommt, setzt Oudolfs niederländische Kollegin Jacqueline van der Kloet eine sinnenfrohe, schwelgerische Ouvertüre. Tausende von Frühlingsblühern – Tulpen, Narzissen, Hyazinthen und Zierlauch – verwandeln die Rabatte temporär in ein überwältigendes Mosaik, alles nonchalant hingetupft. Damit nicht genug: hinter der Konzert-Muschel setzte van der Kloet ein botanisches Schauspiel aus üppigen Tulpen-Quadraten. Jüngste Ergänzung im Park ist ein Labyrinth aus Eibenhecken, 2500 Pflanzen penibelst manikürt. Aus der Mitte ragt ein hölzerner Turm heraus, vom Künstler Michael Sailstorfer entworfen. Die Aussicht von dort auf die sanften Höhenzüge des Teutoburger Waldes ist phänomenal. Demnächst wird der belgische Gartenarchitekt François Goffinet die Landschaft außen wieder mehr in Zwiesprache mit dem Park bringen.

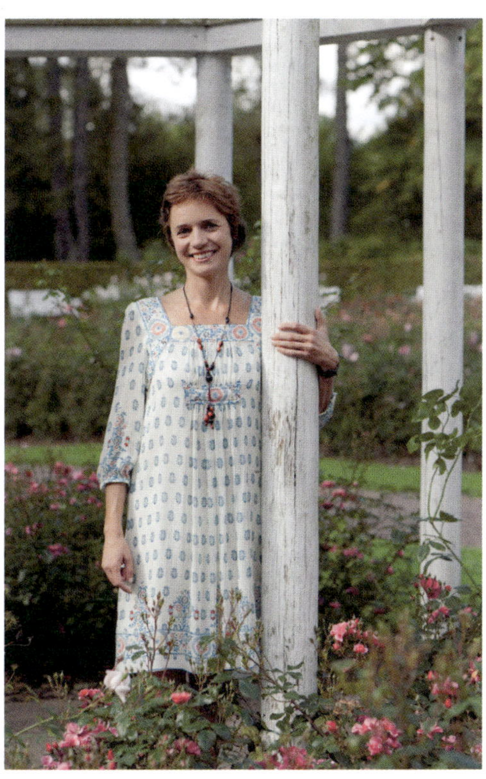

Annabelle Gräfin von Oeynhausen-Sierstorpff setzt mit ihrem Mann Marcus auf einen Mix von Tradition und Avantgarde.

Gemeinsam mit ihrem Mann Marcus leitet Gräfin Annabelle den geschichtsträchtigen Park samt Hotel- und Kurbetrieb in siebter Generation. Beiden ist die Balance zwischen Tradition und Moderne wichtig. Sie wurden 2019 für die Neukonzeption des Kurbetriebes mit dem Großen Deutschen Denk-

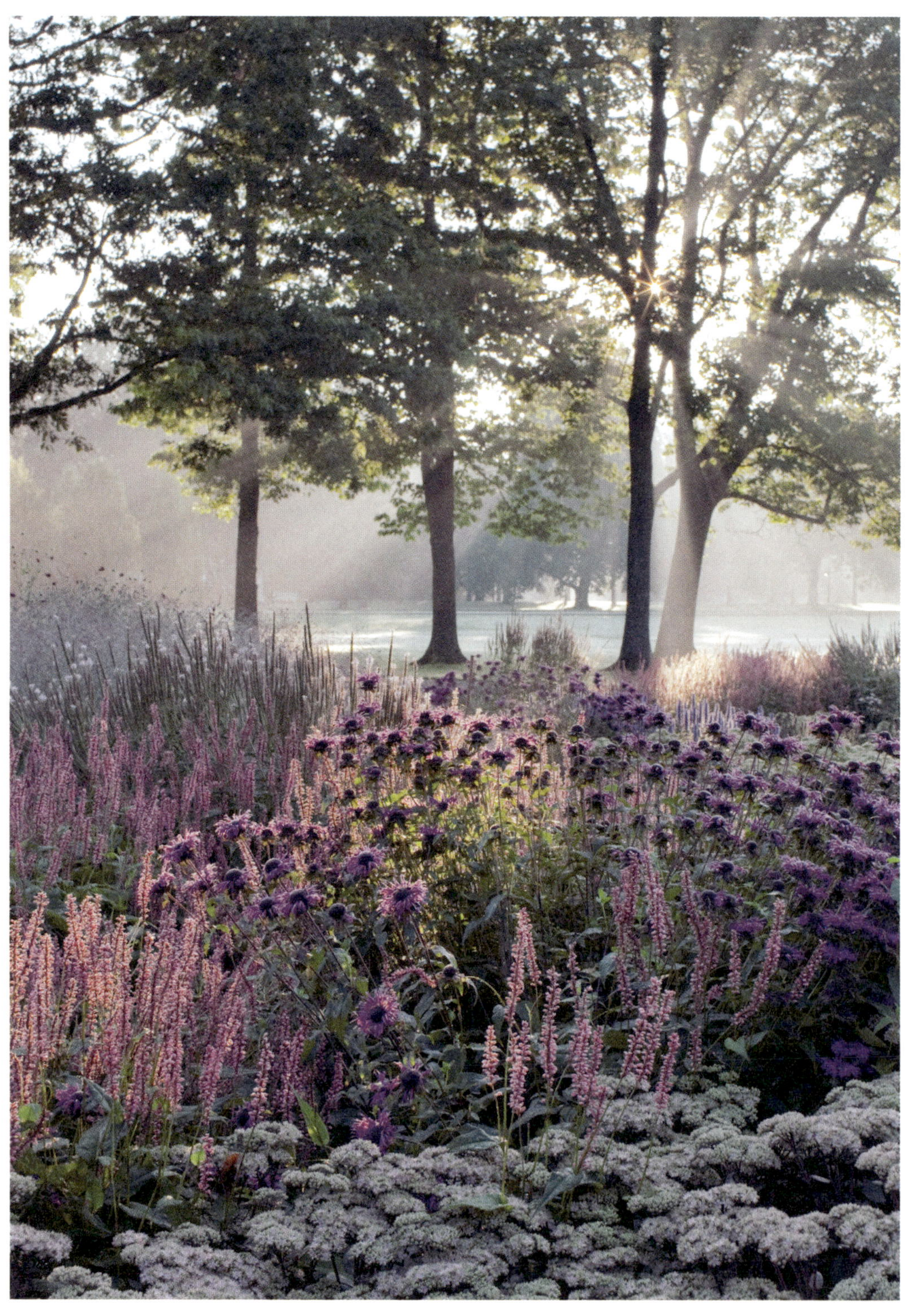

Im Herbst erreicht Oudolfs Komposition ihren Höhepunkt, die kunstvolle Verdichtung einer naturnahen Wiese.

malpreis der Deutschen Burgenvereinigung ausgezeichnet. Eine Anerkennung für die behutsame Restaurierung diverser, 200 Jahre alter historischer Gebäude voller Patina, die ihre bäuerliche Herkunft, teils in Fachwerk, nicht leugnen. Statt zu kneippen, relaxt man nun in einem Garten-SPA. Aber der größte Luxus ist ein Spaziergang durch das poetische Park-Paradies, das mit Schönheit und kostbarer Stille verzaubert.

Tipp

Von den winzigen Gras-Hügeln in der imposanten Stauden-Rabatte Piet Oudolfs hat man den besten Überblick auf seine vielfältige Sinfonie aus Stauden und Gräsern. Faszinierend vom Frühjahr bis in den späten Herbst, wenn die Pflanzen den Weg alles Vergänglichen gehen und mit anmutiger Morbidezza ersterben.

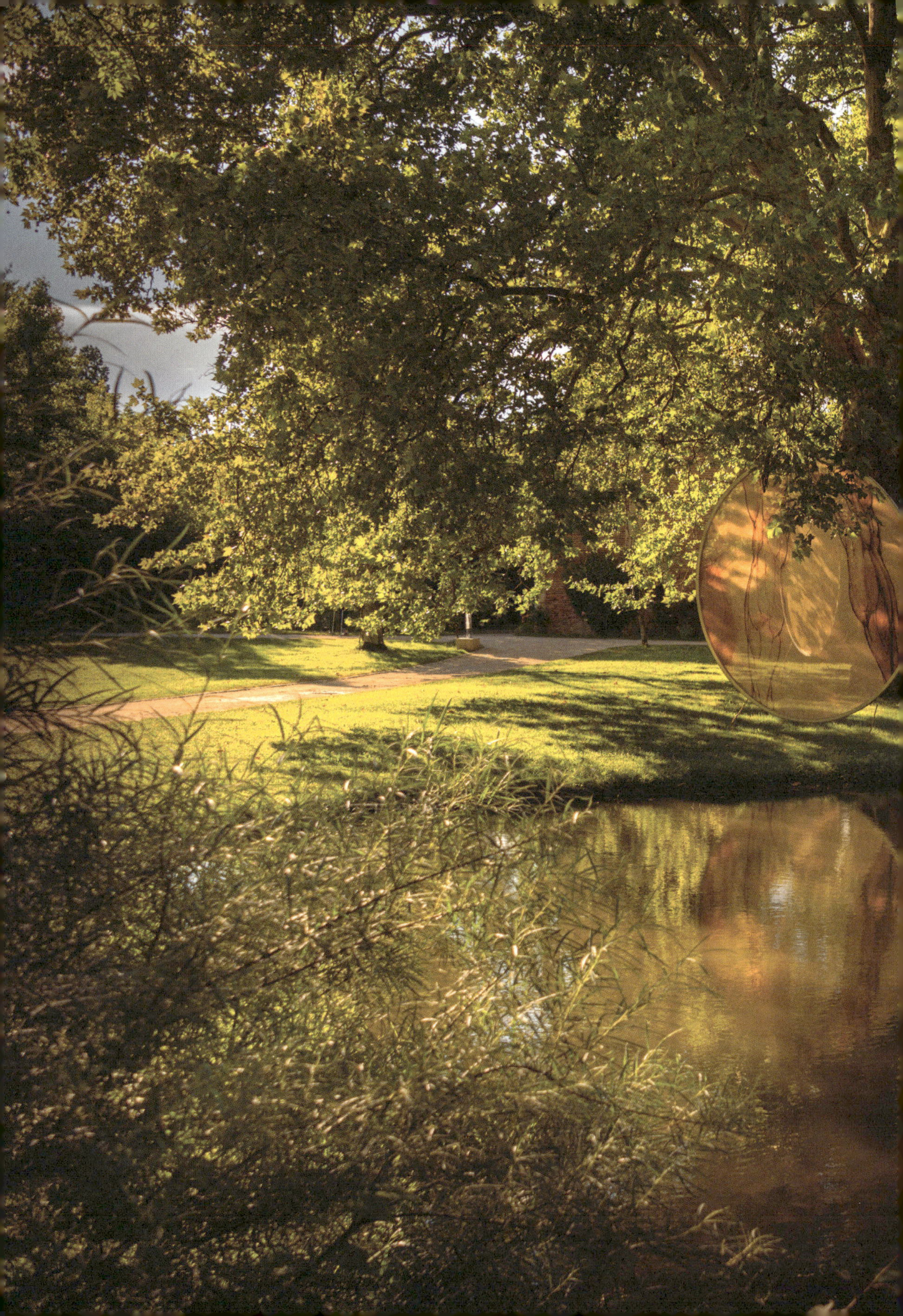

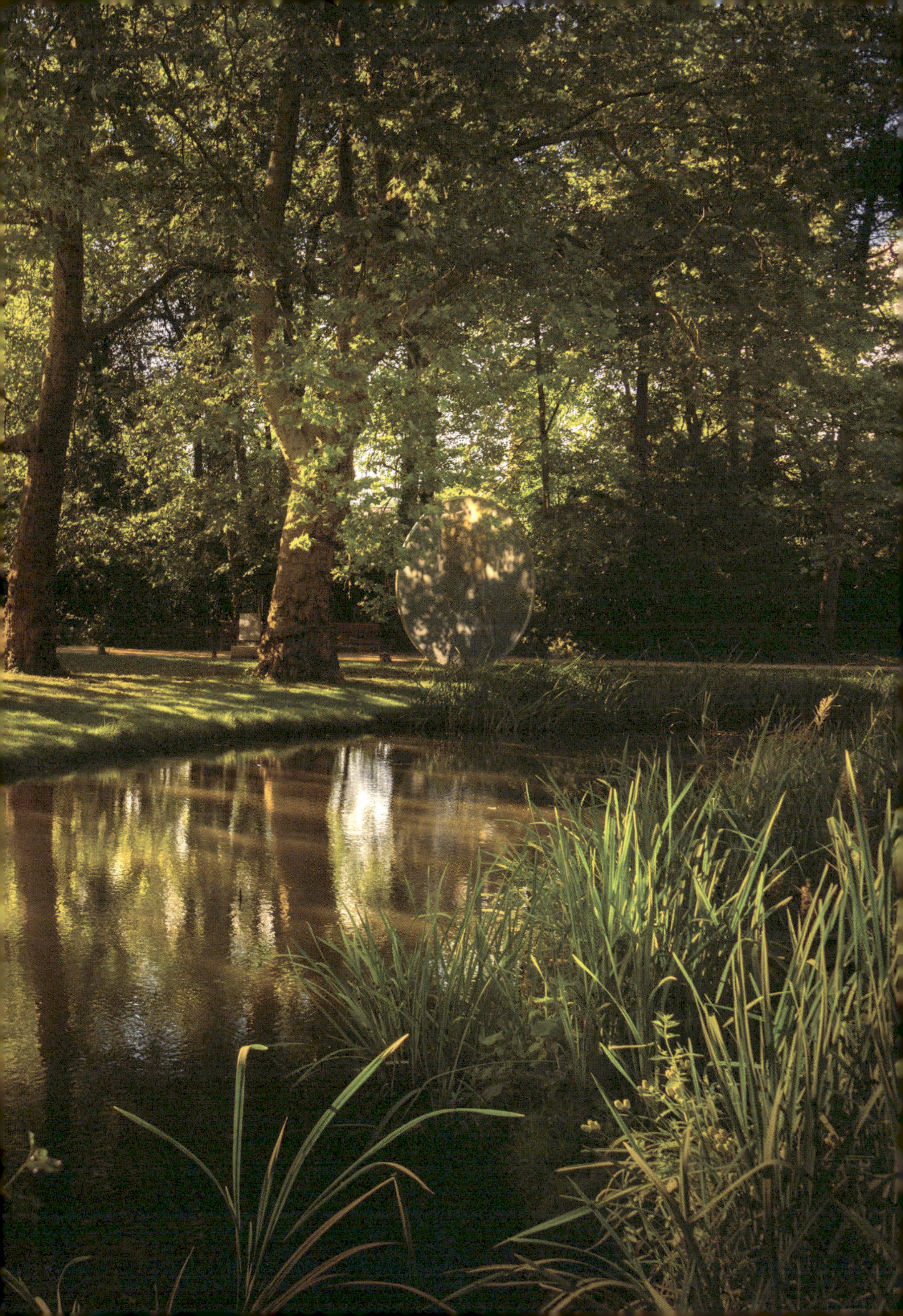

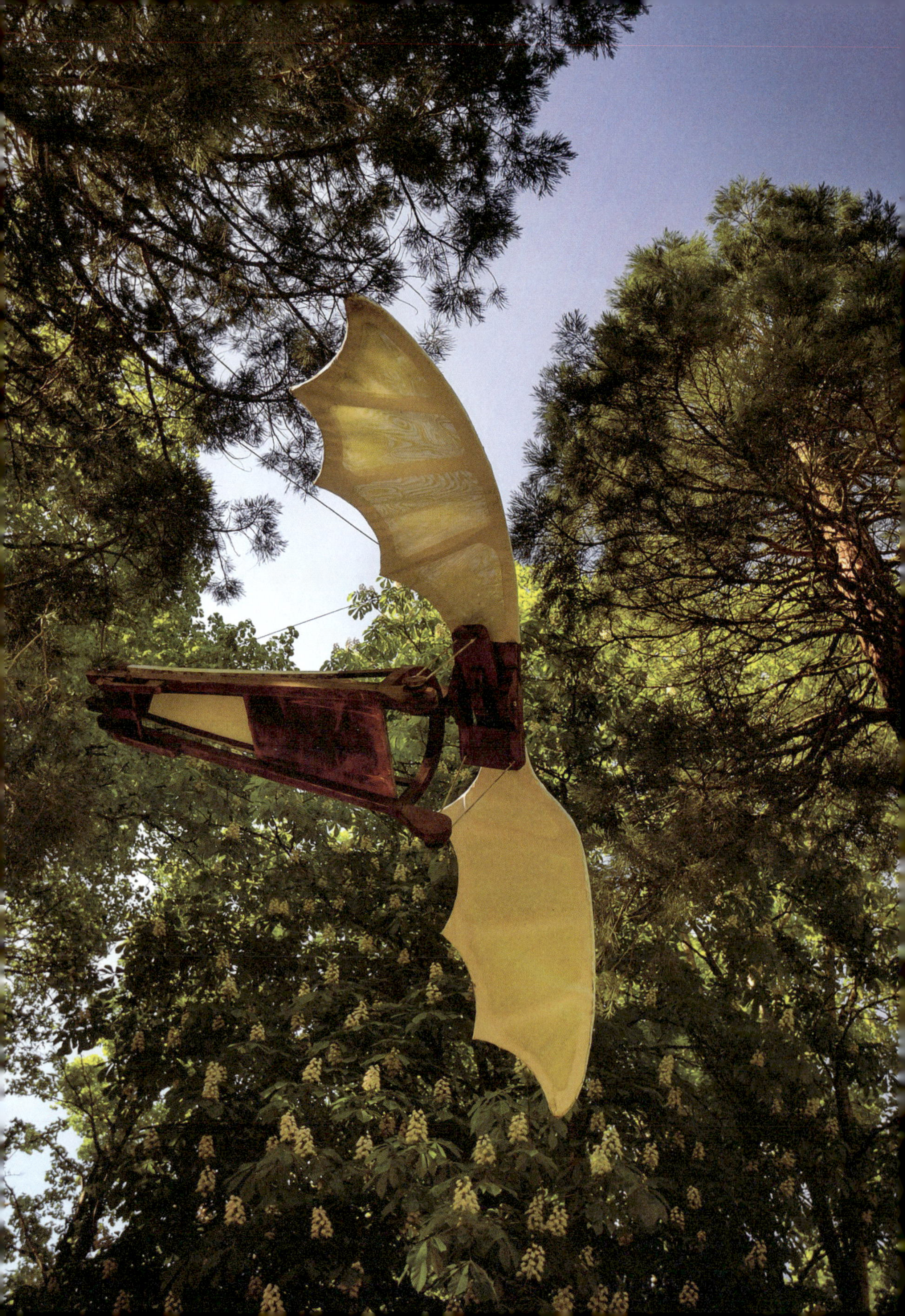

Die letzte Idylle eines Genies

In Italien geboren, an der Loire gestorben: Im Park und Schloss Clos Lucé von Amboise ist man dem Mythos Leonardo da Vinci sinnlich erfahrbar ganz nah.

So könnte es gewesen sein: Ein verheißungsvoller Frühlingsabend des Jahres 1518. Nachtigallen tirilieren, von der nahen Loire weht ein leichter Windhauch herüber, die majestätische Silhouette des Königsschlosses Amboise zeichnet sich gegen den Nachthimmel ab. Duft von Oleandern und Zypressen würzt die milde Luft. Leonardo da Vinci kehrt nach einem Spaziergang durch den Park zurück auf eine Bank im Garten. Er schaut in den funkelnden Sternenhimmel, trinkt Wein aus dem Pokal vor ihm und philosophiert. »Ich glaube, die Menschen finden das Glück dort, wo es gute Weine gibt«, lautete einer seiner vieslen überlieferten Gedanken über die Gesundheit. Da hatte der große Künstler fürwahr Glück, denn zwei Jahre zuvor, 1516, fand der gebürtige Italiener eine neue Heimat im französischen Amboise an der Loire. Der junge König Franz I., ein Freund der Musen und großer Bewunderer Leonardos, holte ihn als ständigen »Artist in Residence« an seinen Hof. Der Künstler, kreativ in allen Disziplinen – Gelehrter, Maler, Architekt, Philosoph – logierte, in Sichtweite des nur 400 Meter entfernten trutzigen Schlosses Amboise, in einem eigenen Schlösschen mit verwunschenem Park, Clos Lucé.

Die Italiener grämen sich bis heute, dass ihr Superstar, 1452 im toskanischen Dörfchen Vinci geboren und 1519 in Amboise gestorben, seine letzten drei Lebensjahre ausgerechnet in Frankreich verbrachte.

Die Flugmaschine, eine der zahlreichen Erfindungen des Universal-Genies, die im weitläufigen Park zu entdecken sind.
Doppelseite davor: Da Vincis Zeichnungen fügen sich transparent in die Natur.

So müssen sie sich den Ruhm mit Frankreich teilen. Denn 1516 war der Gönner des Künstlers, Papstbruder Giuliano de Medici gestorben, und der junge französische König Franz rollte dem von ihm schon lange verehrten da Vinci umgehend den roten Teppich aus. Dieser nahm die Einladung nur zu gerne an. Im Alter von 64 Jahren überquerte er auf einem Maulesel die Alpen, im Gepäck Notizbücher, Manuskripte und drei wertvolle Gemälde, darunter die »Mona Lisa«. Er ließ sich im Herbst 1516 in Amboise nieder, wo er bis zu seinem Tod blieb. Als »Erster Maler, Ingenieur und Architekt« des Königs arbeitete er an zahlreichen Projekten und richtete seinem Mäzen glamouröse Feste aus.

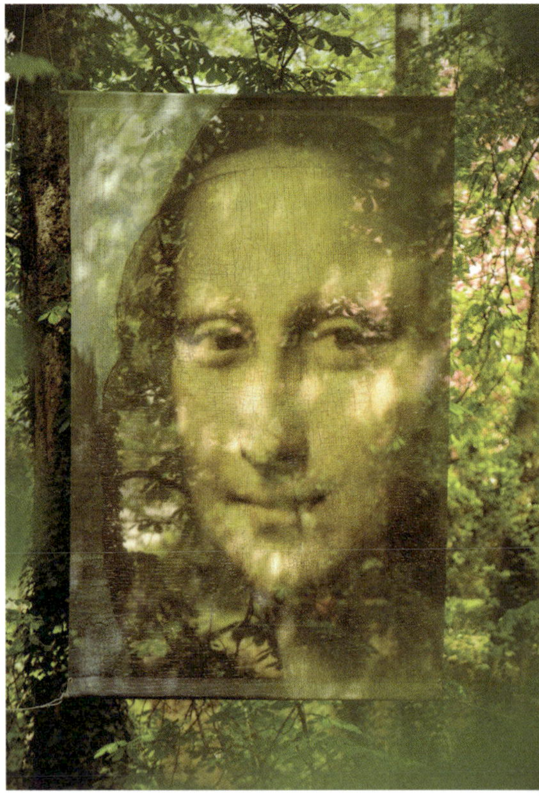

Nicht fehlen darf das ikonische Meisterwerk, die »Mona Lisa«, im grünen Freiluft-Museum ungehindert zu bewundern

Die Franzosen schmälern daher heute Italiens Stolz auf die legendäre Ikone und vereinnahmen den Mythos da Vinci ungeniert als französisches Kulturgut. So feiert das liebliche, schlösserreiche und als UNESCO-Welterbe geadelte Tal der Loire den großen da Vinci vor allem in Amboise und seinem dortigen letzten Zufluchtsort Clos Lucé. Der Besuch von Schloss und Park lohnt sich aus vielen Gründen. Denn während man im Pariser Louvre des Meisters weltberühmte Mona Lisa vor lauter selfie-klickenden Menschenmassen kaum noch genießen kann – an der Loire ist man deren Schöpfer ohne Rummel hautnah und authentisch auf den Fersen. Der romantische Landsitz Cloux, heute Château de Clos Lucé, ist ein eleganter Bau mit zartroter Ziegel-Backstein-Fassade, Türmchen und hohen Kaminen aus dem 15. Jahrhundert. Eingebettet in einen 7 Hektar großen Park mit altem Baumbestand, mächtige schattige Laubbäume rahmen das Anwesen.

Direkt vor dem Schloss liegt eine bepflanzte Terrasse im typischen Renaissance-Stil, geometrische, mit Buchs gerahmte Quadrate, aus denen weinrote Rosen leuchten, dazu Formschnitt-Figuren aus Eibe als Kegel und Kugel, Pyramide, Bienenkorb, in großen Terrakotta-Kübeln schrauben sich Eiben in Korkenziehern hoch. Vor der Fassade ragen dunkelgrüne nadelspitze Säulen-Zypressen in den Himmel. Eine Allee führt hügelabwärts in den Park und an einer großen Platane beginnt mit »Leonardos Garten« ein faszinierender Parcours. Auf in die Vergangenheit, mit originellen heutigen Mitteln. Ein Freiluft-Museum, das verblüfft, erstaunt und im besten Fall Erkenntnis bringt. Oder wie es François Saint Bris, in dessen Familienbesitz das Schloss seit 1854 ist, in seiner Besucherbroschüre mit einem Quantum Pathos formuliert: »Mögen Sie durch das universale Denken da Vincis das Licht finden, das Ihren Geist erhellt!«

Doch zunächst einmal geht es ins düstere Dickicht. Üppige Vegetation begleitet einen Lehrpfad, ein blühendes Herbarium, in dem 30 Pflanzen zu sehen, zu tasten und zu riechen sind, die da Vinci in seinen Zeichnungen festhielt. Beispielsweise zahlreiche Heilpflanzen und Kräuter wie Salbei, Thymian, Rosmarin, zu jeder Pflanze stehen auf kleinen Tafeln des Künstlers Gedanken und seine Zeichnung dazu. Dann versinkt man geradezu in geheimnisvoll dschungelartigem Gelände, einem feuchten Sumpfökosystem mit entsprechender Flora wie dem Mammutblatt (*Gunnera manicata*) und seinen dickfleischigen, Riesen-Rhabarber ähnelnden Blättern. Wabernder Nebel schwillt aus dem Teich empor, umhüllt eine mystische Szenerie in vielen Grün-

Facetten. Leonardos berühmte Maltechnik des *Sfumato*, des die harten Konturen verschwimmenden Weichzeichnens, hier ist sie lebendige, dreidimensionale Realität. Die Natur und vor allem die Botanik, deren Komplexität und Phänomene da Vinci zutiefst bewunderte und über die er befand, »Es ist alles da«, war die Quelle seiner Inspiration.

Weiter geht es auf schmalen, gewundenen Pfaden, entlang eines Gewässers, gerahmt von Sumpfzypressen und romantisch überhängenden Trauerweiden, vorbei an kleinen Wasserfällen und Kaskaden. Neben vielen Pflanzen und Gehölzen sind die weiteren Attraktionen in diesem Park die legendären Erfindungen des Ingenieurs da Vinci, allerdings nie realisiert. Anhand seiner Skizzen sind hier nun 20 Modelle real im kleineren Format nachgebaut – teils beweglich, Anfassen und Betätigen ausdrücklich erlaubt. Über das Gewässer führt eine Eichenbrücke, mit sogenanntem doppelten Joch, da Vincis Entwurf. Weithin sichtbar schon vom Eingang ist der in grünem Rasen ruhende Helikopter, die visionäre Flugmaschine (die nach Ansicht heutiger Experten nie fliegen könnte). Perplex bleibt man vor dem kreisrunden Panzerwagen stehen, ist hier ein Ufo aus »Star Wars« gelandet? Man bewundert Erfindungen wie Schaufelradboot, Archimedische Schraube, eine Wasserschöpfmaschine. Spaziert ehrfürchtig über die nachgebaute Bosporus-Brücke aus Eiche, aber *en miniature*, das innovative Bauwerk mit einer Spannweite von 360 Metern zeichnete da Vinci 1502 für den Sultan von Konstantinopel. Immer wieder entdeckt man in Bäumen hängende transluzide Leinwände, auf denen Zeichnungen und Gemälde gezeigt werden. Mal eine Anatomiestudie im Schatten dreier Platanen, tief im Unterholz neben einer Kaskade lächeln madonnenhafte Gesichter zwischen dem Laub alter Linden hervor. Bitte nicht erschrecken, wenn der Meister höchstselbst plötzlich ertönt, an acht Hörsäulen kann man einigen seiner Gedanken lauschen (Sprecher ist Jean Piat, Ehrenmitglied der Académie Française). Und damit sich auch naturentwöhnte Digital Natives für den vor über 500 Jahren verstorbenen Künstler, der von der Zukunft

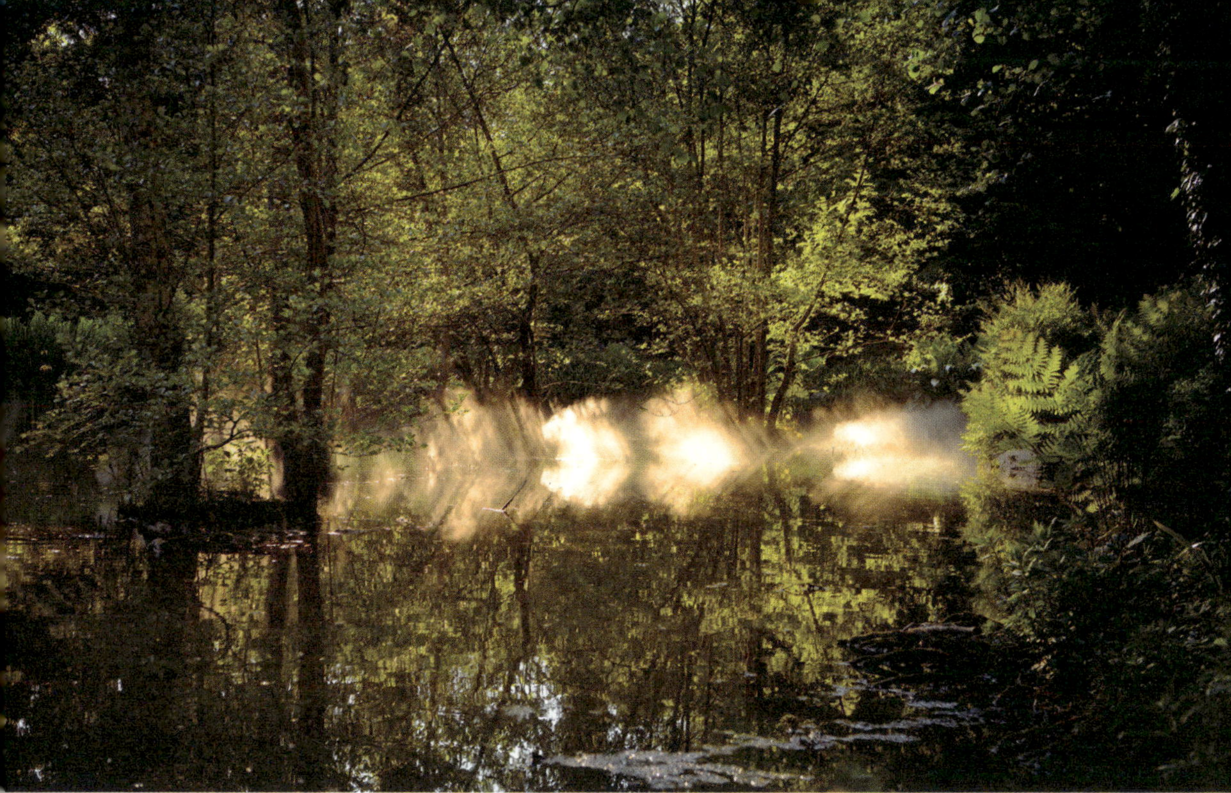

Geschlängelte Wege leiten ins dschungelartige Dickicht eines Sumpfes, ein Aspekt der von da Vinci bewunderten Natur.

träumte, und seine visionären Utopien interessieren, gibt es mitten im Park eine Multimedia-Halle samt überwältigender Bilderschau.

Der Park von Clos Lucé ist ein Vergnügungspark, aber weit entfernt von oberflächlicher Disney-Attitüde. Ein Open-Air-Ort, in dem die Vielseitigkeit da Vincis spielerisch, amüsant, lustvoll, sinnlich zum Anfassen und Ausprobieren erfahrbar ist. Hier gelang eine überzeugende Mischung aus Natur, Technik und Kunst. Ebenso sehenswert wie der Park ist das Innere des Schlosses, es atmet geschichtsträchtige Historie mit jedem bleiverglasten Fenster, Holzbalken, Ziegelstein und seinem Interieur. Da sind da Vincis Schlafgemach, seine rekonstruierten Ateliers, seine persönliche Bibliothek samt Manuskripten und Herbarien zu bewundern. In der Küche kreierte Leibköchin Mathurine dem Künstler, der Vegetarier war, vermutlich viele Gerichte mit Gemüse, getreu seinem Rat: »Iss nicht ohne Appetit und nimm gut und einfach Gekochtes zu Dir!« Der große Renaissancesaal ist im Stil der Zeit möbliert, hier empfing der Künstler illustre Besucher und seinen Gönner,

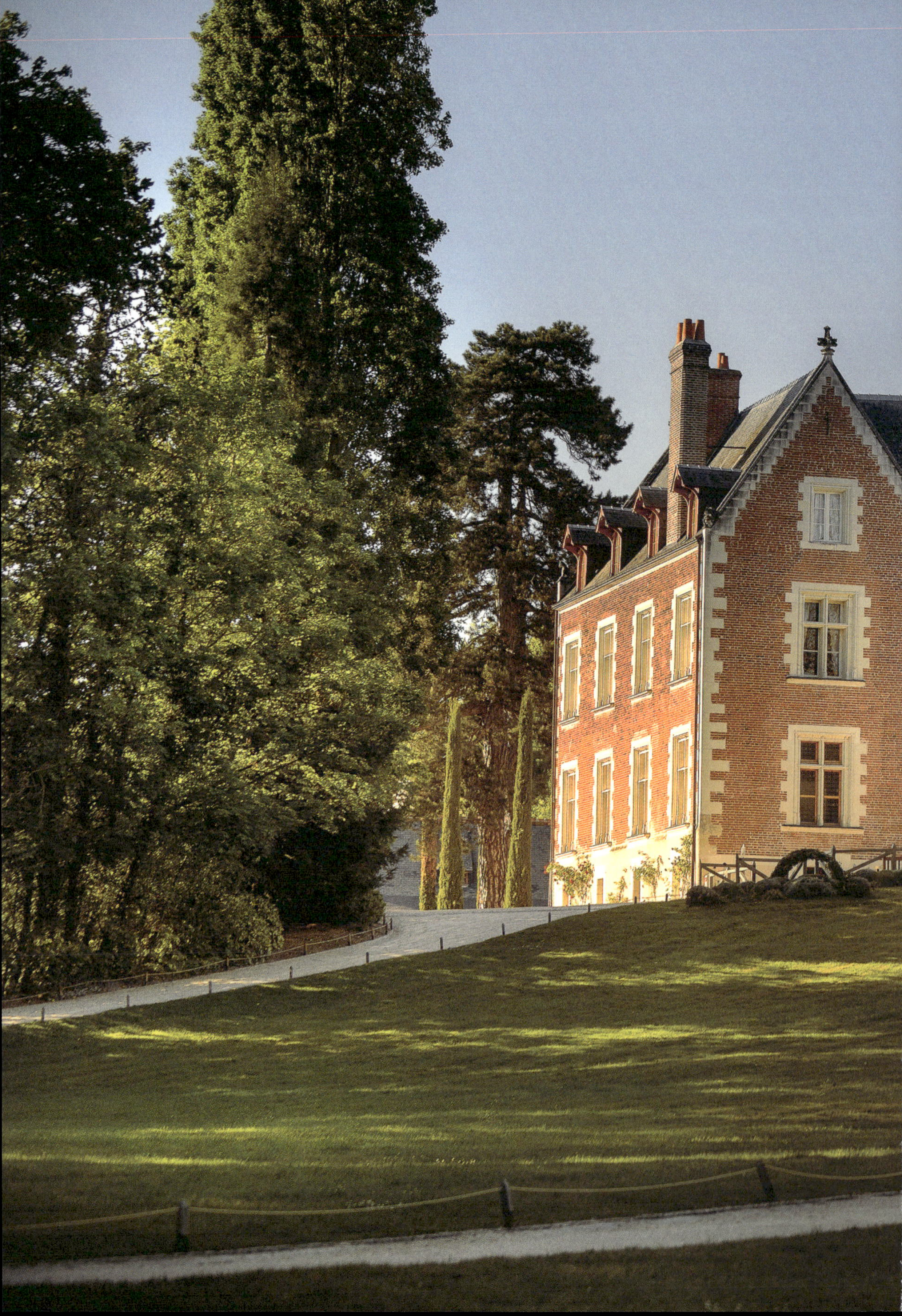

Franz I. Den konnte er übrigens jederzeit ungestört im Schloss Amboise besuchen, beide Gebäude waren durch einen geheimnisumwitterten, unterirdischen Gang verbunden.

»Dank dem Einfluss der Gestirne überschüttet die Natur die Sterblichen oft mit den reichsten Gaben; doch manchmal sehen wir in einem einzigen Menschen Schönheit und Talent und hohe Fähigkeiten in dermaßen … schier übernatürlicher Fülle vereint, daß er auf jedem Gebiet … Außerordentliches leistet und alle anderen weit übertrifft … so daß seine Werke … einer unmittelbaren göttlichen Eingebung zu entspringen scheinen.« Die Hymne auf seinen Landsmann da Vinci schrieb der »Vater der Kunstgeschichte« Giorgio Vasari (1511–1574) wenige Jahrzehnte nach Leonardos Tod. Im 21. Jahrhundert ist da Vinci endgültig zu einem Mythos geworden, so fragmentarisch, faszinierend und unergründbar wie seine Person. Im Schloss und Park an der Loire lässt sich davon ein Hauch erschnuppern.

Tipp

Ein üppig wuchernder, sinnlicher Lehrpfad mit vielen Pflanzen, die das Genie zeichnete, führt durch »Leonardos Garten«. Mittendrin versunken dschungelartiger Sumpf mit riesigen Blattschmuck-Pflanzen. Wenn dann – dank moderner Technik – Nebelschwaden wabern, wird es geheimnisvoll und magisch und man vergisst die Zeit.

Vom Schloss, Leonardos letztem Wohn- sowie Sterbeort, führt ein unterhaltsamer Parcours durch »seinen« Garten.

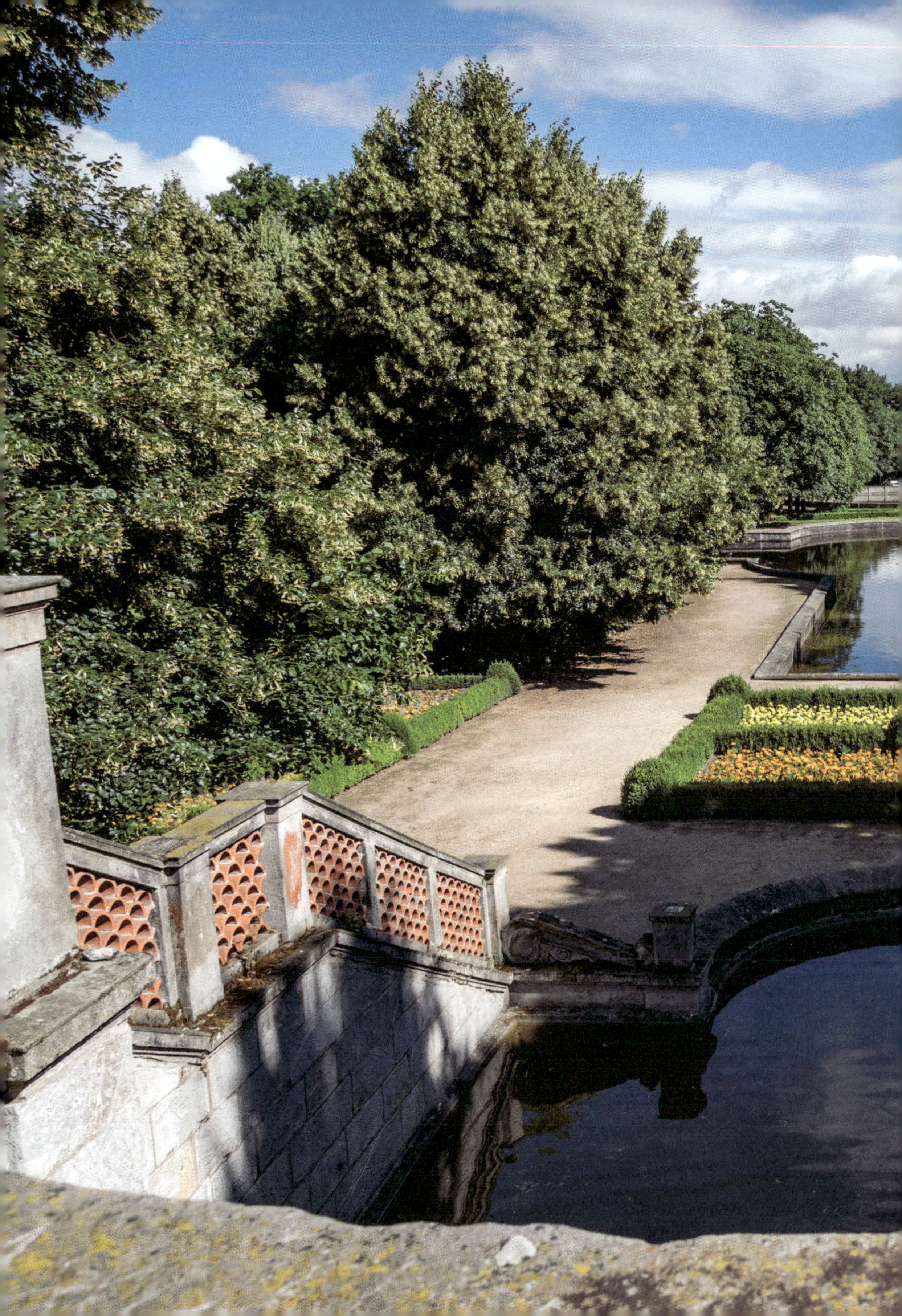

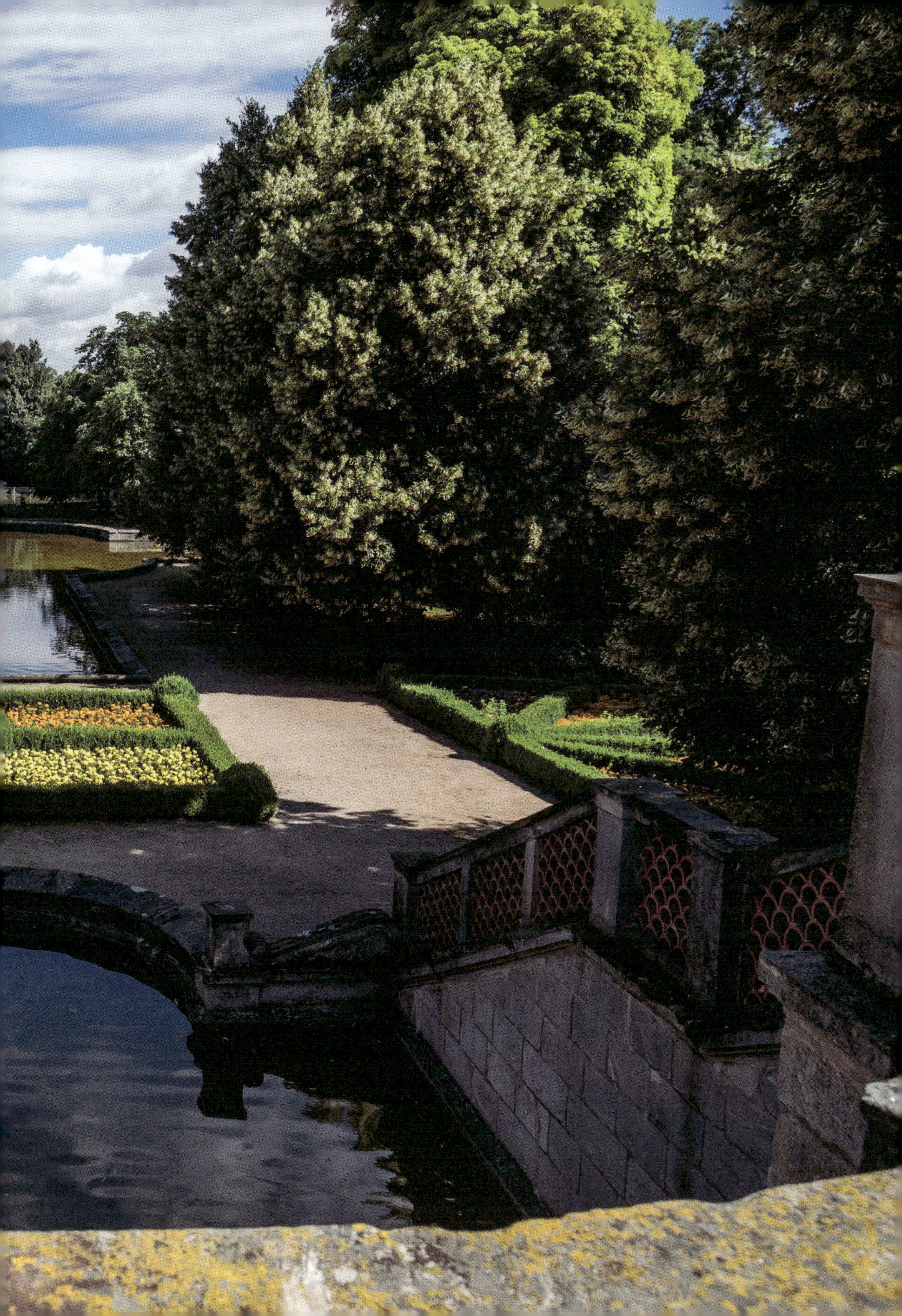

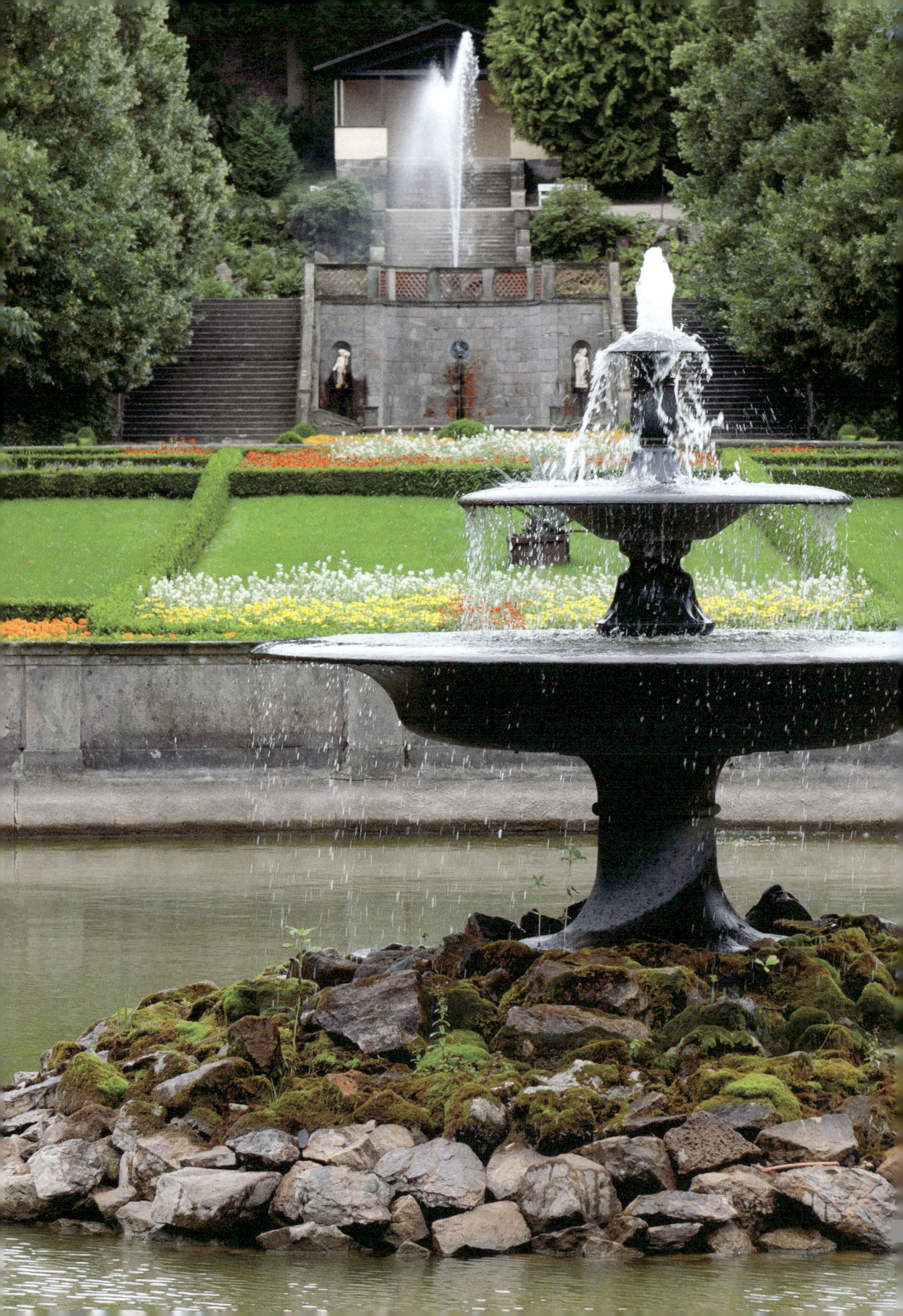

Herrn Lennés grandioses Gespür für Landschaft

Er war Preußens grünes Genie. Heute lustwandeln Millionen durch seine vielen Parks. Der berühmteste ist Sanssouci in Potsdam – aber nur wenige kennen Peter Joseph Lenné.

Peter Joseph Lenné? Hat der nicht die Nomenklatur der Botanik begründet? Sorry, das war Carl von Linné, ein Schwede. Ach ja, von Lenné ist doch der Englische Garten in München! Pardon, das war Friedrich Ludwig von Skell. Also, dieser Park in Branitz, das war aber der mit dem Eis? Richtig, Hermann Fürst von Pückler-Muskau. Ein Zeitgenosse Lennés, dessen größter Konkurrent und obwohl der »grüne Fürst« nur eine Handvoll Parks anlegte, ist Pückler bei den meisten Menschen bekannter als Lenné. »Tja, der hat eben kein Eis erfunden«, mokierte sich süffisant einst Harri Günther, Mitte des 20. Jahrhunderts Gartendirektor in Potsdam. Dort wirkte Lenné ein halbes Jahrhundert. Durch sein grandioses grünes Vermächtnis flanieren heute jährlich Millionen Menschen. Er war der bedeutendste Gartenkünstler des 19. Jahrhunderts in Preußen, gefragt in Europa und Schöpfer von über 300 Parks und Städtebau-Projekten.

Was macht jemand, der in eine traditionsreiche Gärtner-Dynastie hineingeboren wird? Er wird notabene auch Gärtner. Peter Joseph Lenné, am 29. September 1789 in Poppelsdorf bei Bonn geboren, entstammt

Italien-Esprit mitten im Harz: In Ballenstedt schuf Lenné eine elegante Abfolge von Brunnen und sprudelnden Kaskaden.

einer gebildeten Hugenotten-Familie. Bereits der Urgroßvater diente als Hofgärtner, der Vater in gleicher Position im Schlossgarten Brühl. Der macht Peter Joseph, eines von acht Kindern, früh mit gärtnerischer Praxis vertraut. Auf Gymnasium und Gärtnerlehre folgen die typischen Wander- und Studienjahre, die Schweiz, Paris, erste Anstellungen im Schlosspark Schönbrunn in Wien und 1814 in Laxenburg. Danach kehrt er retour ins – inzwischen preußisch gewordene – Rheinland, nach Koblenz, wo die Lennés mittlerweile leben. Dort ereilt ihn 1816 der Ruf nach Potsdam. Empfohlen durch den mecklenburgischen Oberhofmarschall von Maltzahn, der für Preußen-König Friedrich Wilhelm III. einen innovativen neuen Hofgärtner sucht. Der 27-jährige Lenné startet als einfacher Gartengeselle, misstrauisch beäugen 18 altgediente Hofgärtner den Eindringling. Der auch sofort sein Talent beweisen will. Er entwirft einen Plan für die Umgestaltung des Parks Sanssouci, noch größtenteils geprägt von Friedrich dem Großen. Tollkühn fegt der »junge Wilde« die geometrische barocke Strenge hinweg, alles neu, alles anders, wie beim hochaktuellen Englischen Landschaftspark. Welch' ein Sakrileg, eine Revolution, man ist höchst erschrocken bei Hofe! Der schöne Plan verschwindet für immer in der Schublade.

Hingegen findet die Umgestaltung des verwilderten Neuen Gartens in Potsdam das königliche Wohlwollen. Damit wird auch Staatskanzler Karl August Fürst von Hardenberg auf den talentierten Rheinländer aufmerksam. Der Schwiegervater von Fürst Hermann von Pückler-Muskau gibt pikanterweise Lenné – und nicht seinem Schwiegersohn – den Auftrag zur »anmutigen« Umwandlung seines neuen Landgutes Glienicke. Das wiederum begründet eine lebenslange, herzliche Rivalität zwischen Lenné, dem bürgerlichen professionellen Gartenkünstler, und Pückler, dem aristokratischen Amateur und »Parkomanen«, dem mit Branitz und Muskau zwei grandiose eigene Parks glücken. Der Park um Schloss Babelsberg in Potsdam wird jedoch Lennés »Waterloo«: Besitzer Kronprinz Wilhelm knausert, es gibt mangelnde

Bewässerung, viele Pflanzen vertrocknen, der Prinz ist nicht *amused*. Als er mehr Geld hat, wird schnurstracks Pückler engagiert. Der vollendet den Park und kostet mit Schmähungen auf den Vorgänger seinen Triumph aus. Doch vis-à-vis erschafft Lenné für den neuen Besitzer von Glienicke, Prinz Carl von Preußen – und Bruder Wilhelms – gemeinsam mit Architektur-Genie Karl Friedrich Schinkel ein brillantes romantisches Kleinod. Es gilt vielen Experten – gemeinsam mit dem Marly-Garten im Park Sanssouci – als Lennés Meisterwerk. In beiden Anlagen gelingt es ihm virtuos, Gelände spannungsreich wie harmonisch zu modellieren. Er sieht sich als Bildhauer und Maler, der »mit Farben und Lichtern arbeitet«. Die Kunst, Raumschöpfungen so zu inszenieren, dass sie möglichst natürlich wirken – obwohl von Menschenhand geformt – hat er auch bei königlich finanzierten Studienaufenthalten in England erlernt. Viele seiner Parks folgen dem Ideal des Englischen Landschaftsgartens.

Im Jahr 1828 steigt Lenné zum alleinigen Königlichen Gartendirektor und damit Verantwortlichen für alle Königlichen Gärten auf. Dazu gehören neben Potsdam und Berlin auch Anlagen im Rheinland – Brühl, Düsseldorf, Koblenz. Mit dem Regierungsantritt von König Friedrich Wilhelm IV. 1840 beginnt eine Flut von Aufträgen. Der »Romantiker auf dem Thron«, Kunstförderer, Schöngeist und dilettierender Architekt mit ausgeprägter Italien-Sehnsucht will seine Residenz in ein Paradies mit südlichem Flair verwandeln. Sein Auftrag an Lenné: »Aus der Umgebung von Berlin und Potsdam könnte ich … einen Garten machen … entwerfen Sie mir einen Plan!« Einen? Es werden unzählige! »Projekte, nichts als Projekte, jeden Tag ein neues, der König ist unerschöpflich«, klagt der Vielbeschäftigte einem Freund. Der Regent genehmigt unverzüglich fast alles, was sein Oberster Gärtner vorlegt. Wenn er nicht gerade selbst entwirft: »Hier haben Sie mein Geschmier, jetzt bringen Sie Vernunft hinein!« Schmiedet man beim gemeinsamen Tee in Sanssouci Pläne, wirft der selbstbewusste Künstler-Untertan seinem Monarchen schon

Folgende Doppelseite: Der Glienicker Park an der Havel ist Lennés frühes Meisterwerk für den jungen Prinzen Carl von Preußen.

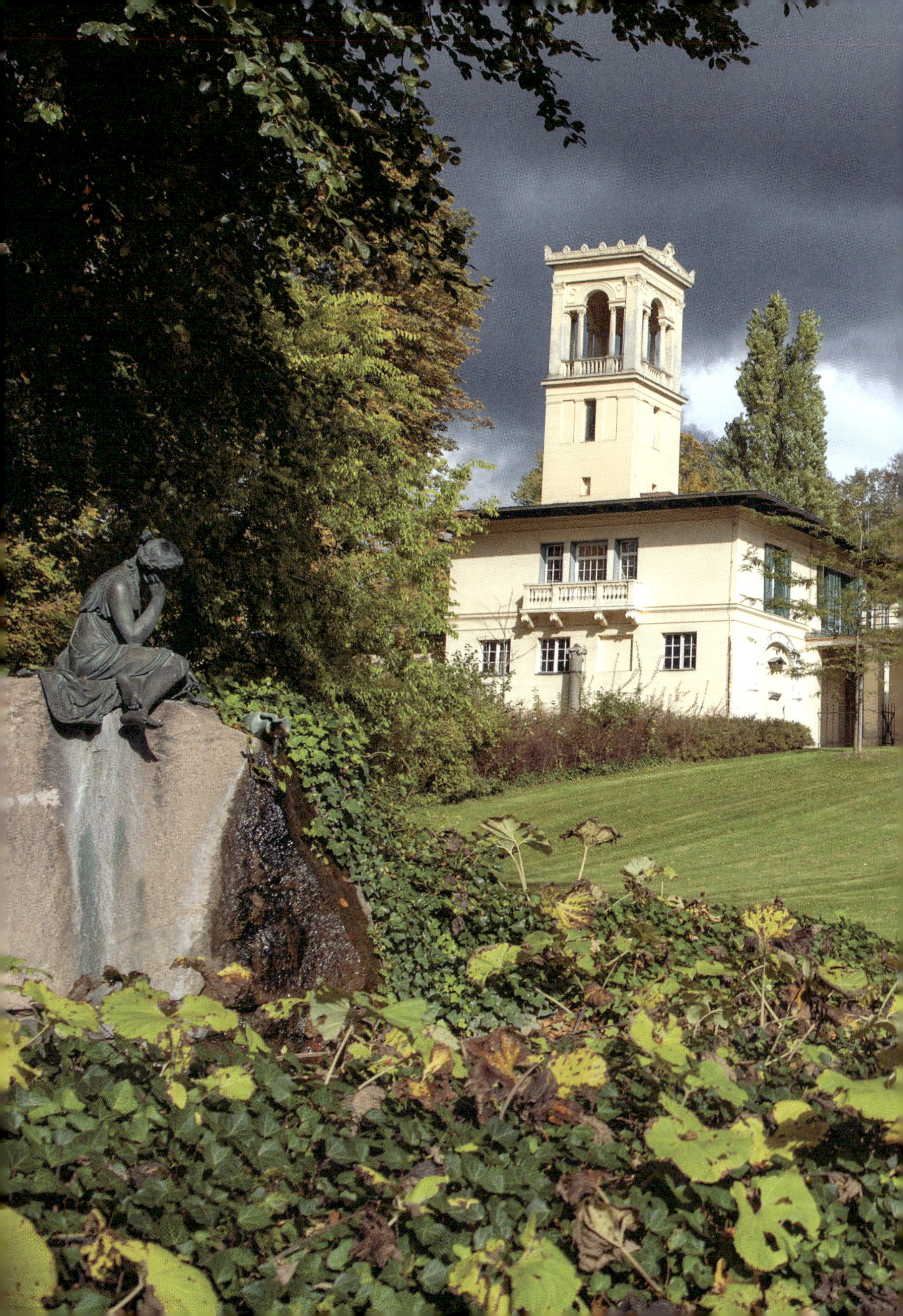

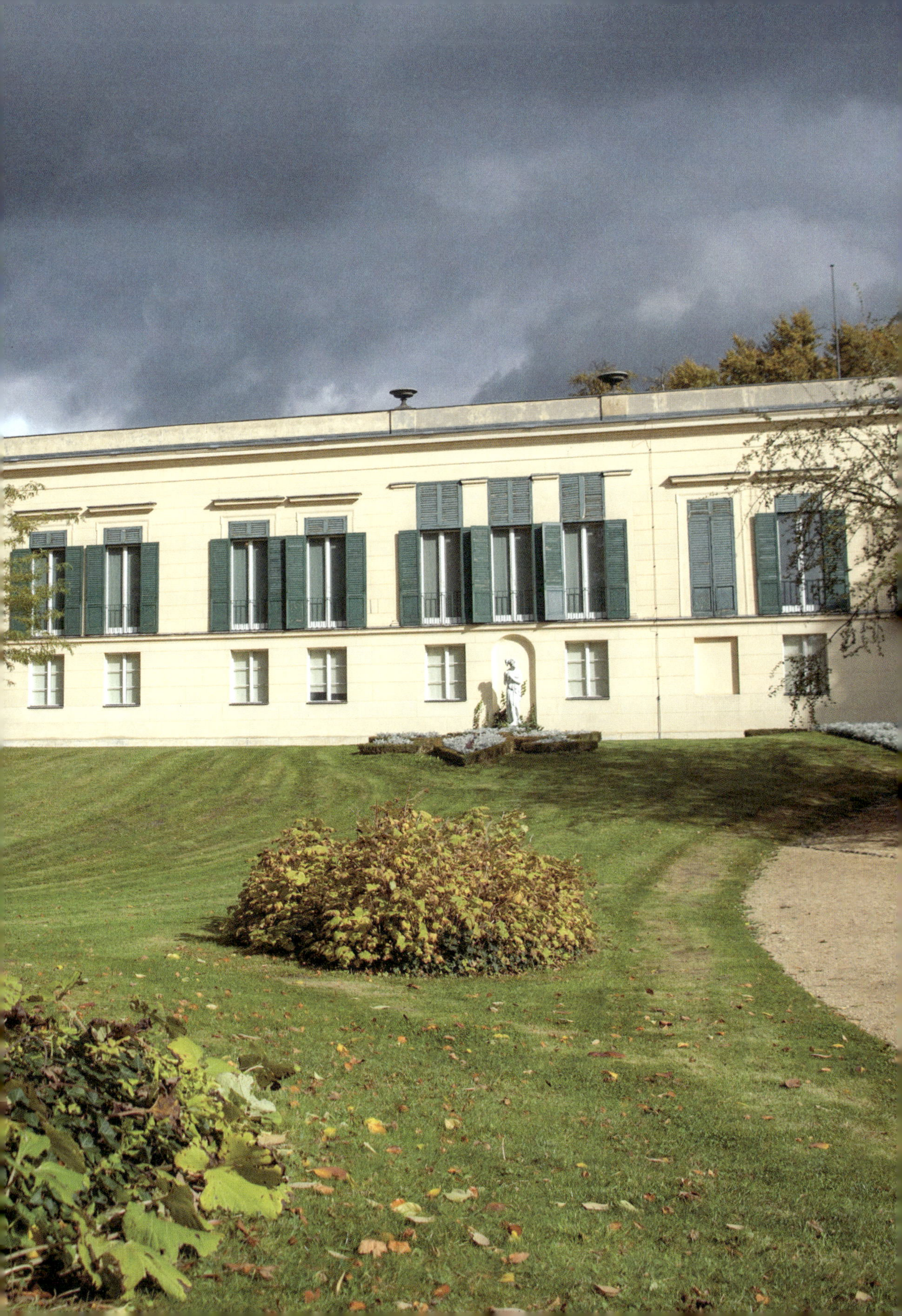

mal »Eure Majestät begreifen immer noch nicht das Geniale meiner Idee!« an den Kopf. Er darf das, gilt als einflussreicher Intimus des Königs.

In Berlin werden ihm zudem wichtige städtebauliche Planungen für die Verschönerung der wachsenden Metropole übertragen: Köpenicker Feld, Volkspark Friedrichshain und Zoologischer Garten. An der Überformung des Tiergartens rackert sich Lenné Jahrzehnte lang ab, ebenso nervenzehrend wegen der preußischen Bürokratie ist für ihn die Schiffbarmachung des Landwehrkanals (1845 bis 1850), das Projekt bringt ihm den Spitznamen »Buddel-Peter« ein. Er entwickelt Bebauungspläne für München, Breslau und Wien, um die wachsenden Städte durch großzügige Grünanlagen, Alleen und Plätze menschenwürdiger zu machen: »Je weiter ein Volk in seiner Kultur und in seinem Wohlstande fortschreitet, desto mannigfaltiger werden auch seine sinnlichen und geistigen Bedürfnisse. Dahin gehören auch die öffentlichen Spazierwege, deren Anlage und Vervielfältigung in einer großen Stadt nicht allein des Vergnügens wegen, sondern auch aus Rücksicht auf die Gesundheit dringend empfohlen werden muß«, so Lenné 1840. War er der erste »Grüne«?

Ein immenses Pensum absolviert der Königliche Garten-Direktor, rastloser Workaholic des 19. Jahrhunderts. Da der renommierte Künstler neben königlichen Parks auch private Gärten gestalten darf, ist er vielerorts gefragt. Ein Park von Lenné gilt bei prestigesüchtigen Industriellen und Adligen als Ritterschlag. Für den bayerischen König Maximilian I. entstehen am Starnberger See der Feldafinger Park und die abgeschiedene, idyllische Rosen-Insel, auf die sich später Märchenkönig Ludwig II. in Traumwelten zurückzieht. Ballenstedt in Sachsen-Anhalt erhält ein grünes Kleinod mit beeindruckenden Kaskaden, repräsentative Parks schmücken Schlösser und Herrenhäuser in Brandenburg, Schlesien und vor allem Mecklenburg-Vorpommern. Dort wurden im späten 20. Jahrhundert zahlreiche Anlagen aus überwu-

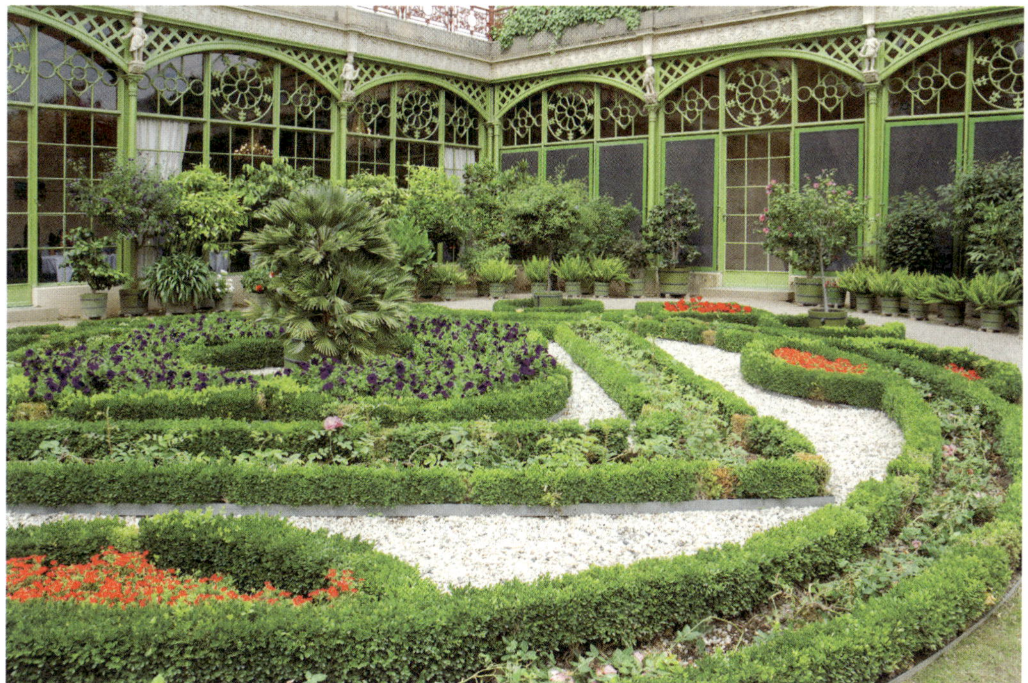

Im Burggarten des Schweriner Schlosses entstand gemeinsam mit Architekt Friedrich August Stüler ein blühendes Kleinod.

chertem Dornröschenschlaf geweckt, Basedow, Krumbeck, Kartlow, frisch renoviert Ludwigslust und Schwerin. Volksparke – in Frankfurt/Oder, Leipzig, Magdeburg, Dresden – und Kurparks, Bad Oeynhausen und Bad Homburg v. d. Höhe. Doch ob Paradiese für Fürsten oder Bürger, Anspruch und Formensprache bleiben überall gleich. Lenné ist felsenfest davon überzeugt, dass eine schöne Umgebung die Welt, sprich, die Menschen erhöht, verbessert: »Das Wichtigste aber, was wir davon hoffen, ist die Wirkung und Macht des Beispiels.«

Sein Lebenswerk aber bleibt für fast 50 Jahre die Metamorphose der brandenburgischen Streusandbüchse in ein verwunschenes Arkadien. Der Künstler vom Rhein, der in Preußen seine Bestimmung findet. Hier setzt er seine typischen Stilmittel für eine gelungen inszenierte Landschaft ein: die fächerartigen Sichtachsen und Blickpunkte, die virtuose Platzierung von Baumgruppen und Solitären, die raffinierten Wege, die den Spaziergänger durch die Landschaft wie eine Theaterkulisse führen und nach jeder Kurve neue Überraschungen bieten.

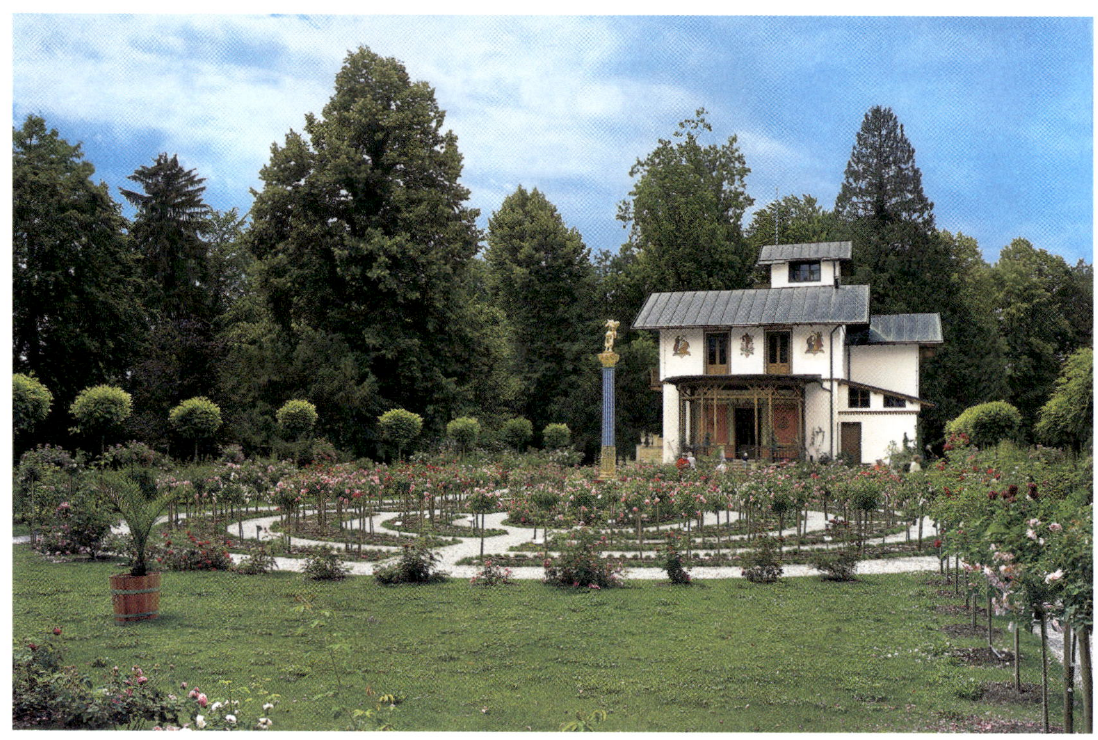

Romantik pur: das Rondell auf der Rosen-Insel im Starnberger See, Auftraggeber war Bayerns König Maximilian II.

Das Spiel mit Licht und Schatten, der Einsatz von Wasser als elementares Gestaltungsmittel, der spannungsreiche Wechsel von Lichtungen und dunklen Hainen, die Artenvielfalt an Sträuchern und Gehölzen. Platanen, Blutbuchen und Sumpf-Zypressen sind seine Favoriten. So verwandelt er die Havellandschaft um Potsdam zu einem mit großer Geste gestalteten Gesamtkunstwerk. Es gelingt ihm, aus dem von Seen umspülten »Eyland Potsdam« das bereits im 17. Jahrhundert vom Großen Kurfürsten erträumte »Paradies« erstehen zu lassen – seit 1990 UNESCO-Welterbe. Kongenialer Partner ist Architekt Karl Friedrich Schinkel (Glienicke, Babelsberg, Charlottenhof, Neuhardenberg), nach dessen Tod sind es vor allem Ludwig Persius und Friedrich August Stüler.

Im Kontrast zum schillernden Pückler gibt es in Lennés privatem Leben weder Skandale noch Affären. Das disziplinierte, fleißige grüne Genie in Beamtenuniform führt ein unspektakuläres Leben,

35 kinderlose, harmonische Ehejahre mit Friederike. Als 1860 König Friedrich Wilhelm IV. stirbt, verliert Lenné seinen wichtigsten Auftraggeber. Mit seinem Spätwerk im Stil des Historismus, dem Botanischen Garten »Flora« in Köln, sorgt er noch einmal für Furore. Am 23. Januar 1866 stirbt er in Potsdam mit 77 Jahren an einem Gehirnschlag. Er wird auf dem prominenten Bornstedter Friedhof beigesetzt. Die efeuumrankte Grabstätte für Preußens berühmtesten Gartenkünstler ist von berührender Schlichtheit.

Welche Wirkung hat Lennés Erbe im 21. Jahrhundert? Michael Rohde, seit 2004 Gartendirektor der. Stiftung Preußische Schlösser und Gärten in Potsdam, betont Lennés Aktualität: »Seine meisterhaften Garten- und Parkanlagen bleiben Vermächtnis und Anschauung für heutige Landschaftsarchitekten.« Rohdes Büro ist jenes malerische, von Blauregen bekränzte gelbe Knobelsdorff'sche Haus zu Füßen des Potsdamer Weinbergschlosses Sanssouci, wo Lenné einst arbeitete und wohnte. Dessen Credo »Nichts gedeiht ohne Pflege und die vortrefflichsten Dinge verlieren durch unzweckmäßige Behandlung ihren Wert« – man könnte es als Menetekel für unsere Zeit interpretieren.

Tipp

Hunderte von Parks erschuf Preußens grünes Genie. ein Kleinod ist der aufwändig restaurierte Burggarten am Schweriner Schloss. Ein kunstvolles, blühendes Kabinettstück mit Seekulisse. Das beste Panorama bietet die obere Terrasse, mit Blick auf mächtige Platanen und die malerische »Liebes-Insel«.

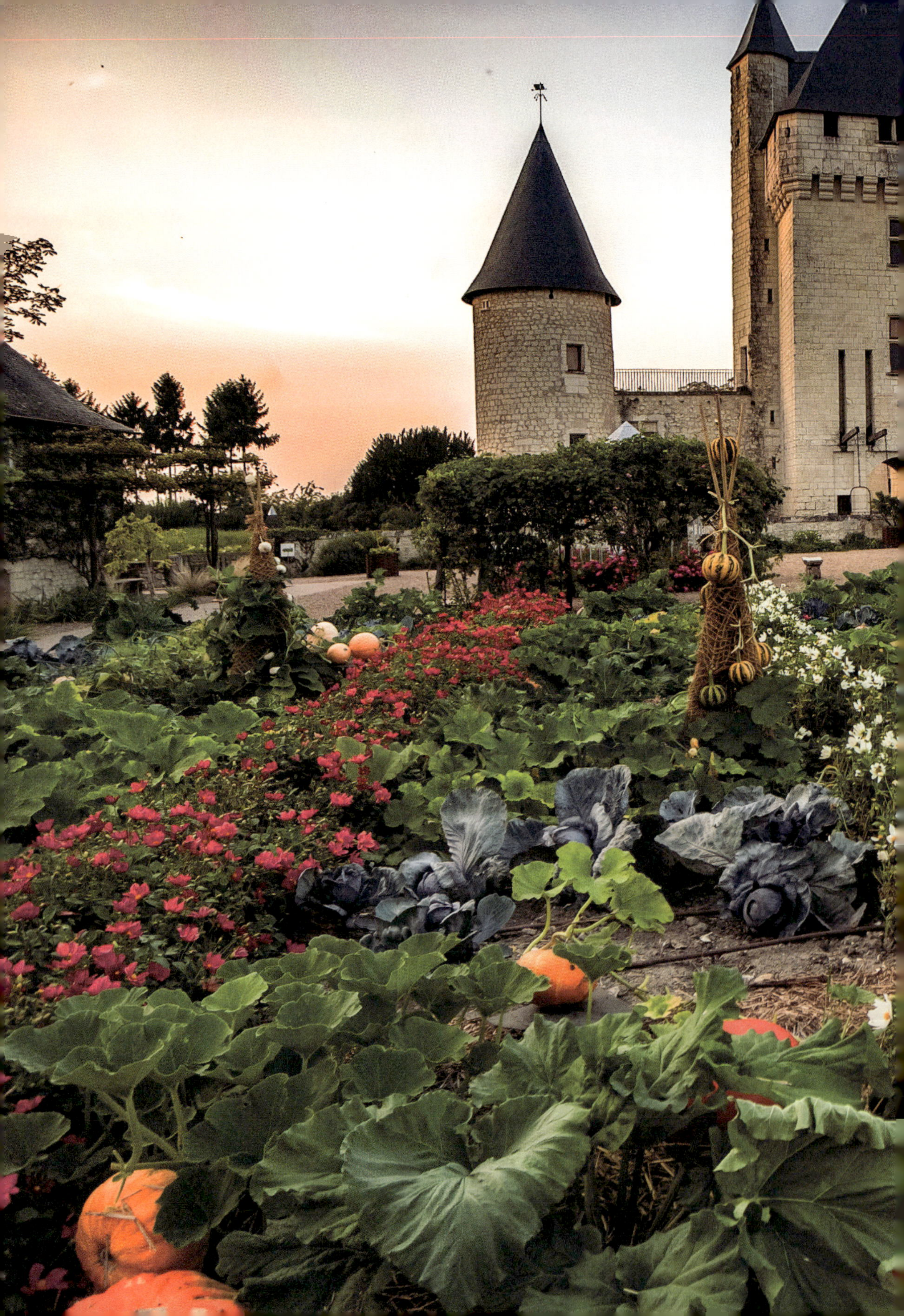

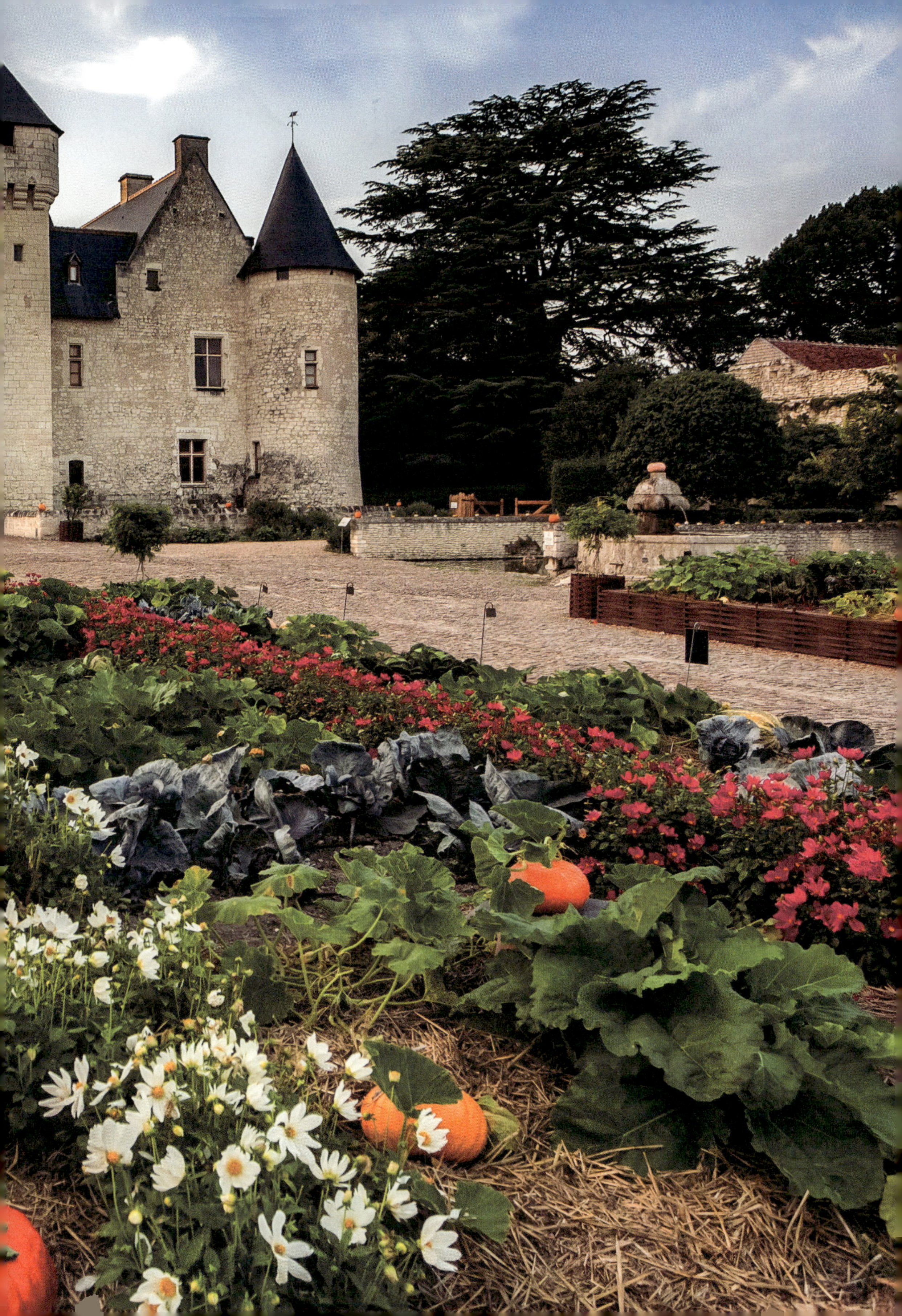

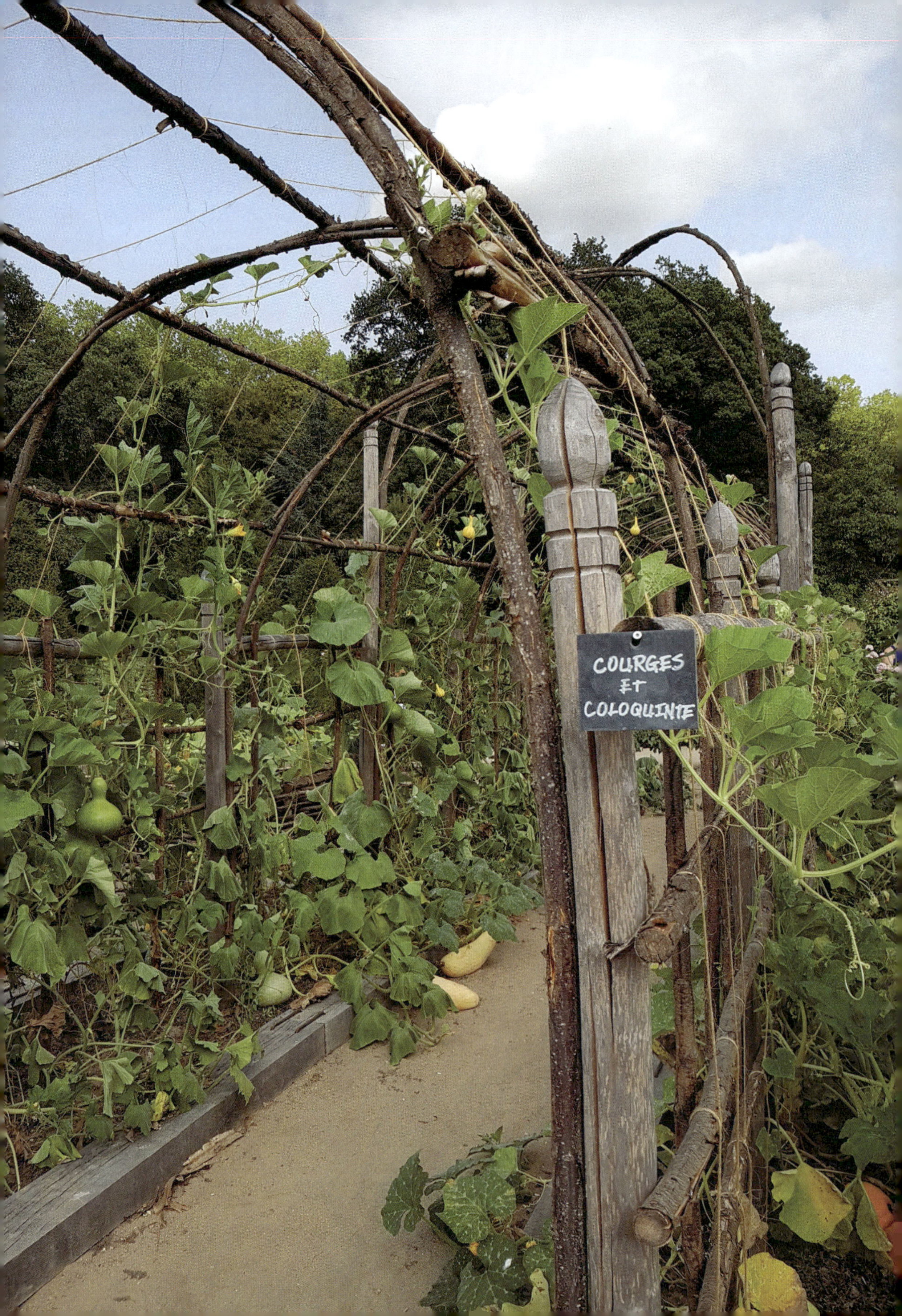
COURGES
ET
COLOQUINTE

Genussvoll leben wie Gott in Frankreich – die Küchengärten der Loire

Adel verpflichtet – die royalen Nutzgärten entlang der Loire sind kulinarischer Fundus für Feinschmecker wie Garten-Liebhaber und alle eine Augenweide.

Zwei steinerne imposante Löwen bewachen den Eingang zum Schlaraffenland. Zwischen ihnen hindurch führt eine Freitreppe über die Leda-Terrasse hinunter in den *Potager*, den Küchengarten von Schloss Valmer. Hier gedeiht auf einem Hektar alles, was das Herz von Gourmets höher schlagen lässt. Der Küchengarten wurde im Jahr 2000 nach alten Plänen aus dem 15. Jahrhundert gestaltet: vier Quadrate, je in vier Parzellen unterteilt, hohe Mauern schenken ein schützendes Mikro-Klima. Chefgärtner Richard Savaete präsentiert stolz seine Schätze. Darunter vergessenes, nun sogar von Sterneköchen wieder geschätztes Gemüse wie Topinambur, mit gelben Blüten an hohen Stängeln: »Billige Produktion, teure Verarbeitung«, grinst er, es ist höchst aufwändig, die knubbeligen Wurzeln zu säubern. Im Kartoffel-Karree reift die köstliche lilafarbene »Amandine« »leider sehr fragil gegen Pilze«, blitzen knallorangene Tagetes, »gut gegen schädliche Nematoden«. Hier wird komplett ökologisch angebaut, mit eigenem Kompost und umweltfreundlichem Dünger. »Unkraut ist eine Pflanze, die da wächst wo man sie nicht haben möchte«, sagt Richard entspannt. Faustdicke Schichten Stroh schützen gegen Schnecken und andere Schädlinge, insektenfreundliche Blumen locken als

Der zauberhafte Küchengarten von Schloss Chenonceau zeigt, wie dekorativ eine rustikale Pergola für Kürbis sein kann.

Doppelseite davor: Der Küchengarten von Château du Rivau vereint viele delikate historische Gemüse.

blühende Buffets zwischen Gemüse und Obst. Das wächst vor allem an kunstvollen, niedrigen Spalieren. Im »Nasch-Quadrat« sprießt die frühe Erdbeere »Duchesne« mit großen Früchten, kleine sehr Aromatische beschert »Versailslaise« (*Fragaria ananassa*), eine seltene Sorte von 1850. Unter den zahlreichen Sorten Johannisbeeren (*Ribes nigrum*) ragt die pechschwarze »Noir de Bourgogne« heraus, wegen ihres exquisiten Aromas begehrt für den Likör Crème de Cassis.

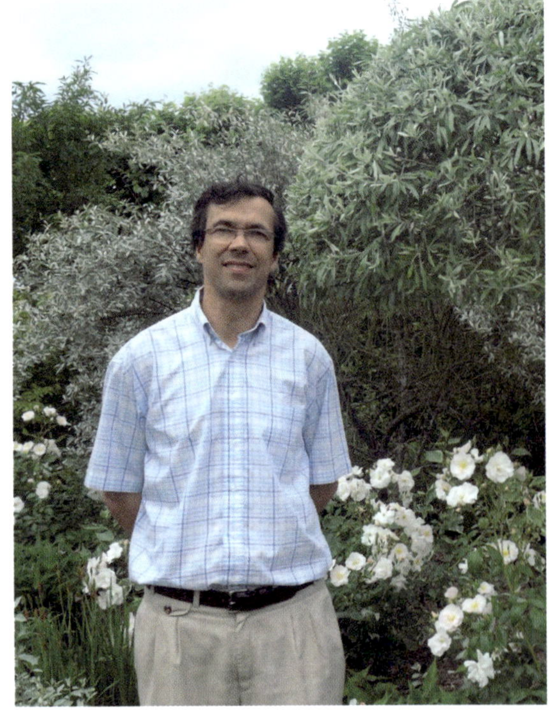

Henri Carvallo ist Herr über Frankreichs berühmtesten Küchengarten Villandry, hier dient Gemüse vor allem als Genuss für das Auge.

Über 500 Jahre alt ist die Historie von Valmer. Das große, 1524 auf einer Burg erbaute Schloss wurde 1948 durch Feuer zerstört, unversehrt blieb das 1647 erbaute *Petit Valmer*, in dem die Eigentümerfamilie des Grafen de Saint Venant wohnt. Wie auf einem gigantischen grünen Tablett präsentieren sich Schloss und Gärten in pastoraler Anmut. Acht terrassierte Renaissance-Gärten mit Brunnen, Skulpturen und Amphoren fügen sich in leichter Hanglage zwischen Wiesen, Felder und Weinberge. Auf 30 Hektar werden süffiger weißer Vouvray und Touraine Rosé angebaut.

Im mauerumrahmten Küchengarten von Schloss La Bourdaisière hingegen verwirrt ganz anderer Gaumen-Genuss die Sinne: Tomaten!

(Fast) nichts als Tomaten, über 700 Sorten. Ein einzigartiger Rekord und ein Ende der Paradiesapfel-Passion ist nicht abzusehen. Hausherr Prince Louis Albert de Broglie ist Tomaten-Maniac: »Ein wunderbares Gemüse und leicht anzubauen«, notabene ungespritzt, Hybrid- und Gen-Tomaten sind tabu. Längst wurde er als »Tomatenprinz« eine Berühmtheit. In seinem »Schatzkasten« winden sich die lukullischen Nachtschattengewächse an dunklen Holzstangen hoch. Die Beete sind nach Farben bepflanzt: rote Tomaten in allen Schattierungen, gelbe wie »Golden treasure«, grüne wie »Green Pineapple«, fast schwarze wie »Purple Calabash« oder »Slovenian Black«. Neben den Farben faszinieren die Formen – von knubbelig bis kugelglatt – und Größen: winzige wie »Petit Moineau«, riesige wie die sibirische »Gregory Altai«. Alle gedeihen ohne Regenschutz, »sieht unschön aus und hier in der Tourraine haben wir sehr warme trockene Sommer«, erklärt Toutain Nicolas, seit zehn Jahren Chefgärtner und Hüter der gesunden und kalorienarmen Leckereien. Zu den »Antiquitäten« gehören die französische Sorte »Casque rouge« oder die pinkfarbene »Brandywine«, beide aus dem 19. Jahrhundert. Wer bislang nicht »tomatoman« war – hier wird er es! Zur Ernte-Zeit gibt es in der »Tomaten-Bar« Tomate total: Salate, Suppen, Cocktails, Smoothies, Sorbets, Chutneys. Der Prinz, Spross eines uralten Adelsgeschlechtes, erwarb das elegante, geschichtsträchtige Renaissance-Schloss mit arkadischem Park 1997 und ließ es zum 30-Zimmer-Hotel umbauen. Wer das luxuriös-morbide *savoir-vivre* zum Tomaten-Festival stets Anfang September genießen will, sollte rechtzeitig buchen.

Dass Gemüse pure Kunst sein kann, erlebt man im Schlosspark von Villandry, Frankreichs berühmtestem Gemüse-Garten. Garten ist tiefgestapelt: In neun Quadraten wächst hier ein gigantomanisches, dekoratives *Tableau vivant*, in dem Salate, Kohlköpfe, Porree, Möhren und mehr wie Soldaten stramm Spalier stehen. Am besten besteigt man zuerst das Belvedere, um die gesamte Anlage mit dem legendären »Liebesgarten« und dem Gemüsegarten in voller Dimension zu erfassen. Der ist ein präzis-perfektes Schachbrett, ein ästhetisches Gesamtkunstwerk mit romantischen Rosenlauben mittendrin. Das Gemüse kommt vorgezogen in die Beete, ist es nicht mehr picobello, wird es entfernt, teils an Besucher verschenkt. Mitte des Sommers wird neu eingepflanzt, dann vor allem Auberginen, Gurken, Sommer-Kohl und Kürbis, »alles, was es im 16. Jahrhundert gab, also keine Kartoffeln«, erklärt Schlossherr Henri Carvallo. Sein Großvater ließ den artifiziellen Gemüsegarten Anfang des 20. Jahrhunderts nach Plänen aus dem 16. Jahrhundert anlegen. »Es geht nicht um Botanik, sondern um Schönheit und die liegt in Symmetrie und Harmonie.« Nach der Gemüse-Orgie kann man sich unter schattenspendenden Linden-Alleen erholen, Weintrauben von einer Pergola grapschen, »Naschen ist ausdrücklich erlaubt«, empfiehlt Monsieur Carvallo den Besuchern. Die sind überwältigt: »*Simplement magnifique*«, hinterließ ein Portugiese im Gästebuch.

Das Prädikat »schlicht herrlich« trifft auch auf Schloss du Rivau zu. Der kleine Schlenker südlich der Loire ist alle Mühe wert, belohnt wird man mit einem Märchenschloss, dass sich sanft in Getreidefelder und Wiesen schmiegt. Wuchtig und dennoch unwirklich, mit (heute trockenen) Wassergräben voll wogender, süß duftender Rosen, Zugbrücke und Rundtürmen. Aus einem baumelt ein meterlanger Zopf herab, Rapunzel lässt grüßen. Typisch Patricia Laigneau, die Schlossherrin sprudelt über vor Kreativität und Phantasie. Als die Kunsthistorikerin und Landschaftsarchitektin 1993 mit ihrem Mann das Schloss aus dem 15. Jahrhundert erwarb, wollte sie Besucher mit »lebenden Bildern in Märchenwelten« entführen. Chapeau – genial geglückt! Der magische Park voll hingetupfter Blumen und skurriler Kunst wäre eine eigene Geschichte wert. Ihr Küchengarten, der sich im Innenhof vor der Kulisse des Schlosses ausbreitet, bildet ein legeres, lebendiges Stillleben: zwei große Hochbeete als Viertel-Tortenstücke, von dünnem Eisengeflecht gerahmt. Darin wächst munter alles, was Feinschmeckern mundet. Vor allem Raritäten: »Wir pflanzen historische Sorten des Loire-

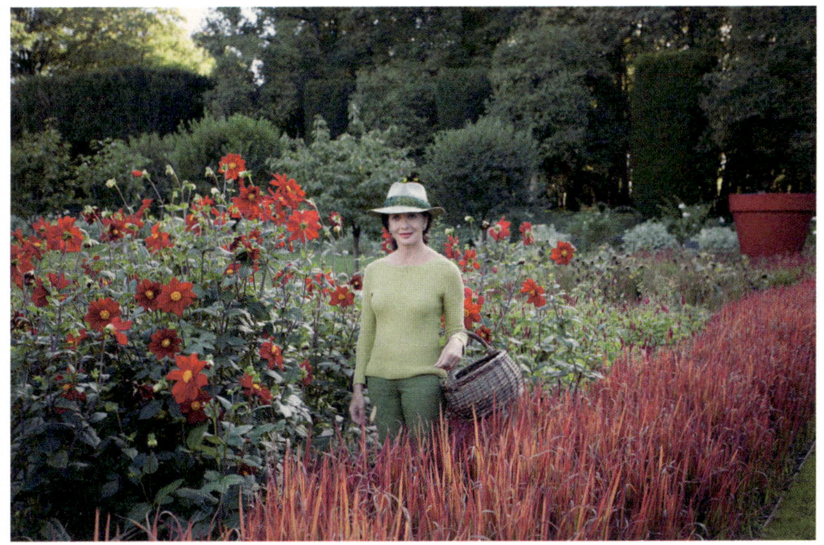

Mit Leidenschaft und Kreativität verwandelte Patricia Laigneau den Park um Château du Rivau in ein sinnliches Märchenreich.

Tales, die leider langsam aussterben, sich jedoch durch sehr eigenen Geschmack auszeichnen«, erklärt die leidenschaftliche Gärtnerin. Sie zählt auf: »Bohnen wie ›Contesse de Chambord‹, ›Barangegeonier‹ und ›Le flagolet de Tours‹, die alte Kohlsorte ›Le choux de Sant Saens‹, der Kürbis ›Sucrine de Beryll'Turnip‹ und die süße Melone von Tours, ›Melon sucré de Tours‹«. Vieles wird zur Selbstversorgung und für das kleine Restaurant gepflanzt. »Aber auch die Schönheit ist wichtig«, betont sie, »denn in Rivau herrscht wahre Harmonie der Farben«. Darum scheren sich die Pfauen wenig, respektlos gefräßig staksen sie durchs Gemüsebeet, stoßen ihre schrillen Schreie aus und ignorieren hochmütig die Schlossbesitzerin. Deren Kürbis-Festival mit über 80 Sorten lockt im Herbst Besucher von weit her, die das verzauberte Ambiente genießen – und die elysische Ruhe. Dann hocken die Pfauen in den Ästen der majestätischen Zeder, stumm schmollend.

Gemächlich geht es zurück entlang der Loire, dieses flachen, trägen und längsten Flusses des Landes. Er zieht sich als mäanderndes Band von Pracht und Genuss dahin, inzwischen mit Welterbe-Rang. »Leben wie Gott in Frankreich« ist Symbol für leibliche Genüsse, Wein, Gemüse und Früchte. Viele der 300 Loire-Schlösser besitzen einen Küchengarten. Auch Chenonceau, nach Versailles Nummer zwei im Ranking mit jährlich einer Million Besucher. Die sind vor allem angetan von der skandalumwitterten Geschichte der Bewohnerinnen im 16. Jahrhundert, Katharina von Medici und ihrer verhassten Rivalin und Mätresse ihres Mannes, Diane de Poitiers. Sie lustwandeln durch das »Schloss der Damen« und deren zwei splendide Gärten. Ebenso prachtvoll ist der *Potager*, 1980 nach alten Plänen neu angelegt und Erlebnis für alle Sinne. Hier vereint sich in opulenter Liaison, was schon Geheimrat Goethe schätzte: das Nützliche mit dem Schönen. Die Blumen spenden romantisches Flair und wer behauptet, Gemüse könne nicht auch schön sein?

Für Nicholas Tomlin ist es das unbedingt. Der Amerikaner ist seit 2015 »Directeur Botanique«, keine leichte Aufgabe. Denn dieser Küchengarten muss nicht nur Augenweide sein, sondern auch das anspruchsvolle Schloss-Restaurant beliefern, »ziemlich tricky, exakt anzubauen, was der Küchen-Chef will«, verrät Nicholas. Gerade experimentiert er mit diversen Salatsorten wie der knusprigen »Scarolle«. In der »Dessert-Ecke« überraschen grüne Johannisbeeren, deren Aroma das der Schwarzen und Roten besitzt. Für die Optik auf dem Teller baut er Mangold mit Stängeln in Rot, Weiß und Gelb an, und weiße Auberginen »Blanche Ronde à Oeuf«, eine alte französische Sorte. Dazu 15 Paprikasorten wie »White Bell«, unter sechs Porree-Sorten auch »Lucullus«, bei den 30 Kürbis-Sorten fällt der birnenförmige »Orange Striped« auf.

Des Gourmet-Gärtners absoluter Favorit ist Grünkohl »Red Bor« mit purpurn leuchtenden Stängeln. Deswegen begehrt sie auch der schlosseigene Florist Jean-François Boucher für seine exquisiten Bouquets, mit denen jeder Raum des Schlosses bereichert wird. »Achtung«, warnt Nicholas lachend, »da kommt er, um bei mir zu ›shoppen‹!« Der Küchengarten ist floraler Fundus für den Floristen, der gerne beim Gemüse »wildert«. Dahlien, Bronzefenchel, Hortensien und Zierlauch, leuchtend gelbe Steppenkerzen vis-à-vis von grünen Puffbohnen, daneben ragen imposante jadegrüne Blütendolden der Echten Engelwurz (*Angelica archangelica*) gen Himmel. Ein aparter Kontrast zu den scharf gezackten Blättern von Karden und Artischocken. »Ein Küchengarten ist eine Welt für sich«, sinniert Nicholas Tomlin und lässt den Blick liebevoll über seine Schützlinge gleiten. Die dank Pferdemist und ökologischem Anbau grandios gedeihen.

Alles, was heute *en vogue* ist – Selbstversorger-Garten, »Urban gardening«, saisonale und regionale Erzeugnisse, die Wiederentdeckung historischer Obst- und Gemüsesorten und deren Vielfalt –, in den neuen, alten Küchengärten entlang der Loire ist es seit Jahrhunderten paradiesisch vereint. Das Außergewöhnliche ist neben Nutzen und Schönheit die gloriose Vergangenheit als malerischer Rahmen.

Tipp

Mein Favorit ist Schloss Valmer. Ein 500 Jahre altes, ökologisch restauriertes Schlaraffenland, mit tollen alten Sorten Kartoffeln, Gemüse und köstlichstem Naschobst wie Erdbeer-Raritäten. Kunstvolle Obstspaliere unterteilen die Quartiere. Und zum Finale genehmigt man sich eine Kostprobe der süffigen Weine, die Familie Saint Venant anbaut.

Folgende Doppelseite: Im Potager von Villandry wird Gemüse zum Kunstwerk geadelt.

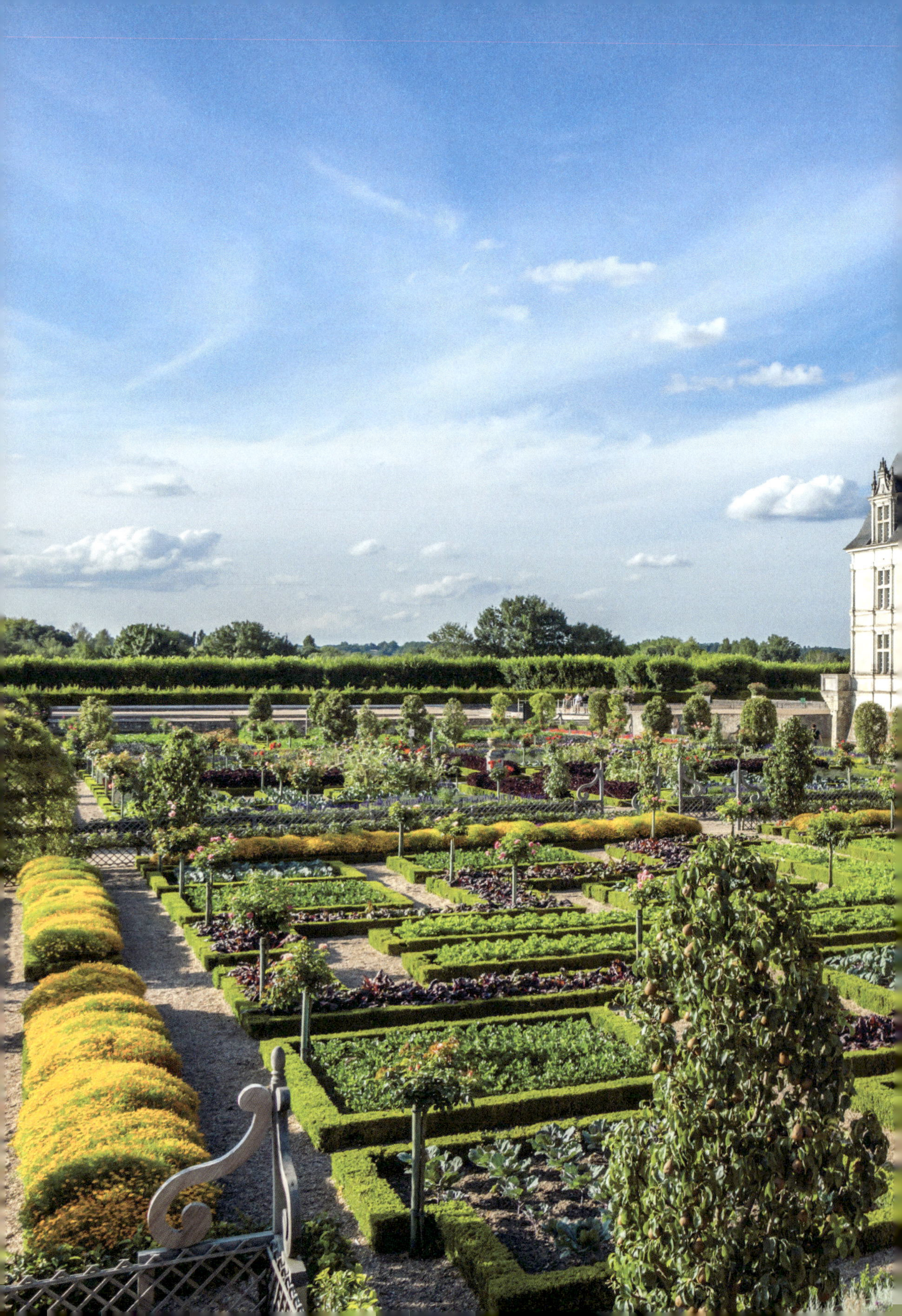

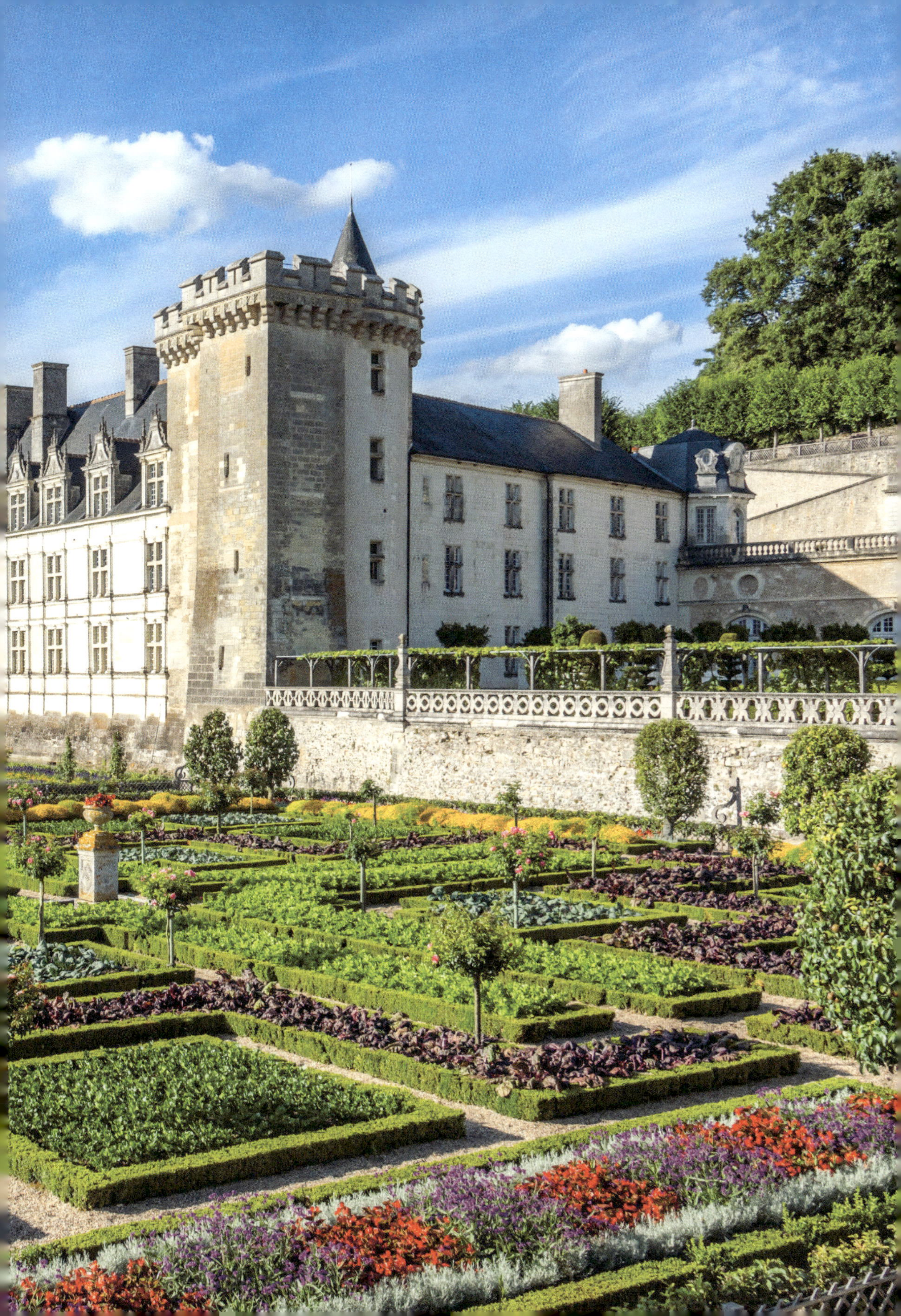

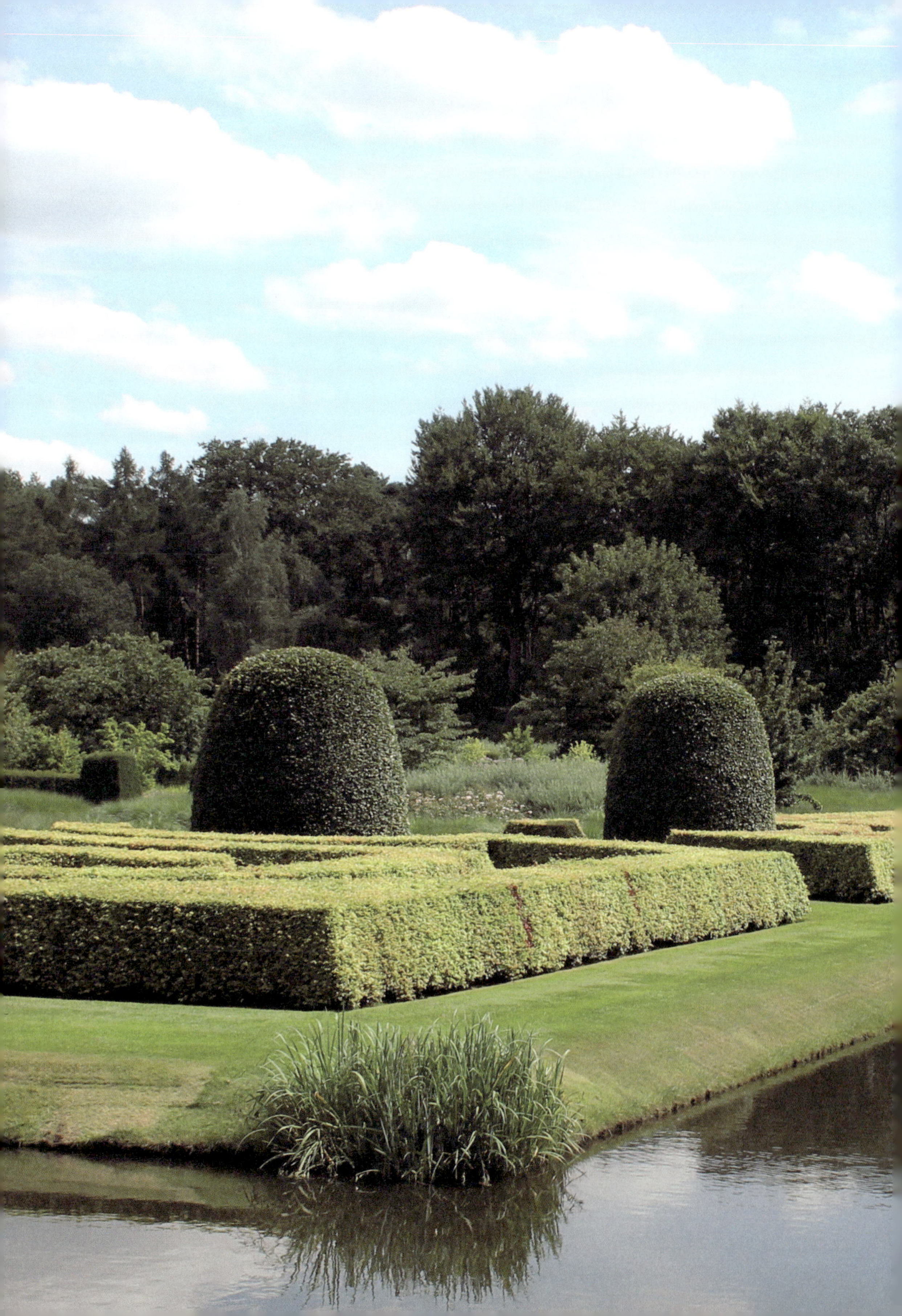

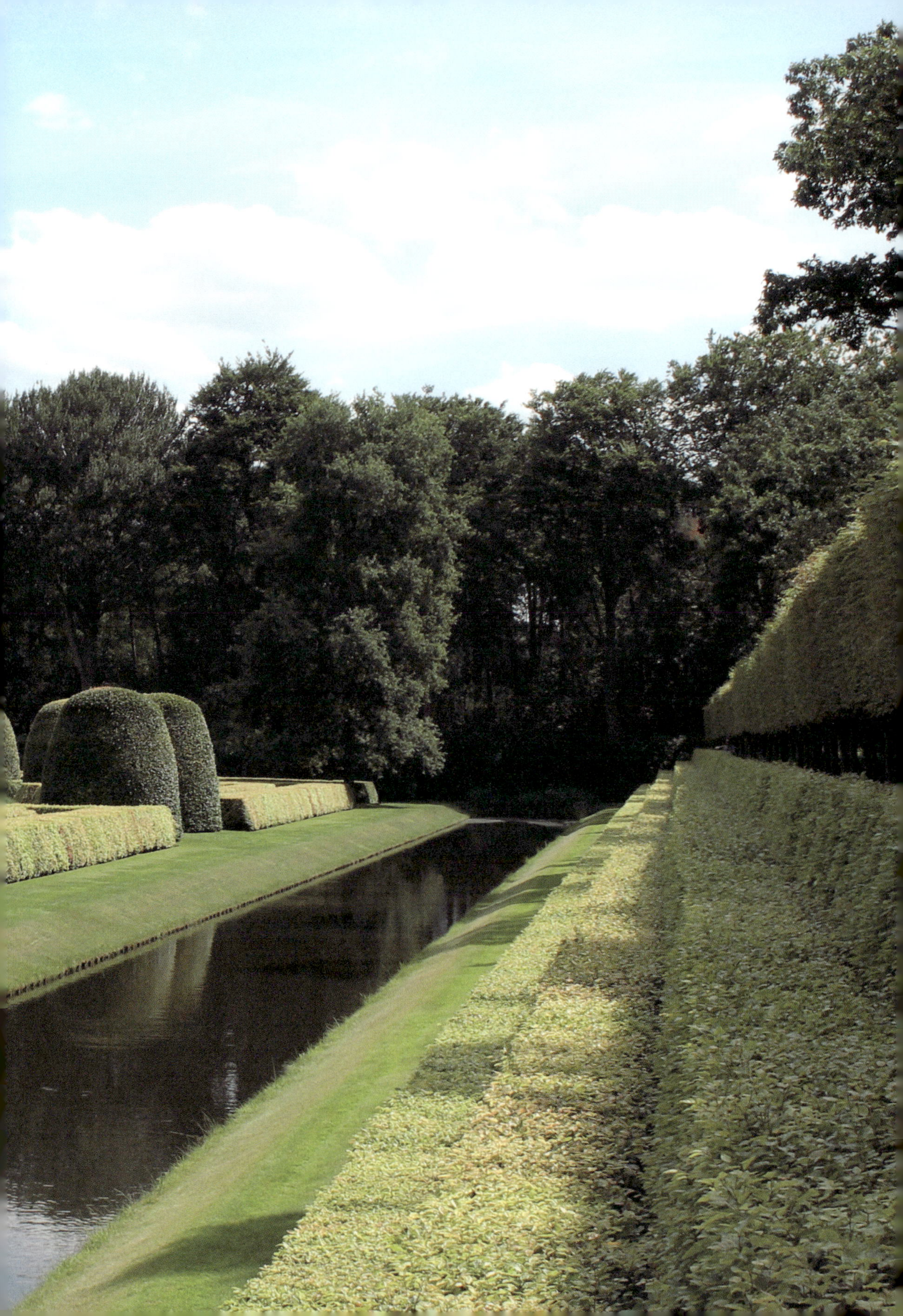

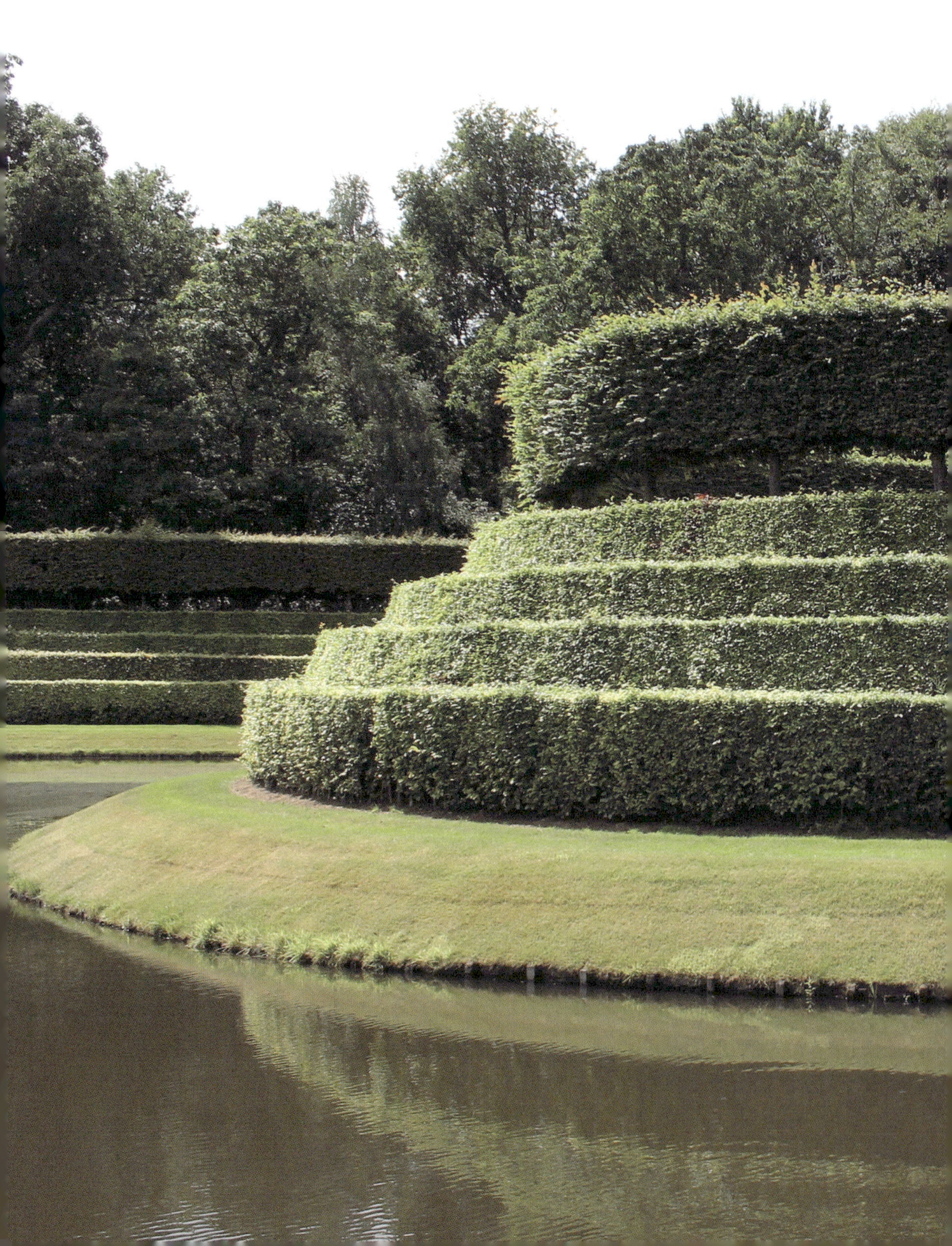

Gezähmte Natur als schwungvolle Sinfonie

Die Belgier Wirtz revolutionieren als grüne Aristokraten die Gartenszene. Mit großer Geste wird Landschaft modelliert und inszeniert, Blumen sind nur Statisten.

Was sind die Mittel eines guten Landschaftsgestalters? Bäume, Hecken, Blumen, Wege und Wasser – darüber der Himmel, der alles widerspiegelt. Licht und Schatten. Alles Zutaten, die der Franzose André Le Nôtre im 17. Jahrhundert virtuos einsetzte. Hundert Jahre später schuf der Engländer Lancelot *Capability* Brown mit gleichen Ingredienzien jedoch völlig andere Szenerien – und verzichtete total auf Formschnitt. Dieser galt in der neuen Mode des Englischen Landschaftsparks als Sakrileg an der Natur. Das »Natürliche« siegte über das »Künstliche«.

Vielleicht ist das, was der belgische Landschaftsdesigner Jacques Wirtz (1924–2018) ab 1970 schuf, eine geglückte Melange aus diesen zwei Epochen und Stilen. Organisch und streng symmetrisch, skulptural und malerisch – symbiotisch vereint. »Wilde Regelmäßigkeit« heißt das Credo – damit bezog er sich auf den englischen Architektur- und Gartentheoretiker Sir Henry Wotton, der 1624 schrieb: »Gärten sollten irregulär sein oder letztlich in einer sehr wilden Regelmäßigkeit münden.« Wirtz bereicherte sie um ein für ihn typisches, wichtiges Element, das im letzten Drittel des 20. Jahrhunderts alles andere als *en vogue* in Europas Gärten war: Gräser! So wie der Belgier damit verfuhr, wurde aus dem »Haar der Erde« (Karl Foerster) plötzlich ein neben Bäumen und Hecken gleichberechtigtes Gestaltungsmittel von

Kunstvolle Kompositionen mit der Heckenschere und einem Faible für die Faszination der Farbe Grün prägen den Wirtz-Stil.

elementarer Wucht. Und wo bleiben da die Blumen? »Ich bin kein Blümchengärtner«, bekannte Wirtz senior einmal selbstironisch. Dennoch tauchen sie ab und an in manchen seiner Gärten auf, schwerelos hingetupft. »Staudenbeete haben hohen Pflegeaufwand und dann wird es oft schwierig«, ist die Erfahrung bei Wirtz. »Sans fleur, sans souci« – keine Blumen, keine Sorgen – *voilà*, Wirtz-Paradiese wirken auch so – und zwar gewaltig.

Ortstermin in Schoten, einem Örtchen im Grün-Gürtel Antwerpens. Ich treffe mich mit Peter Wirtz, zwei der vier Kinder sind ebenfalls Landschaftsarchitekten. Unser erster Garten ist allerdings ein Kleinod von Bruder Martin. Das luxuriöse Boutique-Hotel »Cabosse«, mitten in Antwerpen, offenbart im »Hinterhof« eine kleine, feine Oase. Naturteich und s-förmig geschwungenes schmales Rasenband lockern das Quadrat auf, eine Bambuswand schirmt ab zum Nachbarn, einige immergrüne Formschnitt-Hecken bieten Sichtschutz. Typisch Martin? »Nein«, widerspricht Peter, »was wer von uns gemacht hat, ist nicht unterscheidbar. Wir drei haben stets sehr eng gemeinsam entworfen, beraten, verbessert – es gab nie Kontroversen, immer Einigkeit, es ist e i n e Handschrift!« Vater Jacques, wohl Europas prominentester Gärtner, starb im Sommer 2018 mit 93 Jahren – Gärtner erreichen oft ein hohes Alter.

Der nächste Garten im vornehmen Außenbereich Antwerpens ist ein großer privater Park (1990). Noch sehr geprägt vom Vater mitsamt dem Zauber-Zubehör, das den Wirtz-Stil so charakteristisch macht. Grundzutaten wie Immergrüne Gehölze (Buchs und Eibe), Rotbuche (*Fagus sylvatica*), die bis in den Winter mit rostrotem Laub besticht, Formschnitt, Gräser. Konzentration auf Weniges, aber Wesentliches. Dieses dann brillant variiert und kombiniert. Es ist die großzügig-elegante Gestaltung des Raumes, das Wechselspiel von Intimität und Weite, Symmetrie und Lässigkeit, überraschenden Wendungen von Wegen, gelungenen Kurven, Sichtachsen und markanten Solitären, was hier – und bei fast allen Wirtz-Gärten – den besonderen Reiz ausmacht. Ein Halbkreis-Fächer mit kurzgeschnittenen Graswegen und großen Tortenstücken aus hohen, buschigen Gräserschöpfen (*Pennisetum alopecuroides*), übermannshohe Formschnitt-Buchen in Bienenkorb-Form setzen Eckpunkte. Spiegelbildlich zwei Broderie-Labyrinthe aus Hainbuchen, das Rokoko lässt grüßen. Dann am Ende des Parks ein atemberaubendes Finale mit noch mehr Le-Nôtre-Touch, transformiert in die Moderne: ein langer, schmaler Kanal wird eskortiert von einer in vier Stufen terrassierten Böschung aus Rotbuchen-Hecken, mit absoluter Akkuratesse in Kastenform getrimmt. Darüber ein schmaler Sicht-Schlitz, damit man die Stämme der ebenfalls in Kastenform gezogenen Hainbuchen-Bäume genießen kann. Sie wirken wie aus einem einzigen Guss. Grandioses grünes Theater, das sich im rechten Winkel fortsetzt, in einen Kreis mündet. Der Clou ist die Verdoppelung im Spiegel des Wassers. So schlicht, so raffiniert. Fast möchte man mit Bertolt Brecht rufen »Glotzt nicht so romantisch!«, denn romantisch ist hier eher nichts. Eher surreal, hypnotisch in seinen vielen grünen Facetten, berührend in seiner meditativen, herben Askese. »Strenger Formalismus, aber die alten Strukturen im Free-Style interpretiert«, bilanziert Peter dieses Werk seines Vaters mit anerkennendem Lächeln. Dieser Spirit prägt viele Wirtz-Schöpfungen.

Jacques Wirtz, 1924 in Antwerpen geboren, gründet nach einem Studium als Landschaftsarchitekt 1957 sein eigenes Büro in Schoten nahe Antwerpen. Als die beiden Söhne Peter (geb. 1961) und Martin (geb. 1963) mit einsteigen, wird daraus ab 1989 Wirtz International. Der Vater macht erstmals Furore, als er 1970 den Belgischen Pavillon bei der Weltausstellung in Osaka gestaltet. Dieses Glanzstück einer »verwirrenden Mischung aus klassischer Schönheit und Science-Fiction-Fantasy«, so ein Kritiker damals, hievt ihn auf die Weltbühne. François Mitterrand beauftragt ihn mit der Restaurierung des Herzstücks von Frankreich, den Carrousel-Gärten zwischen Louvre

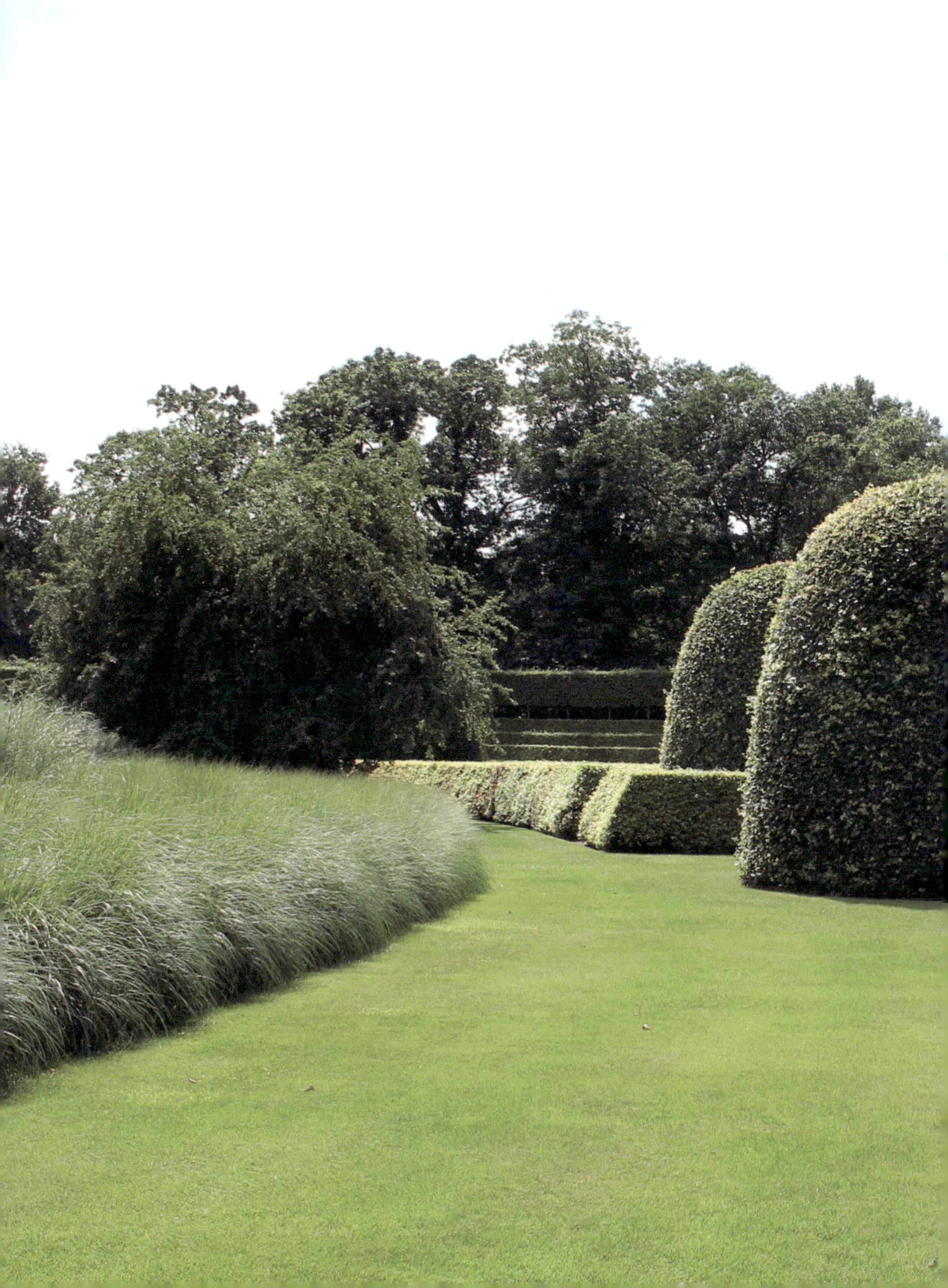

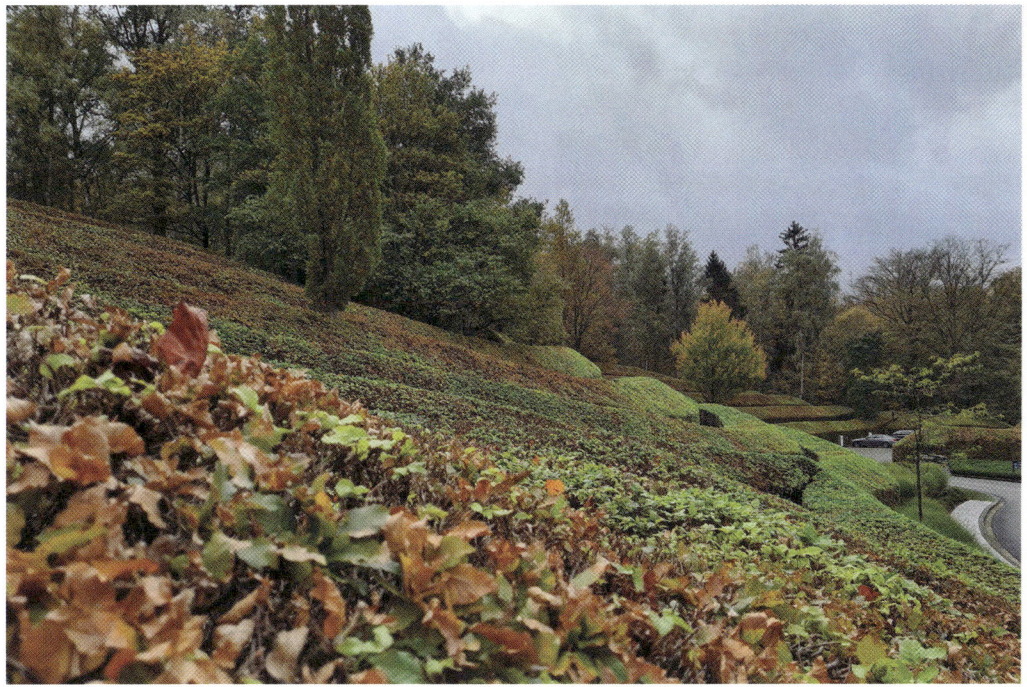

Less is more – nach diesem Prinzip wird Gelände modelliert: wenige Sorten Sträucher und Gehölze, die aber dann in Massen

und Tuilerien in Paris (1990–1995). Catherine Deneuve und Modeschöpfer Valentino wollen partout einen Wirtz-Garten. In Deutschland entsteht um den von David Chipperfield erbauten Firmensitz einer Textilfirma in Coesfeld im Münsterland ein Wirtz-Menü *à la carte*: kleine Grashügel, geschlängelte Wege, Wasserbecken, amorphe Gräser-Tuffs, dazu malerische Gehölze wie Blauglockenbaum (*Paulownia*) und Japanischer Schnurbaum (*Sophora*). In Thüringen wird ein Firmengelände zu einem poetischen Park mit Japan-Touch durch etliche Varietäten von Zierkirsch- und Zierapfelbäumen, die im Frühjahr als blühende Fackeln aus organisch gewölbten Blutbuchen-Wällen ragen. Wenn die Wirtz-Männer Gehölze wählen, geht es neben dem charaktervollen Habitus oft auch um spektakuläre Herbstfärbung.

Gibt es nun einen speziellen Wirtz-Stil? »Nein«, sagt Peter, »wir lassen uns in keine Schublade zwängen und folgen auch keinen Moden.« Wichtig seien Sensualität und das Eingehen auf den *Genius Loci*. Und

Der spannungsvolle Kontrast von strengem Formschnitt und sanft wogenden Gräsern sorgt für fast meditative Harmonie.

wenn der fehlt? »Dann muss man die Seele finden!« Wie im Londoner Jubilee-Park (2002), wo plätschernder Wasserlauf, schattiger Hain mit Sumpf-Zypressen (*Taxodium*) und gekurvte Mauern mit lässig wehendem Kopfschmuck von Federborstengras (*Pennisetum alopecuroides*) für Naturfeeling mitten in der City sorgen.

Wenn Peter Wirtz einen Vortrag hält – auf Symposien, in Hochschulen in Europa, USA, Asien – ist das stets über das Fachliche hinaus ein amüsantes Lehrstück über Pflanzen und Menschen. Mal wettert er über die miserablen Pflanzenkenntnisse von Studenten. Dann klagt er, ein Haus, um das herum sie den Garten gestalten sollten, »zerschmetterte fast das Grundstück! Was sollte man da noch machen?« Natürlich machte das Wirtz-Trio auch da wieder etwas Magisches. Er erzählt von Japan – dessen Gartenkunst alle sehr inspirierte – und wie unglaublich gut die Gärtner dort sind. Von Amerika, wo Wirtz viele private Aufträge zwischen Long Island, Miami und Los Angeles hat und die Kunden abenteuerlustiger, vertrauensvoller und vorurteilsfreier seien als in Europa, »da wissen die Leute meist nur, was sie n i c h t wollen!« Dass ihre Arbeit in Belgien ein Kampf gegen ständig trübes Wetter, bleischweren Himmel und dadurch verursachte Melancholie sei. Also pflanzt er als »Stimmungsaufheller« Lederhülsenbäume (*Gleditisien*), mit feinstgefiedertem Laub in unwirklich hellem Goldgelb-Grün. Und beherzigt des Vaters Credo: »Ein Garten ist nur schön, wenn er auch im Winter schön ist«.

Die Wirtz'schen »cloud hedges«, Wolken-Hecken aus Buchs, sind längst vielkopiertes Markenzeichen in der grünen Szene. Wolkige, amorphe Gebilde wie aus einem Grimm'schen Märchen. So schwingen sie im Privatgarten von Wirtz senior den Weg entlang, als würden sie tänzelnd einer geheimen Melodie folgen. Bruckner, Mahler, Bach? Die Liebe zu klassischer Musik prägte den Vater sehr, Sohn Peter hat sie geerbt. Er studierte sogar Musik, machte sein Diplom in Querflöte, aber dann war ihm die Musikwelt »zu hart«. Nach einem Studium der Landschaftsarchitektur in Cornell, USA, stieg er mit in die Firma ein. Das moderne, schlichte Holzgebäude des Büros liegt gleich neben dem Familien-Anwesen, Jacques Wirtz starb mit Blick auf seine geliebten blauen Rittersporne.

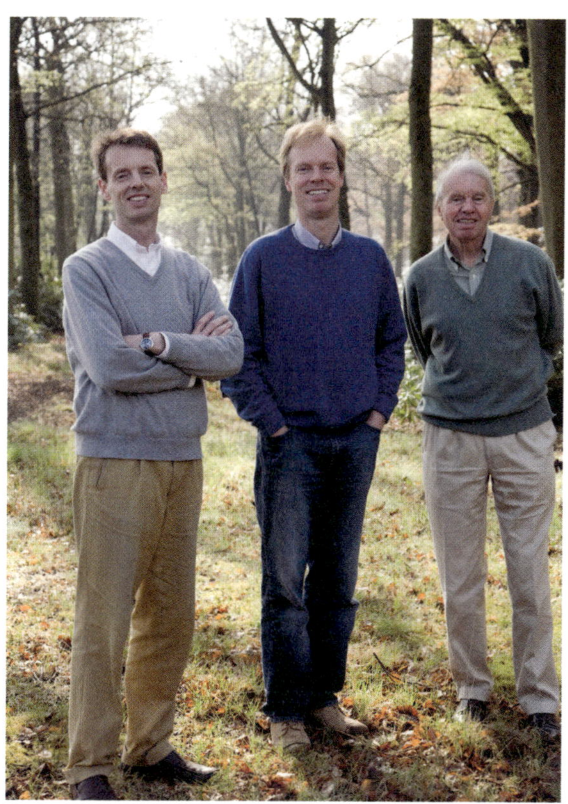

Sie zählen zur weltweiten Elite der Gartenkunst: Martin (links), Peter und der den Wirtz-Stil begründende Vater Jacques (2018 verstorben).

Apropos Hecken: wenn, dann prägen s i e den Wirtz-Stil – diesen opulenten Minimalismus – mit. Als purpurfarbene Rhododendron-Schlange im Garten des Antwerpener Antiquitätenhändlers Axel Vervoordt. Hecken gekurvt, stets wie mit der Nagelschere manikürt, denn ohne Façon ist der Effekt futsch. Hecken modelliert, aus *Ilex crenata*, »die fast wie Stoffe wirken, so feinblättrig«. Hecken als lebende Skulpturen, die Räume bilden oder unterteilen. Als theatralische Kulissen wie im britischen Alnwick. Der Park, 1750 von Lancelot Brown gestaltet, dann verwildert, wurde 1997 im Auftrag der Herzogin von Northumberland durch Wirtz einem spektakulären Revival unterzogen. Das ambitionierteste neue Gartenprojekt in Großbritannien seit dem 2. Weltkrieg. Mit schattigen

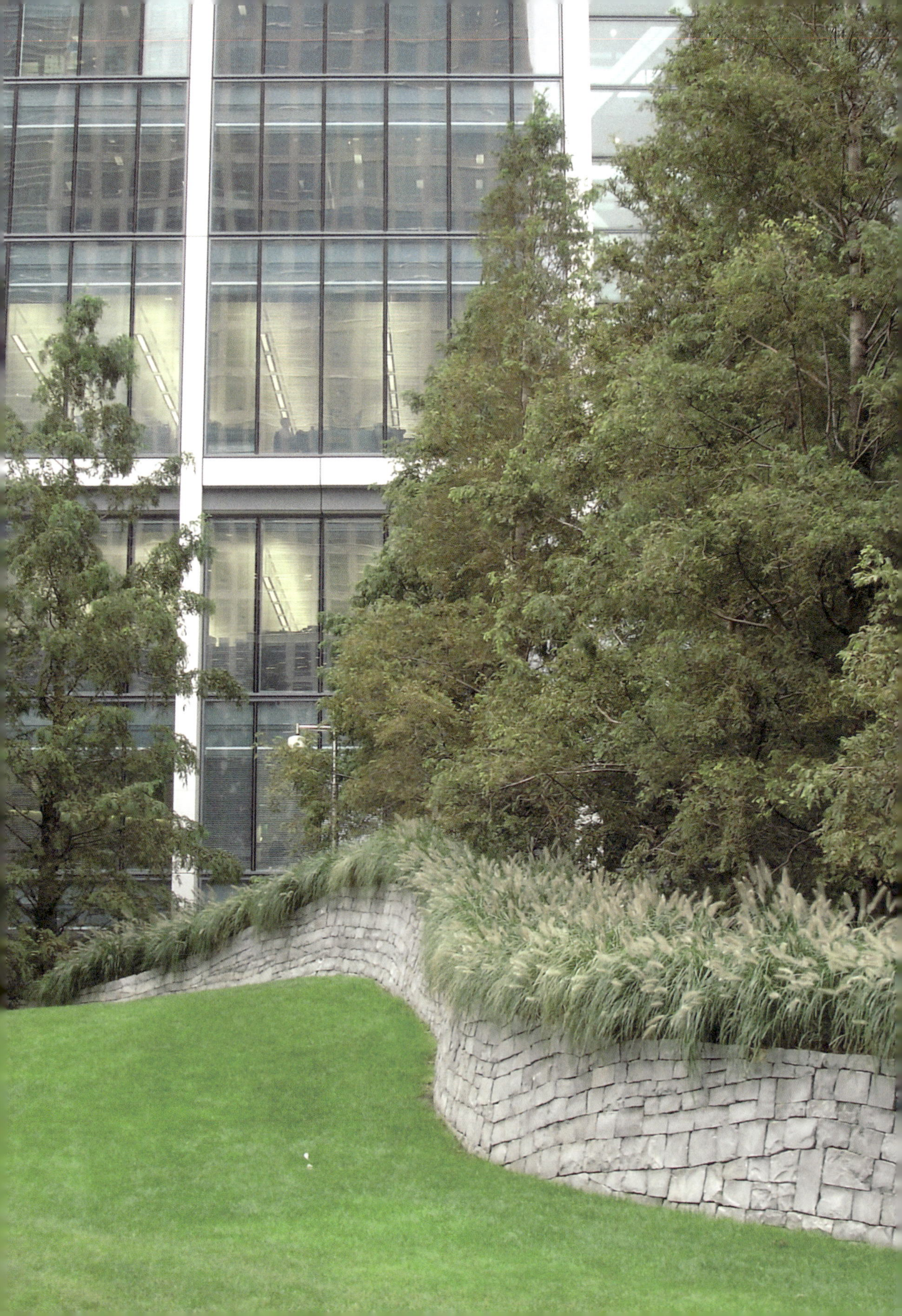

Formschnitt-Laubengängen, Wasserkaskaden und Rosengarten pures Vergnügen für eine begeisterte Öffentlichkeit.

Wer da denkt, Wirtz gestalteten nur Areale von ausladendem Ausmaß, irrt: Sie können auch klein ganz groß. 170 Quadratmeter hat der Garten von Marie-Luise Wolff hinter ihrem Ferienhaus im belgischen Knokke. Vom Resultat ist sie völlig begeistert: »Ein Wirtz-Garten vermittelt immer den Eindruck eines Parks, egal wie klein er ist. Er wirkt großzügig und weit, durch sein Spiel mit vielen Nuancen von Grün, mit Hintergrund und Vordergrund, mit Achsen und Perspektiven sowie den ganz unterschiedlichen Blattformen!« Ja, die »Jungs« sind begnadet darin, ein Terrain zu modellieren mit Pflanzen, die man eigentlich kennt, aber die in dieser Form der Gestaltung völlig anders, fremd, poetisch, surreal, manchmal wie von einem anderen Planeten wirken. Eine Formation mannshoher Rotbuchen in Bienenkorb-Form ähnelt Aliens. Riesige, kerzengerade Gräser-Tuffs erscheinen als geheimnisvolle Mini-Wälder, andere schmiegen sich wie schlafende Tiere zwischen Rasenhügel. Dass Wirtz auch mal das Dekor für eine Modenschau des Ex-Dior-Designers Raf Simons gestaltete, sei am Rande vermerkt.

Tipp

Die Tuilerien-Gärten hinter dem Louvre sind grüne Oase inmitten der lärmenden Metropole Paris. Hier legten Wirtz ab 1990 schmale Strahlen kastenförmiger, hoher Eiben-Hecken an. Auf den Rasenstreifen dazwischen lümmeln sich alle Generationen für Picknick, Rendezvous oder ein Sonnenbad. Grünes Savoir-vivre. Entspannung pur.

Swinging Green: Im öffentlichen Londoner Jubilee-Park tänzeln die Mauern, bekränzt von fröhlich wippenden Grasschöpfen.

Folgende Doppelseite: Viele Nuancen von Grün statt Blumen und geschwungene organische Formen, so wird Natur sanft zur Kunst erhöht.

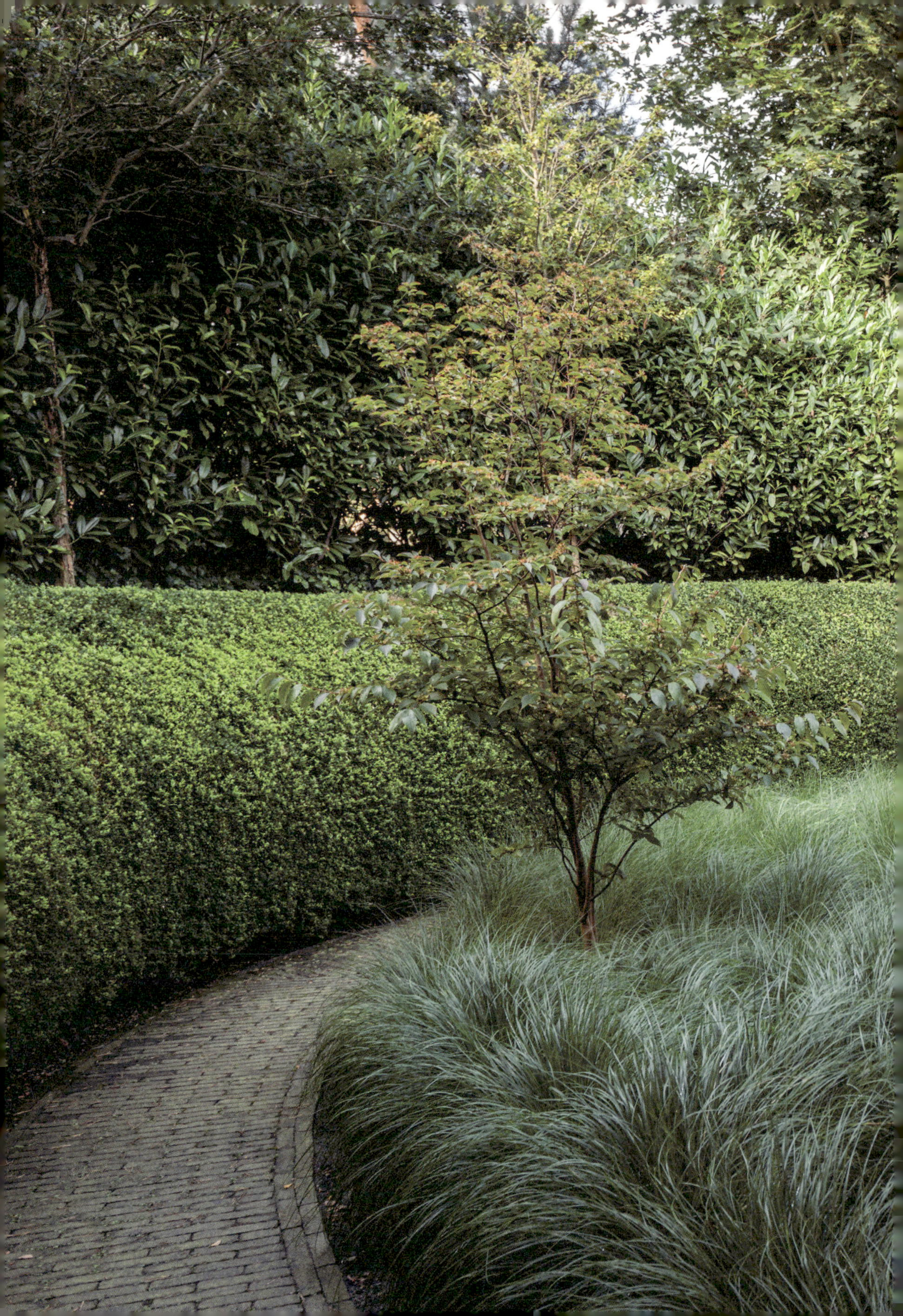

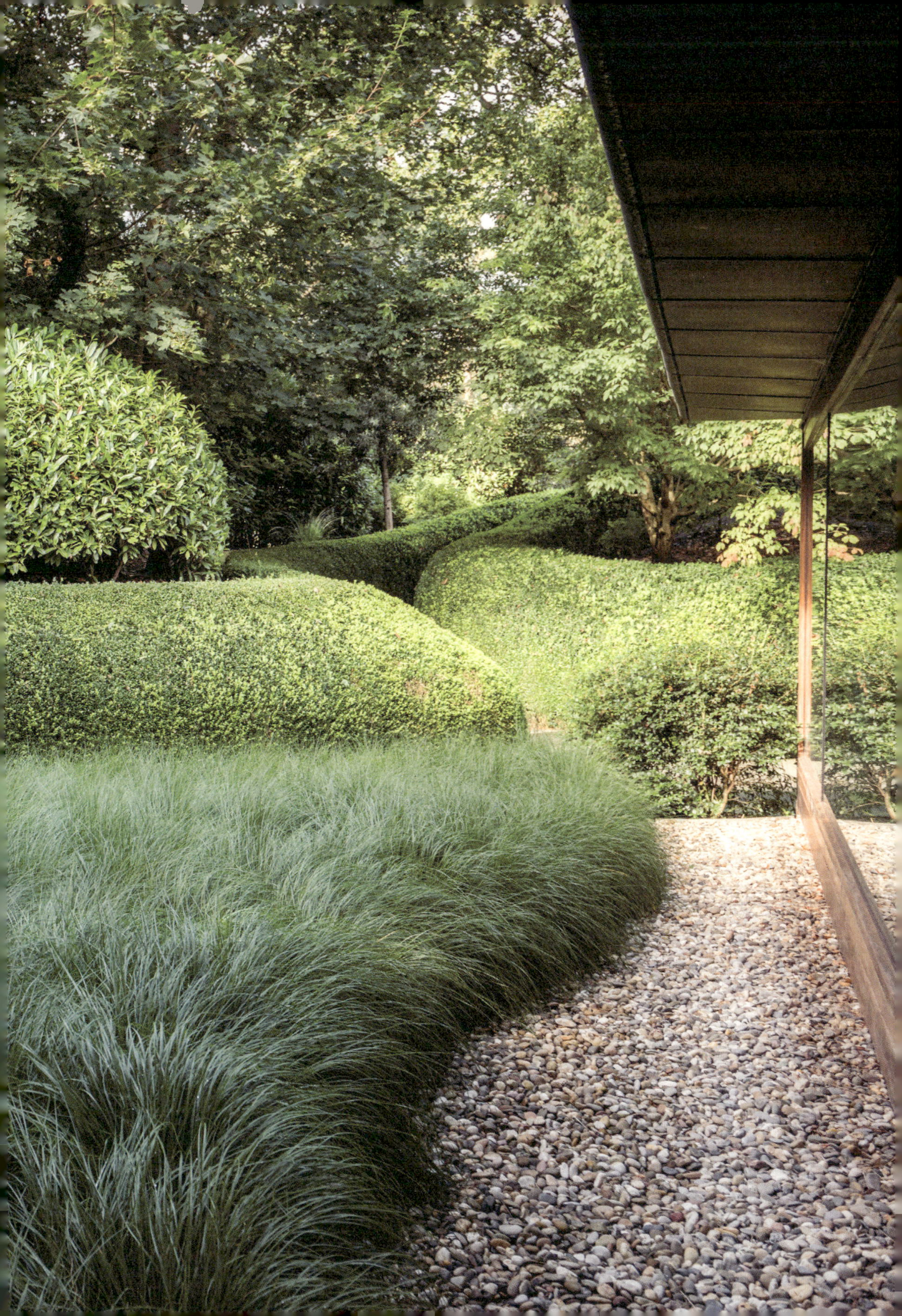

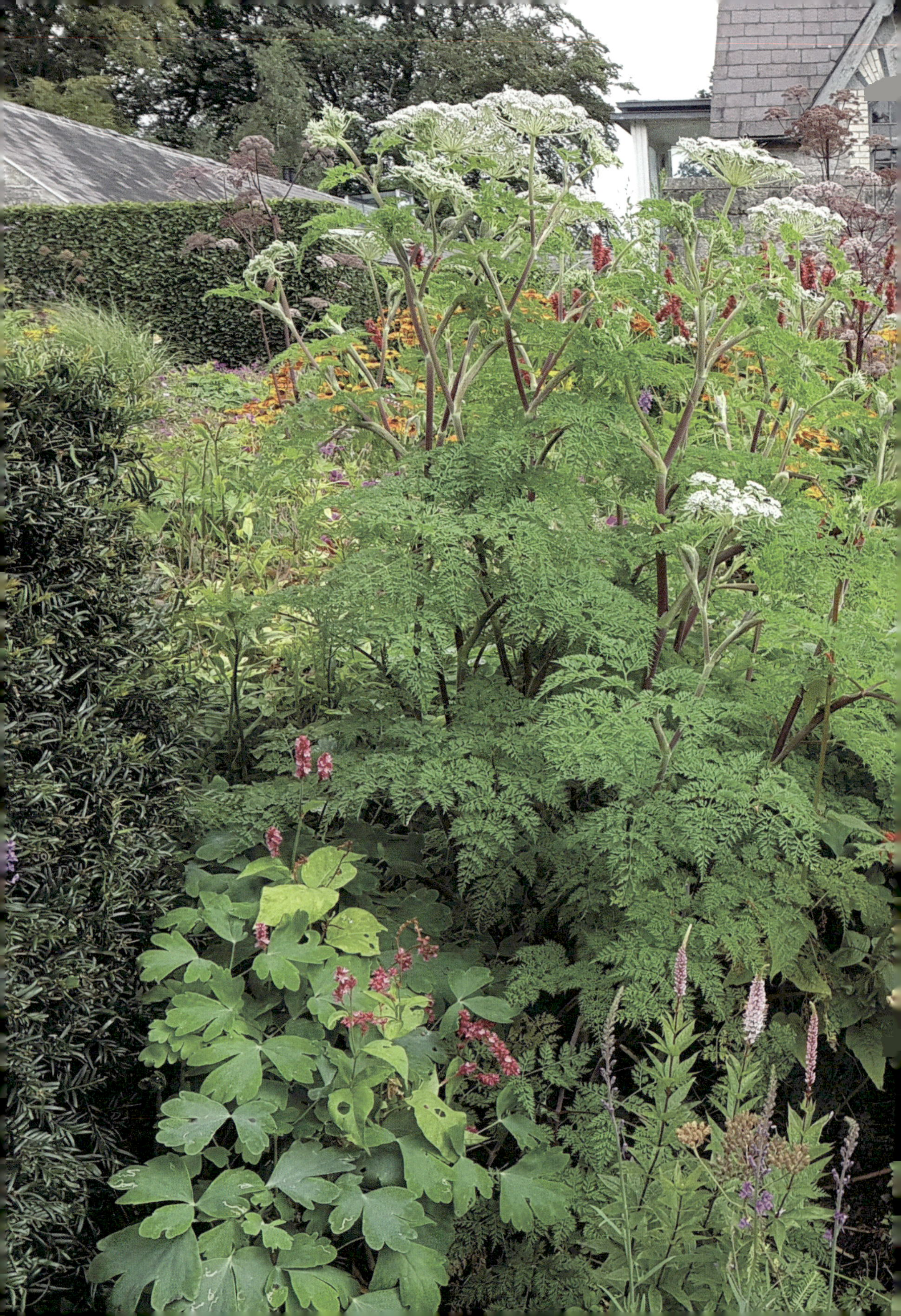

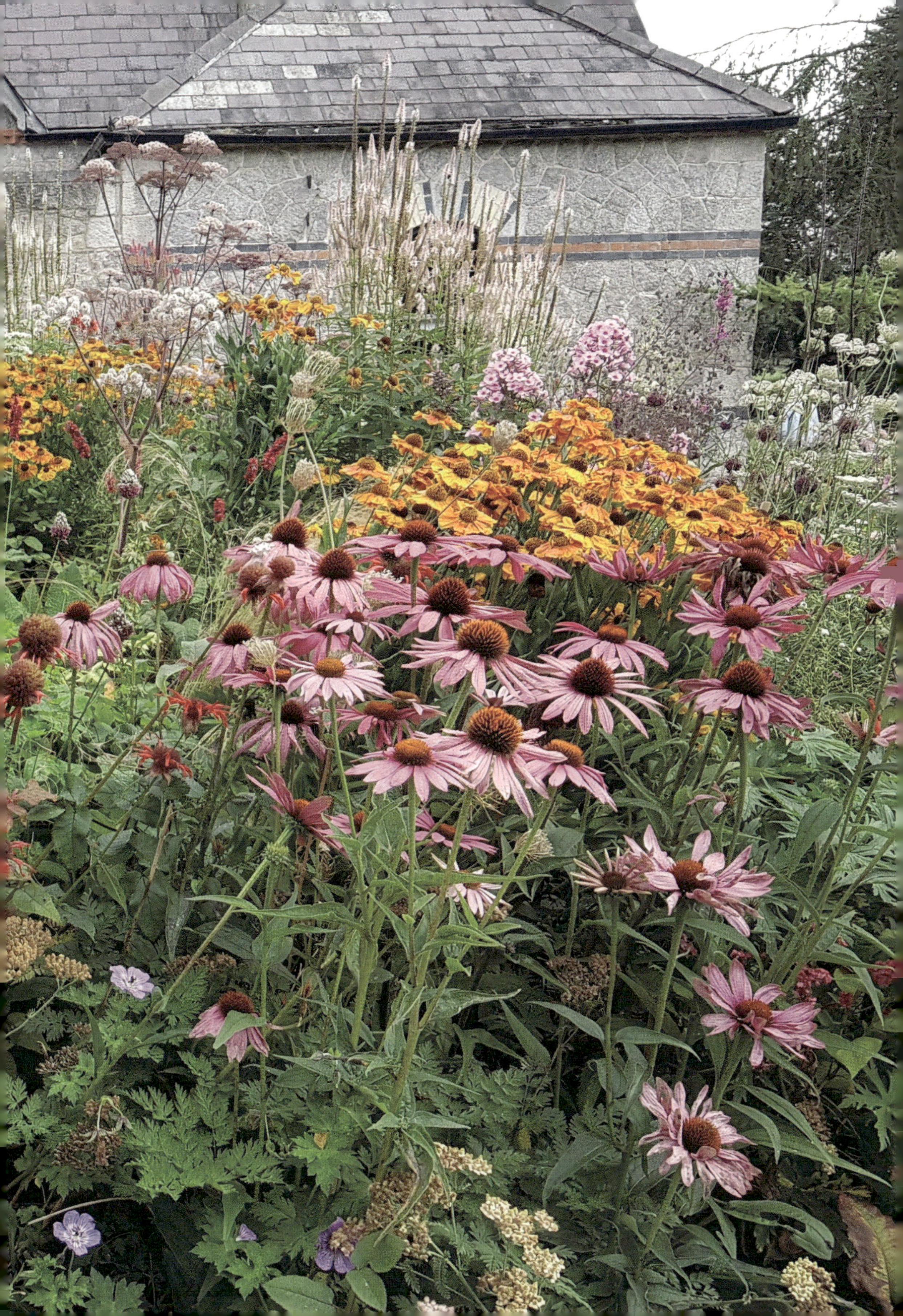

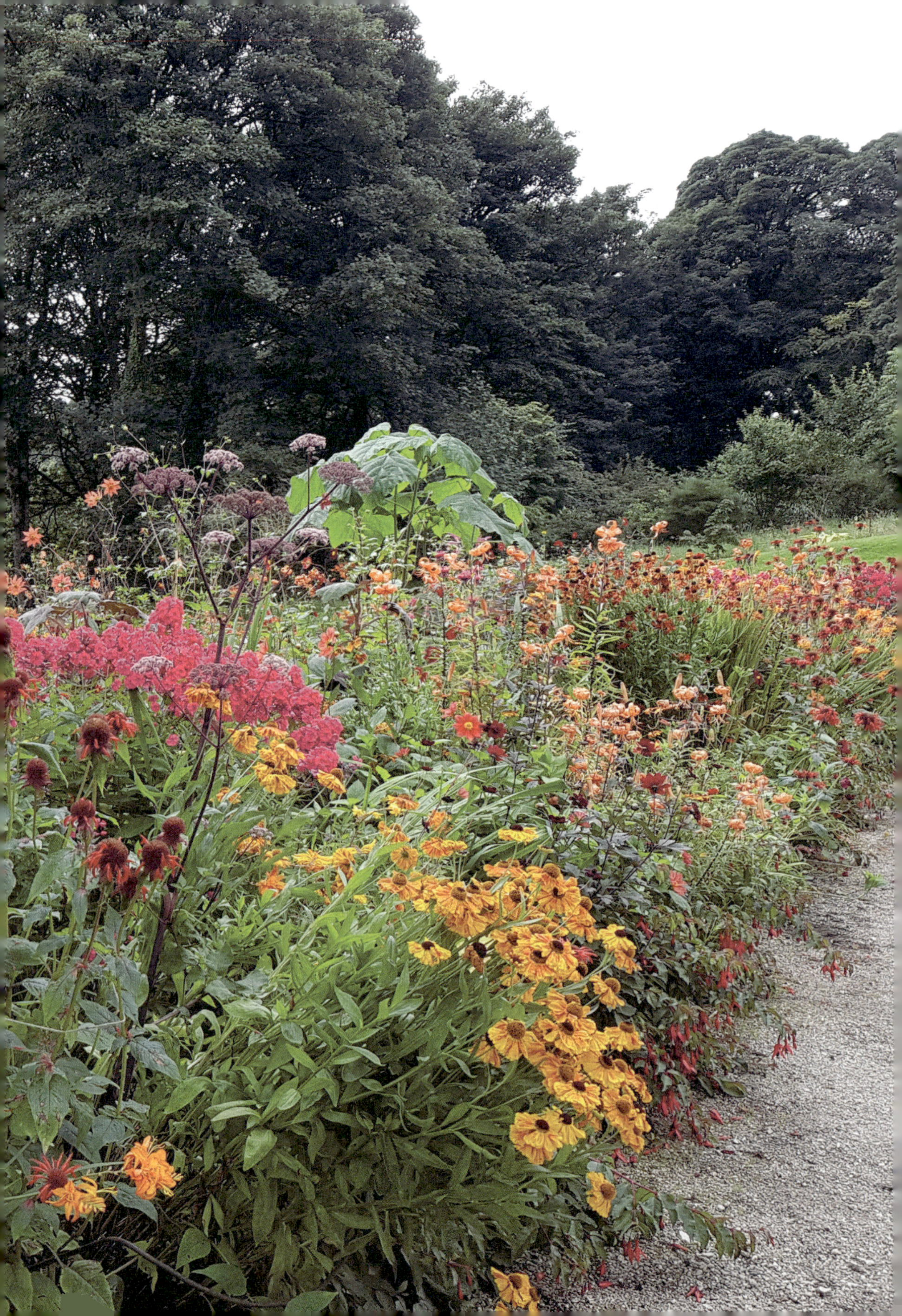

Junes überbordende grüne Juwelenbox

Südlich von Dublin hat eine passionierte Pflanzensammlerin eine zeitgenössische Variation der klassischen Rabatten gezaubert – ein funkelndes, farbenfrohes Eden.

Im Wettbewerb um prachtvolle Gärten kann die Republik Irland durchaus mithalten mit England und Schottland, zahlreiche historische Paradiese locken auf die Insel. Unter den zeitgenössischen Gärten gilt jener von June Blake als der absolute *Hot Spot*. Gartenfans jeglichen Alters und aus der ganzen Welt pilgern ins Städtchen Blessington, 20 km südwestlich von Dublin. Hier, in den Wicklow Mountains, mitten im »Garten von Irland«, liegt Junes überbordende Schatzkiste auf sanft hügeligem Terrain. Nur 1,2 ha groß, aber prall gefüllt mit den prachtvollsten Stauden und Gehölzen. Keine 20 Jahre alt, bezaubert ihr Reich durch eine originelle, unkonventionelle und sehr inspirierende Neuinterpretation des uralten Themas Garten. Die klassische *mixed border?* Sorry, sucht man hier vergebens. June hat den verblassten Mythos englischer Garten-Tradition in eine hinreißend dynamische, zeitgenössische Szenerie transformiert. Was auf den ersten Blick wie ein wahnwitzig wuchernder Dschungel wirkt, entpuppt sich beim Zweiten als eine grandios gelungene Melange von Vertrautem und Exotischem. Dahinter stecken Talent, Kalkül und Kenntnis. Der Stil: Informell formal, Experiment genial gelungen.

Schon eingangs demonstriert die Besitzerin vor dem Haupthaus aus grauem Granit – ein beeindruckendes Exemplar viktorianischer Architektur von 1865 in Familienbesitz – ihr Gespür für Ausgefallenes. Mar-

Die »Hot Border« glüht in der ganzen Farbskala warmer Töne, mittendrin leuchten Sonnenhüte und selbstgezüchtete Dahlien.
Doppelseite davor: Bei June rockt die Rabatte, üppig, wild und faszinierend vielfältig.

kantes Willkommen ist eine Lärche, die in dramatisch halsbrecherischer Schräglage ein Hingucker ist. Wo normale Menschen zur Axt gegriffen hätten, ehrte June den Baum als von der Natur gestaltete Skulptur. Darunter lädt nun ein kleiner Sitzplatz ein, gerahmt von üppigen Stauden wie Schafgarbe, etlichen Storchschnabel-Sorten, Wiesenknopf und Ehrenpreis. Im Frühling rauscht hier eine Orgie aus 20 000 Tulpen in der Skala Rot-Orange-Violett – »diesen Mix mag ich besonders«, so die Schöpferin – bis hin zu fast Schwarz mit »Black Hero« und »Ronaldo«, durchpflügt von Wellen weißer »Thalia«-Narzissen. Neben dem Haupthaus gruppiert sich auf der einen Seite ein u-förmiges Ensemble aus alten Stallungen, nach einstigem Zerfall nun mustergültig saniertes Gästehaus und 2014 prämiert als »Best House in Ireland« (Architekt Michael Kelly).

Auf der anderen Seite, vorbei an Teestube und lauschigem Innenhof, liegt der Garten. Er ist formal in unterschiedlich große Quadrate und Rechtecke aufgeteilt, teils mit Trockenmauern aus grauen Steinen dezent gefasst. Schmale Wege führen hindurch. Welchen soll man nehmen? Es sieht alles so verlockend aus! »Wenn Blumen, gleichgültig welcher Farben und Formen, zusammenstehen, kann niemals ein Bild der Disharmonie entstehen.« So befand einst Vincent van Gogh. Leider stimmt das längst nicht in jedem Garten. Bei June allerdings trifft es hundertprozentig zu: Hier ist der ganze Malkasten ausgebreitet. Aber es ist eben nicht kunterbunt, sondern farbenfroh in großer Virtuosität kombiniert. Obendrein mixt sie ein aufregendes Gewebe von Formen und Texturen: grazile Rispen des Riesen-Federgrases (*Stipa gigantea*) zwischen majestätischer Schoko-Engelwurz (*Angelica sylvestris* »Ebony«), dazu die burgunderroten eiförmigen Köpfchen des Kugel-Lauchs (*Allium sphaerocephalon*), dazwischen getupft die aparten, langen rosaroten Ähren von Kerzenknöterich (*Bistorta amplexicaulis* »Rosea«). Über bronzeblättrigem Laub des Schaublatts (*Rodgersia pinnata*) schweben dessen schaumige Blütenrispen hellrosé und weiß, bilden mit den filigranen Blüten von Sterndolde »Roma« und Hoher Wiesenraute (*Thalictrum rochebruneanum*) »Elin« eine attraktive Liaison. Alles wirkt fluffig-luftig, schwebend heiter. Vielleicht liegt es an Junes brillantem Gespür für raffinierte Details, gepaart mit naturnaher Bodenhaftung? In ihren »früheren Leben« war sie erst kunstvolle Silberschmiedin, danach betrieb sie Schafhaltung. Ab 2002 entstand dann am heutigen Ort ihre kleine spezialisierte Gärtnerei, in der sie ausgefallene Pflanzen aus Samen kultivierte und verkaufte. Ihr drittes Leben begann: Sie wurde leidenschaftliche Gärtnerin und besessene Pflanzensammlerin. Aus dem Nichts – das Gelände war damals eine leicht abschüssige Schafweide – wuchs ihr ungewöhnliches Refugium, das sie mit inzwischen tausenden Besuchern gerne teilt. Schon eingangs, wenn sie mit strahlendem Lächeln im sonnengegerbten Gesicht begrüßt, kräftiger Händedruck und Dreck unter den Nägeln, am Gürtel die unverzichtbare kleine Gartenschere, weiß man: hier steht eine Enthusiastin. »Sie ist begabt, mutig, brillant«, urteilte Jane Powers, Garten-Kolumnistin der irischen »Sunday Times«.

Stilsicher setzt June ihr sinnliches, emotionales Patchwork zusammen. Da das ganze Areal bis auf wenige Ausnahmen auf einen Blick sichtbar ist, verschwimmt es zu einem äußerst ästhetischen wie naturalistischen Gesamtkunstwerk. Ein pointillistisch flirrender, ungemein dicht gewebter Teppich, in dem auffällig viele Pflanzenarten und Sorten wogen. June hat nun mal ein riesengroßes Herz für sehr viele aparte Schönheiten. Hier zeigt sich ihr doppeltes Talent, das der Designerin und der Pflanzen-Expertin. Ihre hohe Kunst: Alles sieht so natürlich aus. Gepflegter Englischer Rasen? Keine Spur, stattdessen eine Wiese, die zur Hälfte gemäht wird, der Rest steht bis in den Herbst. Rosen? Nicht eine! Vermisst man auch keine Sekunde. Es gibt so viel anderes Spannendes in den Rabatten zu entdecken. Wie diese eleganten mehrstämmigen Bäume mit ungewöhnlichem Habitus, die mit fiederblättrigem

Laub schirmförmig aus Beeten herausragen. Es sind Aralien (*Aralia echinocaulis*). Rare Trophäen, deren Samen Junes Bruder Jimi 2003 von einer seiner vielen Pflanzenjäger-Expeditionen aus der chinesischen Provinz Hubei mitbrachte. Daraus zog die Schwester etliche Exemplare. »Die haben eine großartig knorrige, dornige Rinde.« Ein Prunkstück krönt eine Seite des langen, schmalen Pools, der im hinteren Bereich überrascht. Nicht zum Schwimmen, eher Vergnügen für die Vögel, ist er doch nur 13 cm tief. Aber er schenkt mit seiner stillen Oberfläche, die den bizarren Baum spiegelt und den Himmel reflektiert, magische Momente.

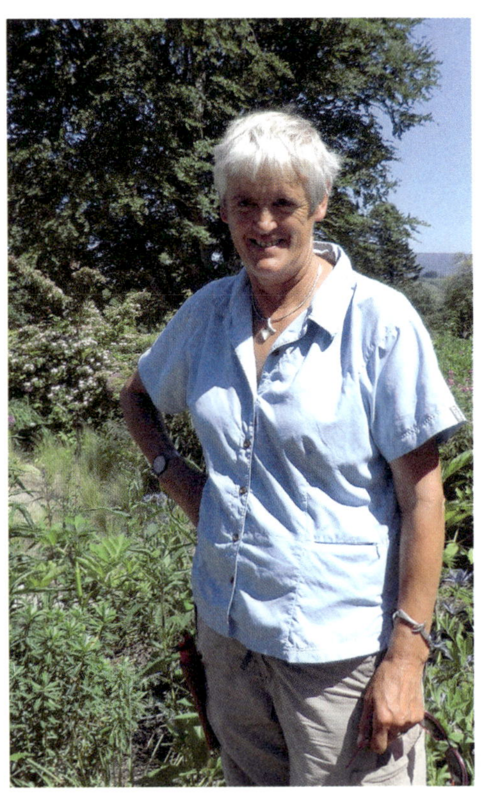

June Blakes verschwenderisch gefülltes Eden nahe Dublin ist beliebtes Pilgerziel für Gartenfans aus aller Welt.

Parallel zum Becken lodert im Sommer die lange, schmale »Hot Border«, ein temperamentvolles Stelldichein flammender Rot-Töne verschiedener Montbretien-Sorten wie die scharlachrote »Luzifer«, dazu gewagtes Orange ihrer Verwandten »Zanzibar« und »Calabar«, eskortiert von gelborange Inkalilie »Sweet Laura« und leuchtend gelbem Kreuzkraut (*Ligularia dentata*) »Osiris Fantasie«. Eine begehrte Bienen- und Schmetterlingsweide, auch darauf achtet June. Deshalb prangen überall Edeldisteln. Sie adeln die Beete mit ihrem teils metallisch blau-silbern schimmernden Glanz und spitzig-extravaganten Strukturen. Da blitzen verschwenderische Tuffs von Alpen-Mannstreu (*Eryngium alpinum*) »Blue Star«. Charismatisch ist das amethystfarbene Violett der Sorte »Slieve Donard«, wetteifert mit purpurblauen Blüten und rotvioletten Hochblättern der Sorte »Purple Sheen«. June umhüllt sie mit hohen purpurnen Zierlauch-Kugeln und kräftig hell-violettem Storchschnabel. Der gehört zu ihren Favoriten, quillt über die Ränder von Rabatten und darf sich überall ausbreiten: »Anne Thomson«, magentafarbene Blüten mit auffallend dunklem Auge, »Havanna Blues« in hinreißendem Fliederlila mit weißem Auge und »Rozanne«, der blaue Klassiker.

Aus dem Beet gegenüber des Pools ragt ein Bambuswäldchen empor. Es ist *Phyllostachys aureosulcata*, hier nimmt June untere Zweige und Blätter bis auf 1,5 Meter Höhe fort. »Damit man den Fernblick hat«, sagt sie und weist gegenüber auf die Sehenswürdigkeit schlechthin, die Wicklow-Berge. Obendrein lassen sich so die glänzend goldbronzenen Stängel des Bambus besser bewundern. Oberhalb des Wasserbeckens, wo der eigentliche Garten endet, steigt ein weiter Wiesenhang empor. Hölzerne leicht gewölbte Balken mit silbriger Patina strukturieren die kurzgeschorene Wiese, deren Ränder von hohen Gräsern gerahmt sind. Ganz oben am Hang bietet sich ein atemberaubendes Panorama auf die höchsten Erhebungen der Wicklows, Seefin und Seefingan, rund 950 Meter hoch. Deren sanfte Schwünge spiegelt June in ihrem Garten wider. Vom Wiesenhang aus liegt der Garten in seiner ganzen opulenten Feuerwerks-Pracht vor einem. Herzstück ist das charaktervolle alte Farmhaus, von jedem Punkt des Gartens aus zu sehen, mit dunkelgrauen Schieferdächern und dem kleinen Glockenturm. Auf dem Rückweg liegt am Fuße des Hangs die »Nord-Border«, eine Wunderkammer für Gewächse, die es feucht und schattig mögen. Unmengen ausladender Farne wie der Nepal-Schwarzschuppenfarn (*Dryopteris wallichiana*) bis hin zu stattlichen Baumfarnen (*Dick-*

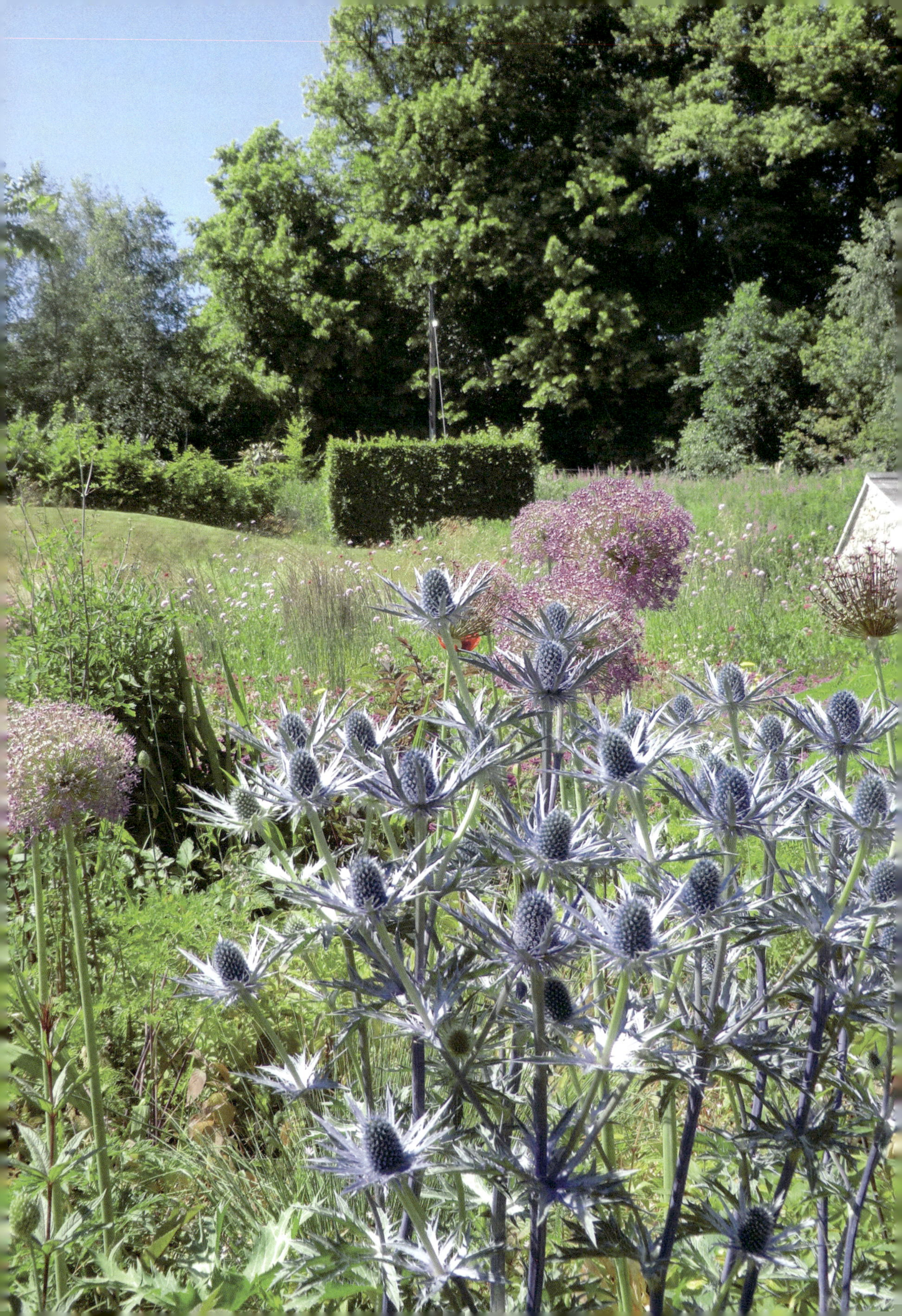

sonia antarctica) bilden mit Storchschnabel und Primeln, bemoosten Steinen und Findlingen eine zauberische Atmosphäre. Auch Primeln (*Pulmonaria*) zählen zu Junes Lieblingen, die zwei nach ihr benannten, »June Blake« und »June Blake's Silver«, sind in ihrem Garten zu entdecken.

Und dann ist die Pflanzen-Liebhaberin obendrein verliebt in Dahlien. Die prägen im Herbst die Kulisse, tauchen den Garten vor dem Hintergrund der reizvollen Berg-Silhouette erneut in muntermachende Farb-Explosionen. Besondere Leuchtkraft hat eine von June selbst ausgesäte Sorte, »Orange Up«, oranger Superstar, der bis zu zwei Meter hoch aufragt. Dazu gesellt sie Mexiko-Sonnenblumen (*Tithonia diversifolia*) und Sonnenhüte. Junes Reich ist eine überbordende Juwelen-Box voller Schätze, erfrischende Hymne an die Schönheit und Vielfalt unserer Flora. Ein im besten Sinne eigenwilliger Country-Garten des 21. Jahrhunderts.

Tipp

Den besten Überblick über diesen von botanischen Raritäten und Schönheiten vollgestopften Garten hat man, vorbei an Wasserbecken und der rot-orange sprühenden »Hot Border«, am oberen Ende des Wiesenhangs. Von dort öffnet sich das atemberaubende Panorama auf die abgerundeten Plateaus der Wicklow-Berge.

Ein glänzendes Gespann sind Alpen-Mannstreu mit seinen glitzernden Blütenköpfen und die lila Blütenbälle des Zierlauchs.

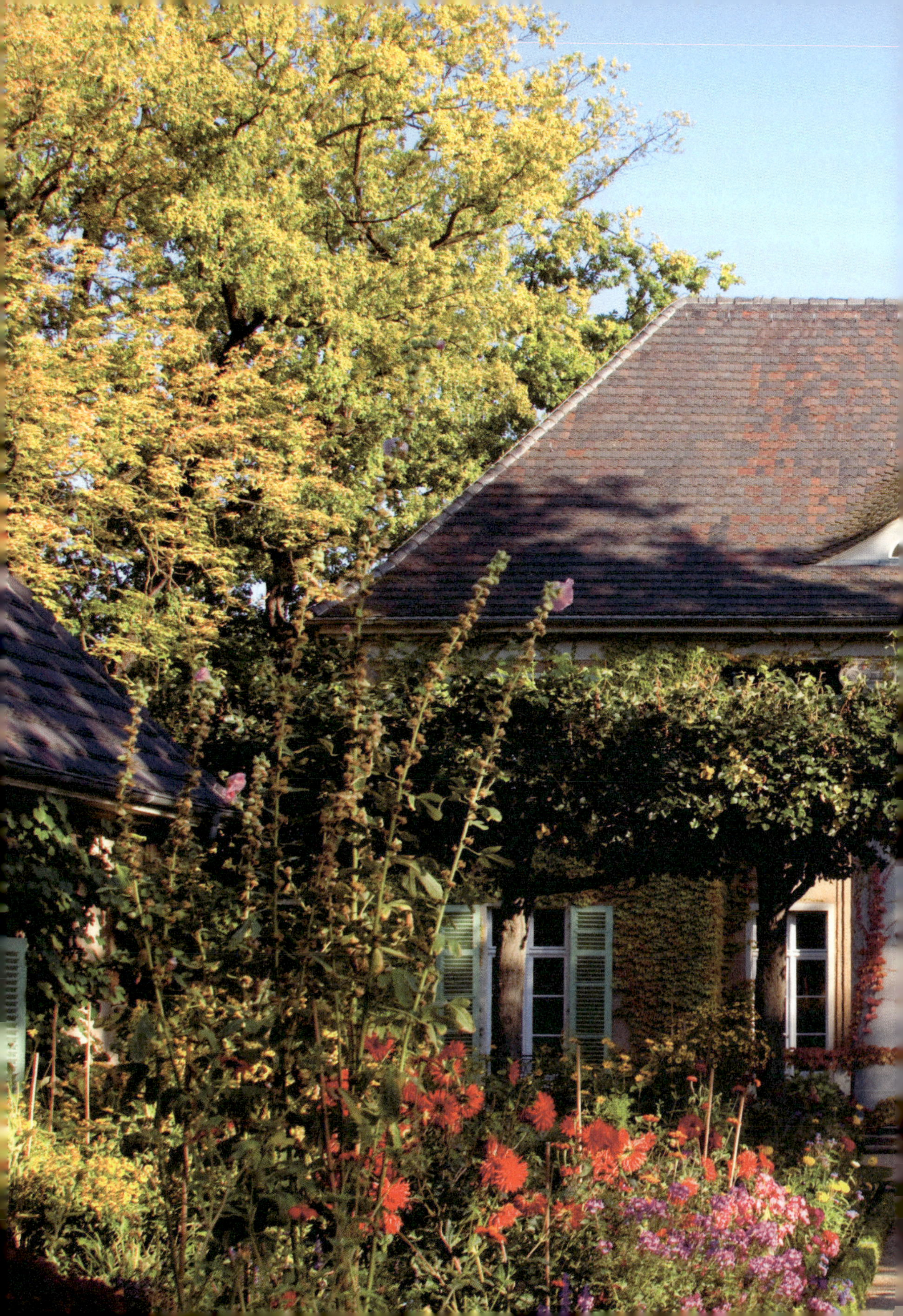

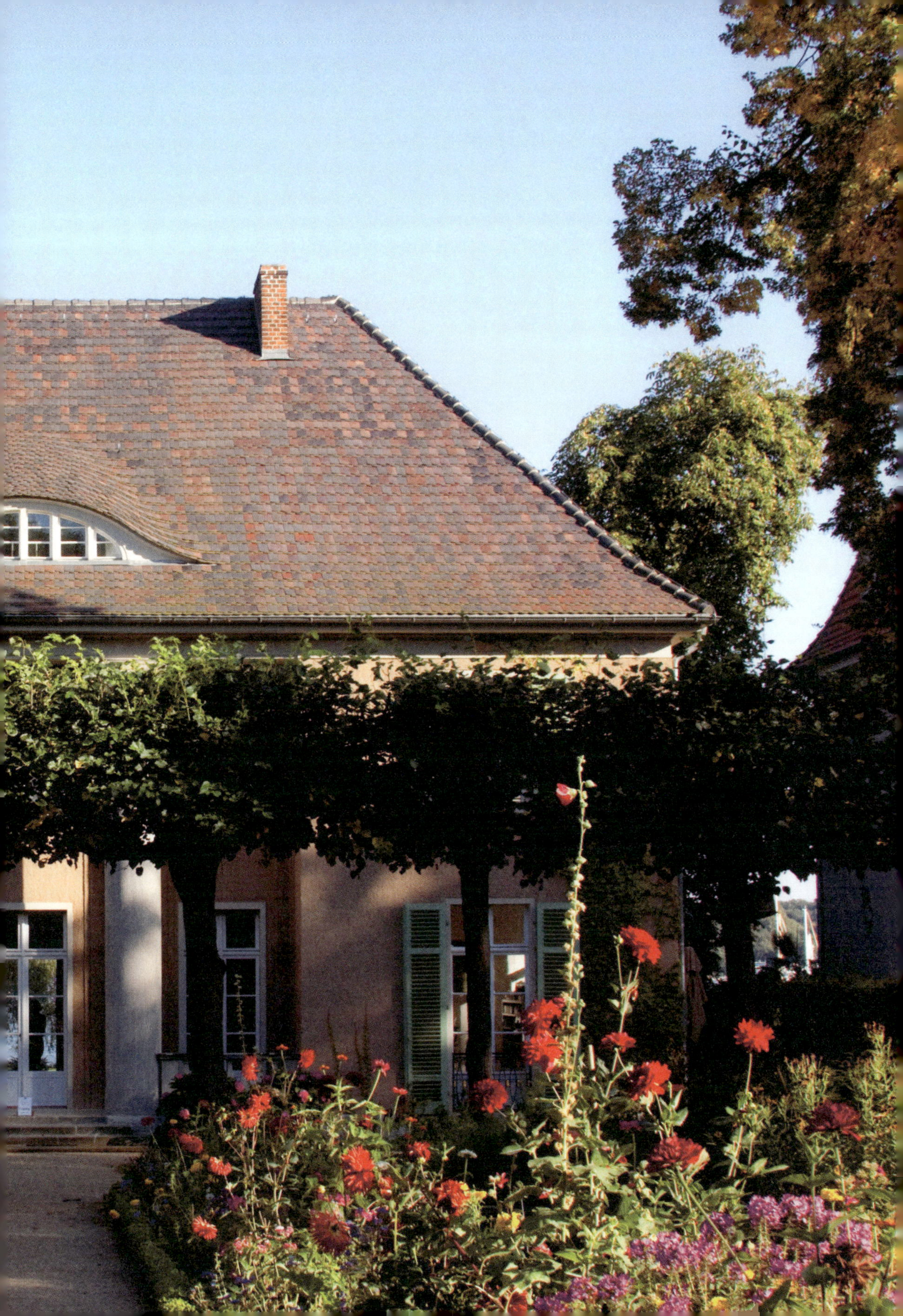

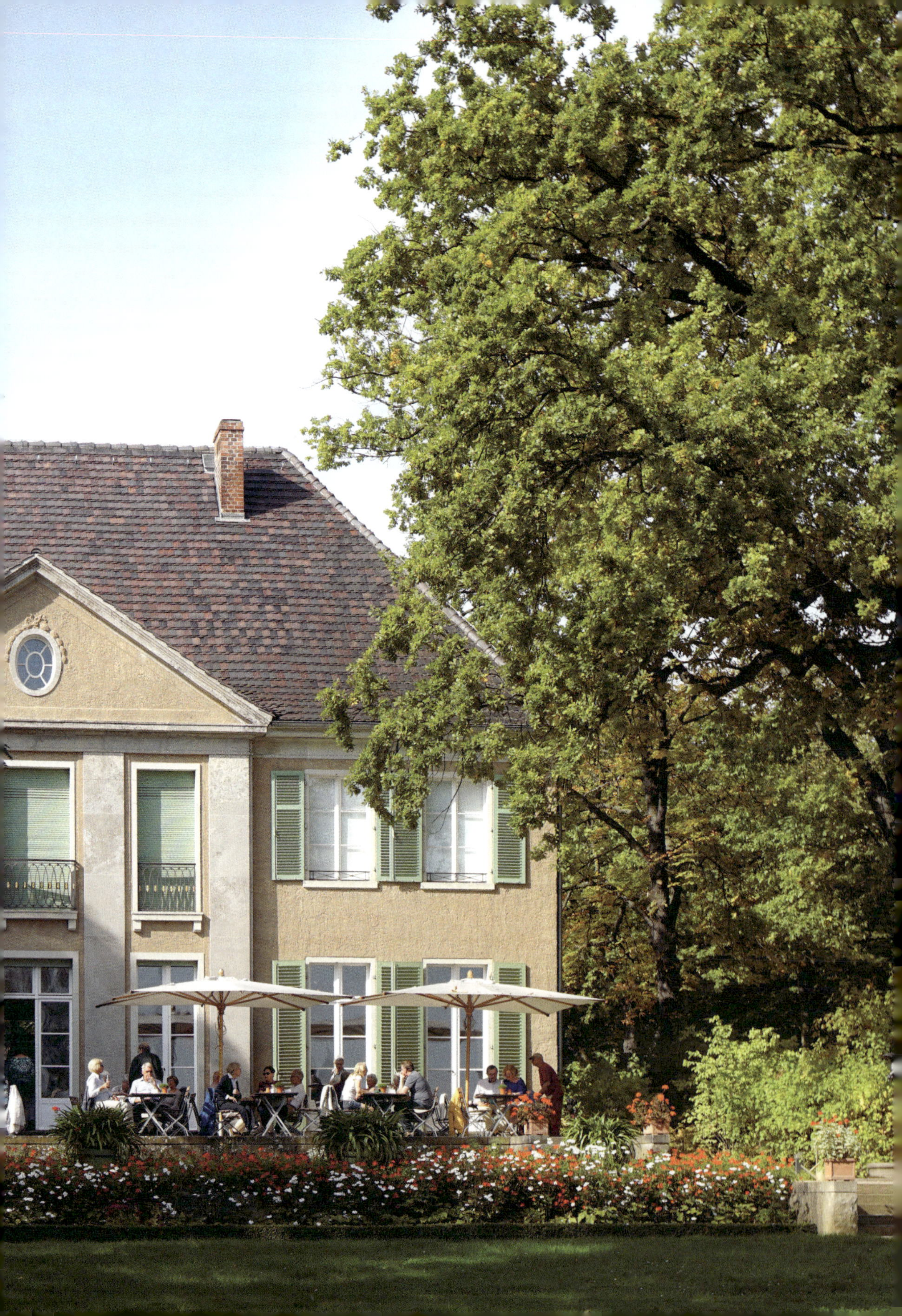

Ein Garten als Muse

Am Berliner Wannsee schuf der Maler Max Liebermann einst seinen Traumgarten. Dieser ist heute ein hinreißendes Ziel für Garten- und Kunstliebhaber.

Giverny ist der berühmteste Maler-Garten in Frankreich, jährlich strömen Zehntausende Besucher in dieses Paradies 75 Kilometer nordöstlich von Paris, fast originalgetreu erhalten wie zu Claude Monets Zeiten. Was Monets Giverny für Frankreich bedeutet, ist für Deutschland der Garten des Malers Max Liebermann in Berlin. Ein Arkadien direkt am Wannsee, ein beeindruckender Dreiklang von Kunst, Architektur und Garten. Dass dies heute wieder so prachtvoll wie vor Jahrzehnten erfahren werden kann, ist ein mittelgroßes Wunder. Eine Geschichte voller Glück, Tragik, Absurditäten – und letztlich mit Happy End.

Sie beginnt im Jahr 1909, da ersteht der 62-jährige renommierte Künstler Max Liebermann das Grundstück am Wannsee, letztes Filet-Stück mit direktem See-Zugang, in der vornehmen Villencolonie Alsen. Dort ließ der Berliner Bankier Wilhelm Conrad ab 1863 auf einem großen Areal außerhalb der Stadt Sommerhäuser für wohlhabende Großstädter errichten. Die Planung der exklusiven Siedlung stammte von Gustav Mayer, der Schüler des Gartenkünstlers Peter Joseph Lenné gestaltete eine großzügige, transparente Parklandschaft. Wannsee gehörte damals noch nicht zu Berlin (erst 1920 eingemeindet), war »jottwede«, aber mit guter Luft, frischem Grün und Wasser begehrte Wohnlage für die begüterte Oberschicht. Schnell siedelte sich ein illustrer Kreis des Berliner Großbürgertums aus Industrie, Kultur, Wissenschaft und Politik an. Sie wohnten in Sommerhäusern, alles andere als Datschen, repräsentative Villen mit ebensolchen Gärten. Liebermann beauftragt für seinen sommerlichen Rückzugsort den Ar-

Von der Terrasse auf der Gartenseite genießen Gäste das Panorama über den Garten bis hin zum Wannsee.

chitekten Paul Baumgarten. Der setzt ein elegantes Haus mit hohem Dach mittig in das lange, schmale Grundstück, gerade mal 7000 Quadratmeter groß. Ihm gelingt eine perfekte Melange aus zwei klassizistischen hanseatischen Vorbildern: die Fassade zur westlichen Straßenseite mit zwei Ionischen Säulen ähnelt dem Haus de Godefroy, die zur Wasserseite dem Haus Wesselhöft, beide in Hamburg. Von dort holt sich Liebermann auch Rat von seinem Freund Alfred Lichtwark, Direktor der Hamburger Kunsthalle. In Sachen Garten eigentlich ein Dilettant, »aber einer von Gottes Gnaden«, sagt heute beim Rundgang durch den Garten Wolfgang Immenhausen, maßgeblich für die Wiedererweckung der Liebermann-Villa. Lichtwark habe wissenschaftlich fundiert und mit großer Leidenschaft gearbeitet: »Für ihn bedeutete Gartenkunst vor allem Raumkunst.« Schon 1885 kritisierte er im Magazin »Moderne Gartenkunst«: »Bis in jüngste Zeit wurde ausnahmslos der englische oder landschaftliche Garten als Ideal jeglicher Anlage angesehen, mochte es sich um Park oder elenden, von Häusern umschlossenen Hof handeln« – für ihn ein längst überkommener Stil.

Also entwirft Lichtwark gemeinsam mit Liebermann dessen Traum von einem Garten, »mein Garten lechzt nach Ihnen«, so der Maler im regen Briefwechsel zwischen Berlin und Hamburg. Lichtwark schickt konkrete Anweisungen und Skizzen und empfiehlt: »Alle Formen müssen so geschlossen wie möglich bleiben.« Durch diese Zusammenarbeit entsteht »ein einmaliger Garten, der in seiner Konzeption wie kaum ein zweiter in Deutschland die Prinzipien des Reformgartens zur Anschauung bringt« (Martin Faass im Buch »Neue Gärten«). Ein Ensemble aus mehreren formalen Gartenräumen, vor allem aber: ein Garten als Malvorlage. Die Schauseite ist auf das Wasser gerichtet, ein spektakulärer Blick. Direkt an der Hausfassade entlang erstreckt sich eine schmale Terrasse, darunter die Blumen-Terrasse. Formale, mit Buchsbaum gefasste Beete, darin blühen »im Frühling gelbe und blaue Stiefmütterchen, im Sommer knallrote Geranien – natürlich wegen der Farbe!« erklärt Immenhausen. Schmucklilien (*Agapanthus*) in dekorativen Kübeln entlang der Terrasse waren schon damals beliebt. Die Birken, die so dekorativ den (zur Wasserseite hin) rechten Wegrand mit ihren flirrenden Silhouetten säumen, stehen schon da, als der Maler das Anwesen erwirbt. Ein Glück, sie bleiben, dürfen frech kreuz und quer über den schmalen Weg, der zum Wasser hin führt, über den Rasen hüpfen. Sie leuchten weithin mit ihrer markanten weißen Rinde. So entsteht der berühmte Birkenhain mit dem impressionistischen Touch, ein ikonisches Motiv, das den Liebermann-Garten prägt – und vom Maler in vielen Gemälden verewigt wird.

Der Blick schweift von der Terrasse über den tiefer gelegenen Rasenspiegel, der alles vereint, drei schmale Wege geleiten zum Ufer, »geradezu sogartig wird man ans Wasser geführt«, schwärmt Immenhausen. Am Uferrand recken sich noch einige stattliche Birken aus dem Rasen, im Herbst bildet ihr Laub filigranes goldenes Vlies. Robinien und Ahorne, Trauerweiden und Kastanien – nichts wächst hier zufällig, alles ist inszeniert für Licht- und Schatten-Spiele und Farbeffekte auf der Leinwand. Ein schmaler Steg führt aufs Wasser. Vis-à-vis liegt links das legendäre Strandbad Wannsee mit seiner langgestreckten 1930er-Jahre-Architektur, seit Liebermanns Zeiten und bis heute »Badewanne« der Hauptstadt. Segelboote gleiten lautlos vorbei, Möwen segeln haarscharf über einem. Links lädt ein sechseckiger Tee-Pavillon zur Siesta. Ein paradiesisches Panorama – die Gemälde davon hängen heute in berühmten Museen wie der Hamburger Kunsthalle und der Berliner Nationalgalerie.

Links von der Terrasse führt der Weg zum Wasser durch drei geometrische Garten-Kabinette, eingefasst von hohen Hainbuchen-Hecken. Sie sind, nach barocken Vorbildern, Lichtwarks Schöpfung. »Jedes ist anders gestaltet, bietet auf kleinem Raum große Vielfalt«, erläutert Immenhausen. Im Ersten besticht asketische Strenge, ein Karree aus 12 Linden, deren Kronen hoch gestutzt sind und die wie grüne Säulen über die äußeren Hecken ragen. Der mittlere, größte grüne Raum hat

Folgende Doppelseite: Blick aus dem Nutzgarten nach Osten auf den Eingang zum Landhaus, Max Liebermann, 1919

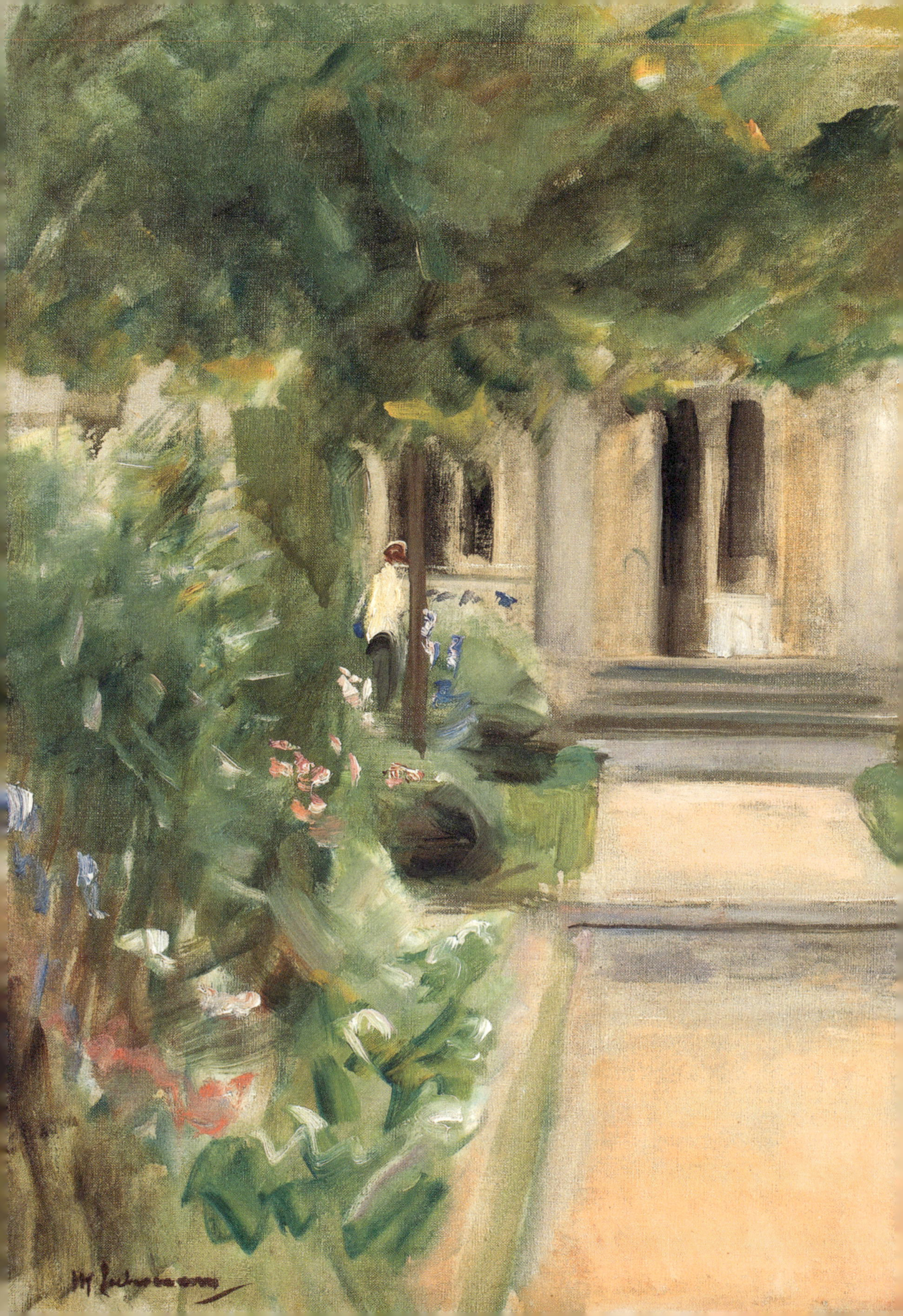

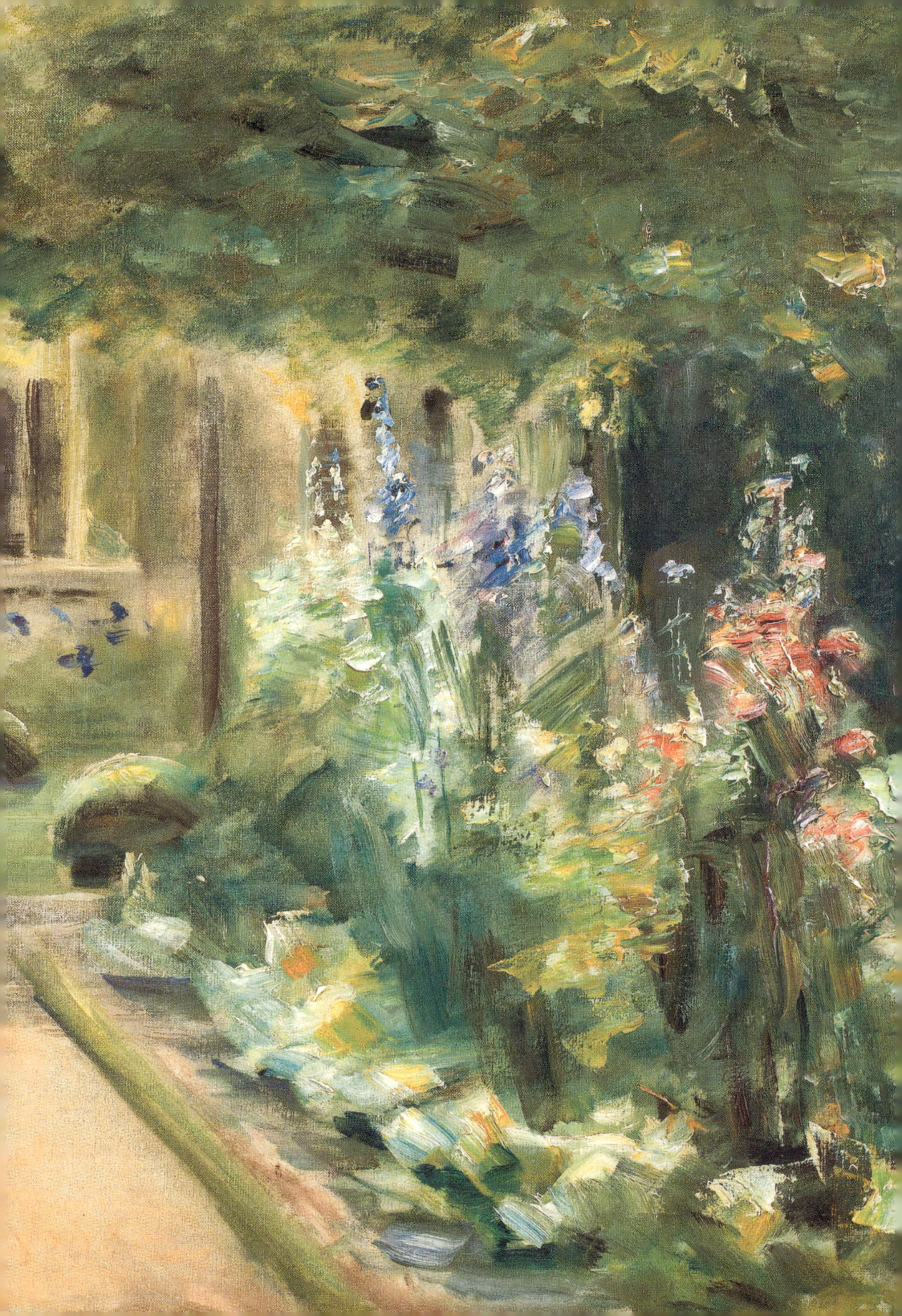

in der Mitte ein ovales Beet, mit Funkien gefasst und knallrotem Indischen Blumenrohr (*Canna*) im Sommer. Der dritte Salon ist schwelgerischer Rosen-Genuss mit einer Laube als Herzstück. Durchschreitet man den letzten schmalen Buchen-Bogen, begleitet bis zum Ufer ein Naschgarten mit Beeren-Sträuchern und Obst-Bäumen.

Wieder oben angekommen, begrüßt einen auf der Garten-Terrasse der Fischotterbrunnen vom Berliner Bildhauer August Gaul. Die Replik des verschollenen Originals, das Max seiner Frau Martha Weihnachten 1909 schenkte, ist heute ein beliebtes Selfie-Motiv. Am seitlichen Haupteingang vorbei geht es dann in den Bauerngarten, der sich entlang einer schmalen Sackgasse erstreckt. Im Frühling berauschen Hunderte von Frühlingsblühern, eine Augenweide bietet der Sommer mit üppigen klassischen Blumen des Bauerngartens: Pfingstrosen, Rittersporn, Ziersalbei, Flammenblume, Lobelien – alles, was faszinierende Farben schenkt, im Herbst funkeln Dahlien in glühenden Tönen. Auf den Gemälden sind nicht einzelne Blumen erkennbar, nur satte Abstufungen von Farbnuancen. »Kein anderes Haus in Wannsee kann solche Blumenbeete haben«, schreibt eine Zeitung 1927, »Max Liebermann begleitet uns durch den Vorgarten mit seinen blühenden, duftenden, farbenglühenden Lieblingen, mitten drin die Staffelei, an der er vor wenigen Stunden gearbeitet hat«.

Bis auf die Staffelei ist auch dieser Teil heute fast wieder wie früher. Man spaziert an langen, schmalen Rabatten mit Blumen und Gemüse vorbei auf die weiße Gartenbank am Ende zu. Von dort kann man durch die Türen des Hauses bis aufs Wasser schauen – was für eine Sichtachse! Der Blick ist ein lebendes Gemälde, vor allem mit der aufgeasteten grünen Girlande aus acht Lindenkronen, die sich vor die Fassade schiebt, den Garten abschließt und das Gärtnerhäuschen links leicht verdeckt. Im Herbst gedeihen hier Stangenbohnen, Grünkohl, Zwiebeln, Artischocken, einzig die fetten violett-purpurnen Köpfe des Rotkohls fehlen. Die malte Liebermann auf einem Gemälde im berüchtigten »Steckrüben-Winter« 1917, als es wegen der Hungersnot im Kriegswinter sogar ein Kohlfeld auf dem sakrosankten Rasen zur Wasserseite hin gab.

Liebermann verlässt oft sein Haus am Pariser Platz in Berlin, genießt und arbeitet unbeschwert im Sommer-Domizil, »meinem Schloss am See«. Voll schöpferischer Energie bildet er in mehr als 200 Ölgemälden, Pastellen und Skizzen Szenen aus dem Garten ab, ein mit den Jahreszeiten sich ständig wandelndes Motiv. Von 1920 bis 1933 Präsident der Preußischen Akademie der Künste, wird er 1932 zu ihrem Ehrenpräsidenten ernannt. Als die Akademie nach der Machtergreifung 1933 keine Werke jüdischer Künstler mehr ausstellt, erklärt Liebermann öffentlich seinen Austritt. 1935 stirbt der große Künstler, verfemt und verbittert, zwei Jahre später werden sämtliche seiner Werke der Berliner Nationalgalerie beschlagnahmt. Seine Witwe Martha muss 1940 Grundstück und Haus samt Inventar für 160 000 Reichsmark an die Reichspost verkaufen, ohne den Erlös zu erhalten. 1943 entzieht sie sich der Aufforderung zur Deportation nach Theresienstadt durch eine Überdosis Schlaftabletten.

1945 bis 1971 ist die Villa Krankenhaus, es folgen Leerstand und Abriss-Diskussion. Ab 1972 vermietet die Stadt sie an einen Taucherclub, der Bauerngarten ist Parkplatz. Erst durch den vehementen Einsatz des Berliner Gartendenkmalpflegers und Bürger-Engagement wird 1987 der völlig vernachlässigte Garten unter Denkmalschutz gestellt. »Das war mutig«, sagt Immenhausen, der immer wieder forderte, das Haus als Museum zu öffnen. »Warum? Liebermanns Bilder sind doch im Museum«, war die Antwort der Politik. »Berlin förderte Sport, aber keine Kultur«, meint er maliziös lächelnd. Dann kam der Mauerfall, 1992 initiierte eine Privatgalerie eine Ausstellung mit hochkarätigen Bildern in der Liebermann-Villa. »Durch das überwältigende Medien-Echo begriffen viele Berliner endlich, was hier ist!« 1995 gründete er mit 14 Gleichgesinnten die Liebermann-Gesell-

Folgende Doppelseite: In diesem Hain dürfen die Birken fröhlich aus der Reihe tanzen. Im Winter leuchtet ihre schneeweiße Rinde weithin.

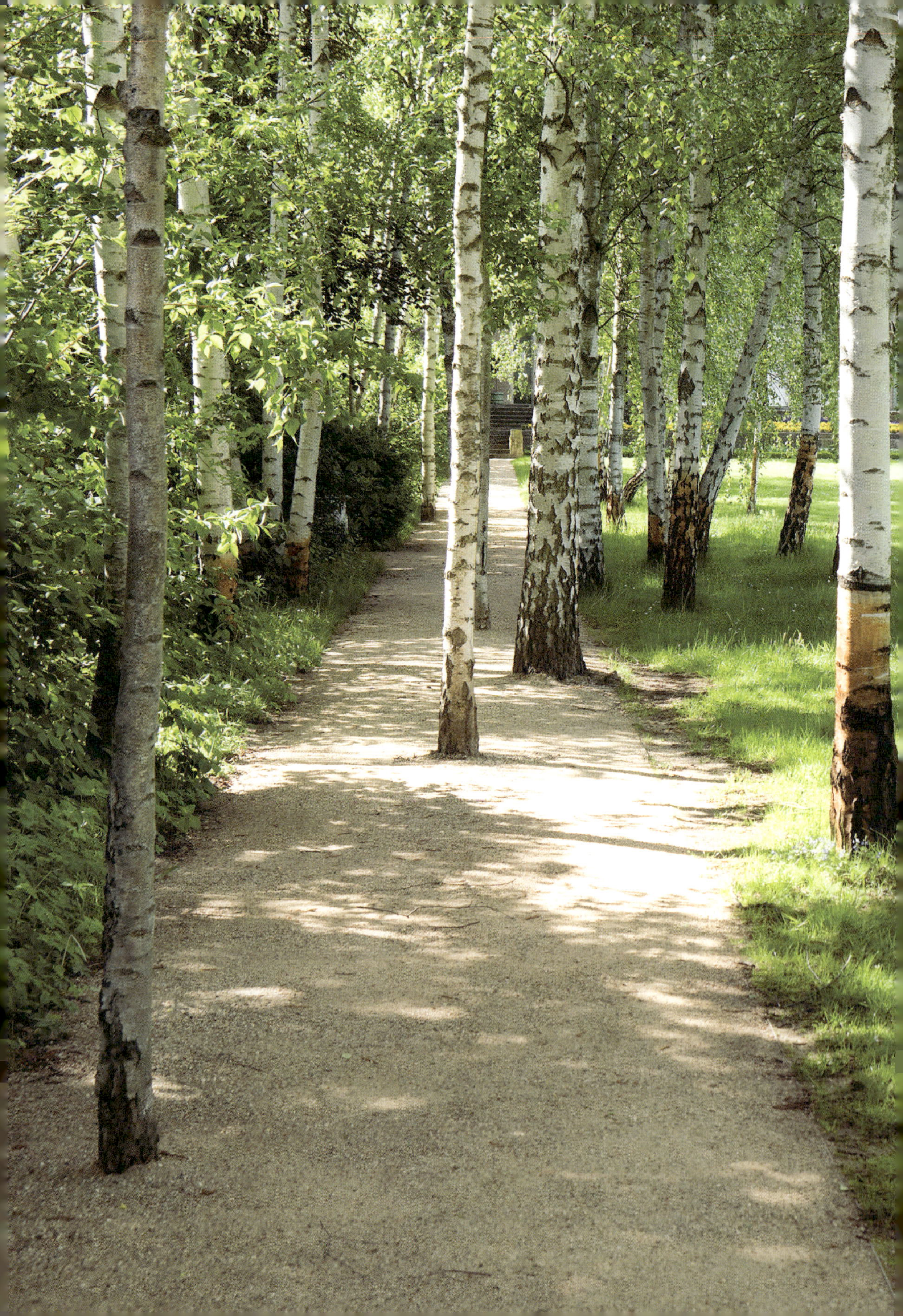

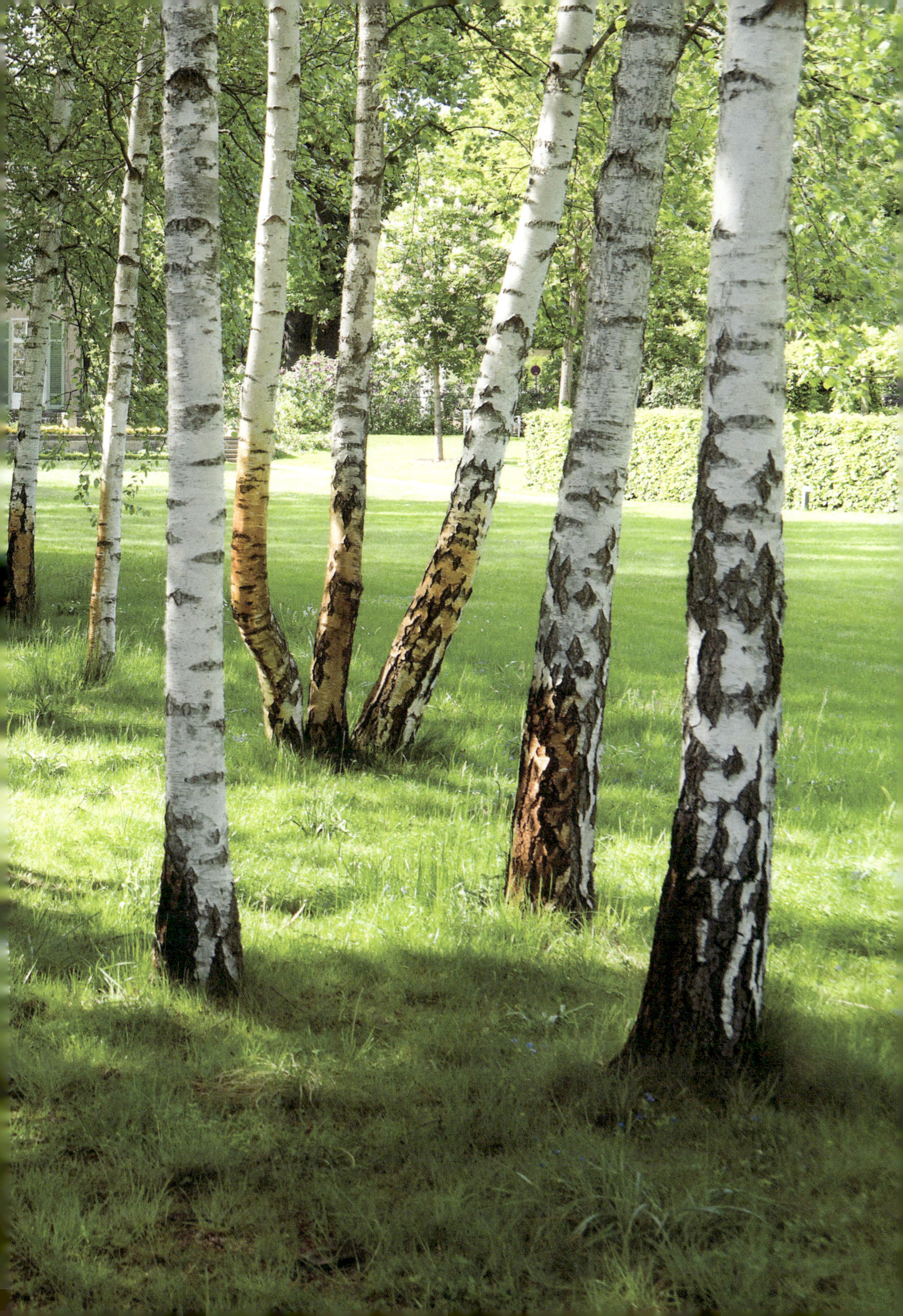

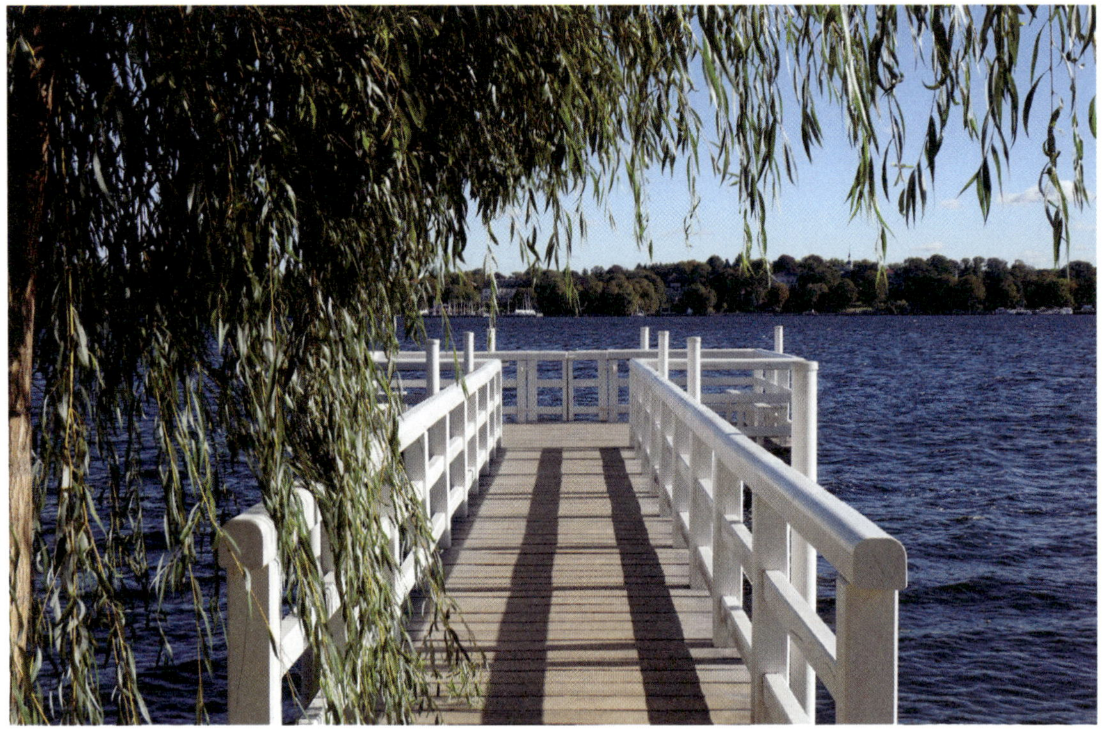

1909 war dies das letzte käufliche Filetstück in der begehrten Villen-Kolonie, mit direktem Steg zum Wannsee als Finale.

schaft – heute hat sie 2000 Mitglieder längst nicht nur aus Berlin. Sie übernahm nach zähem Ringen 2002 die Villa. Haus und Garten, beides gehört nach wie vor der Stadt Berlin, waren »total heruntergekommen, sein Atelier zerstört, eine Bar im Kaminraum, Kino im Obergeschoss, überall Aquarien«. Von der Stadt kam kein Cent, dafür flossen Gelder von vielen Sponsoren und der Deutschen Stiftung Denkmalschutz.

Im Sommer 2006 wurden der nach Gemälden und historischen Quellen rekonstruierte Garten und die Villa als Museum eröffnet. »Vorher hat uns kaum ein Politiker unterstützt, danach waren sie alle stolz, was sie geleistet hätten«, sagt Immenhausen. Ohne den enormen bürgerlichen Einsatz wäre es wohl nie dazu gekommen. Und ohne die vielen ehrenamtlichen Helfer »wäre es auch jetzt nicht machbar, wir bekommen weiter null öffentliche Zuschüsse«. Fast alles wird finanziert durch Spenden, Mitgliedsbeiträge, Eintrittsgelder, Veranstaltungen.

80 000 Besucher aus aller Welt wandeln jährlich durch Liebermanns wiederauferstandenes Erbe, bewundern etliche seiner kostbaren Gemälde. Es herrscht eine besondere Aura an diesem Ort, wo man berührt, beinahe andächtig durch den Birkenhain flaniert und dem Gekrächze der vorwitzigen Möwen lauscht.

Tipp

Wer nur in den viel porträtierten Gartenteil zum Wannsee spaziert, verpasst Entscheidendes: der üppig gefüllte Gemüse- und Blumengarten parallel zur Straße bietet viele Monate prachtvolle Bilder.
Bis zum Ende gehen, umdrehen – und die lange, blumengesäumte Sichtachse auf das Haus genießen.

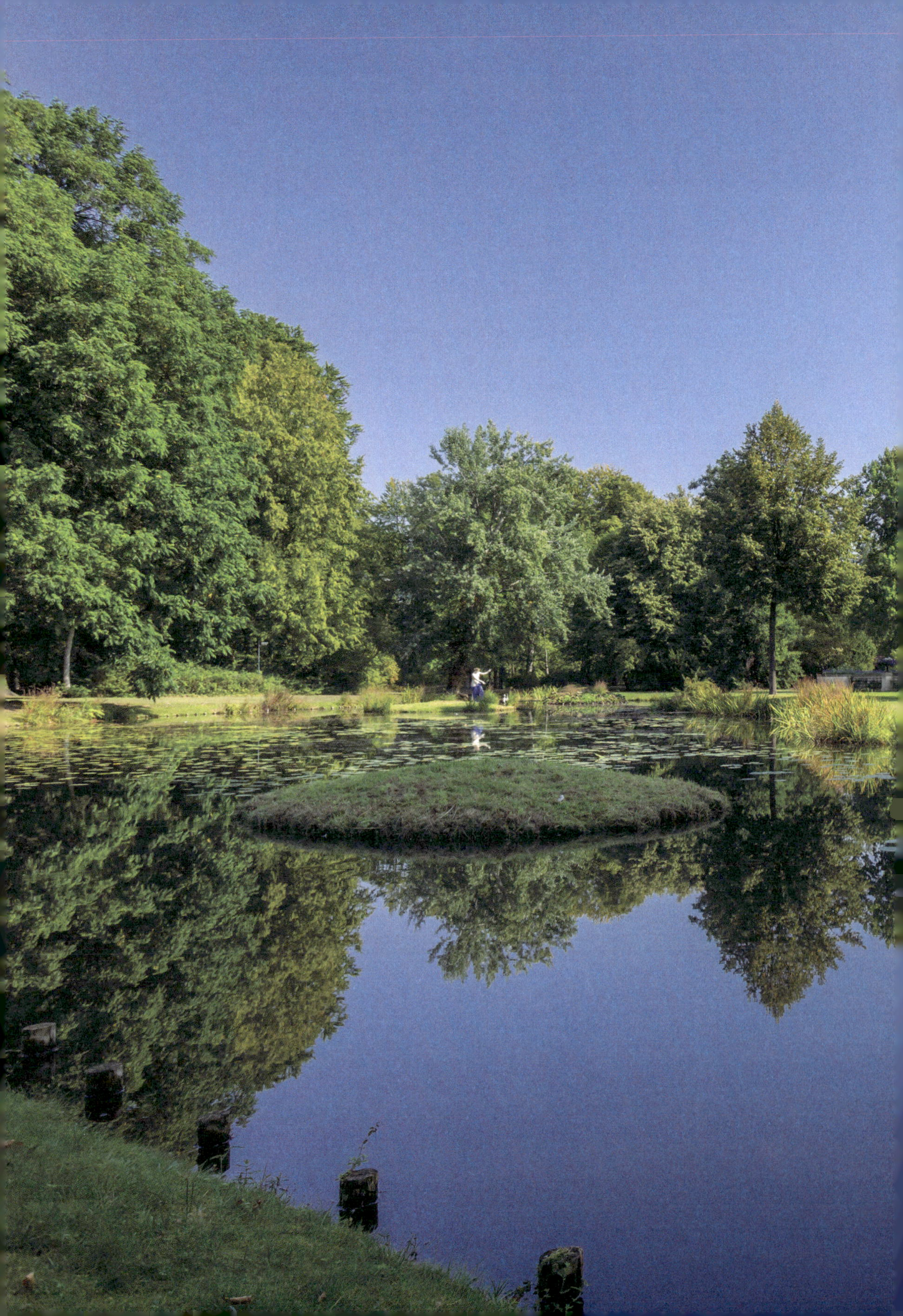

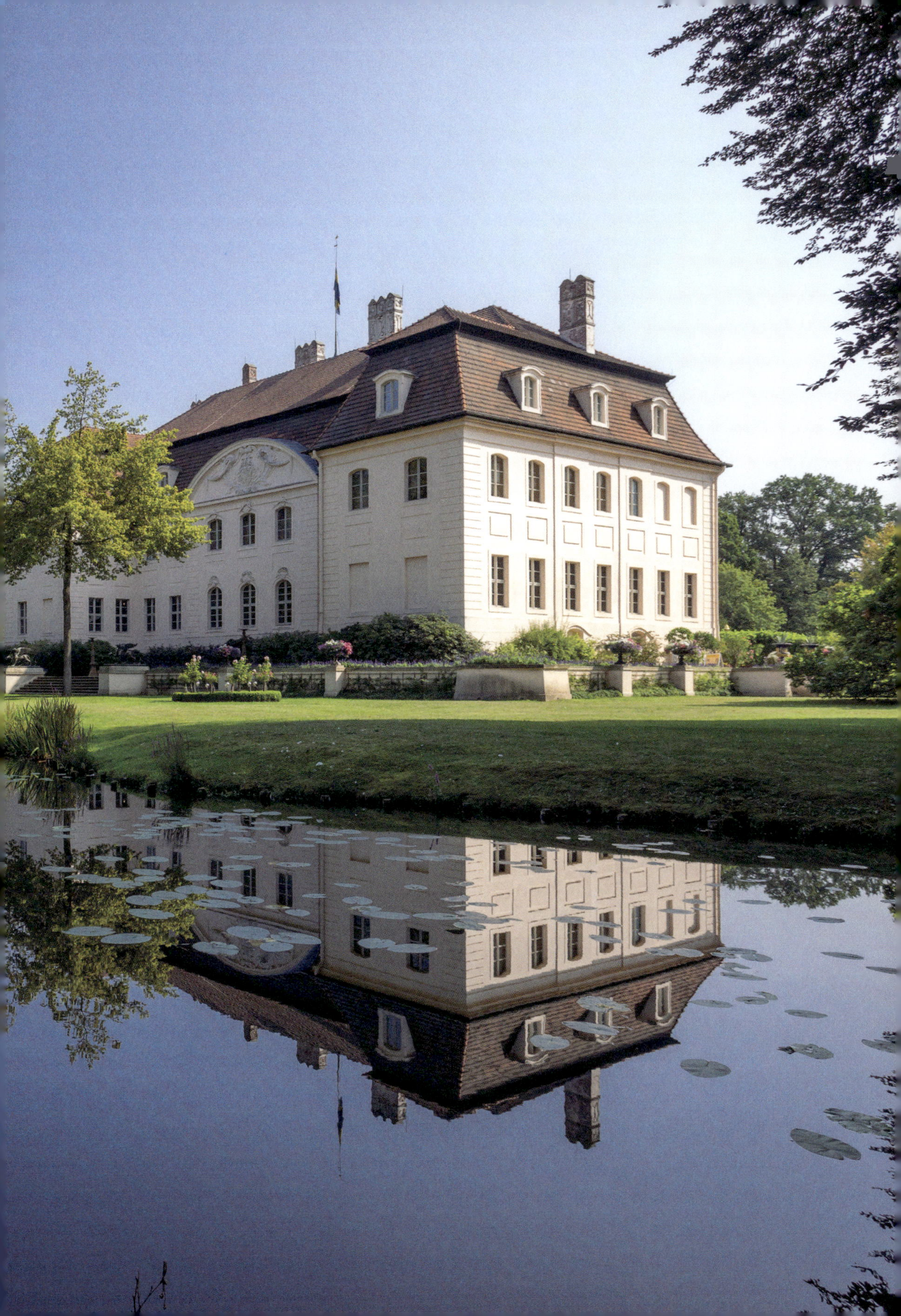

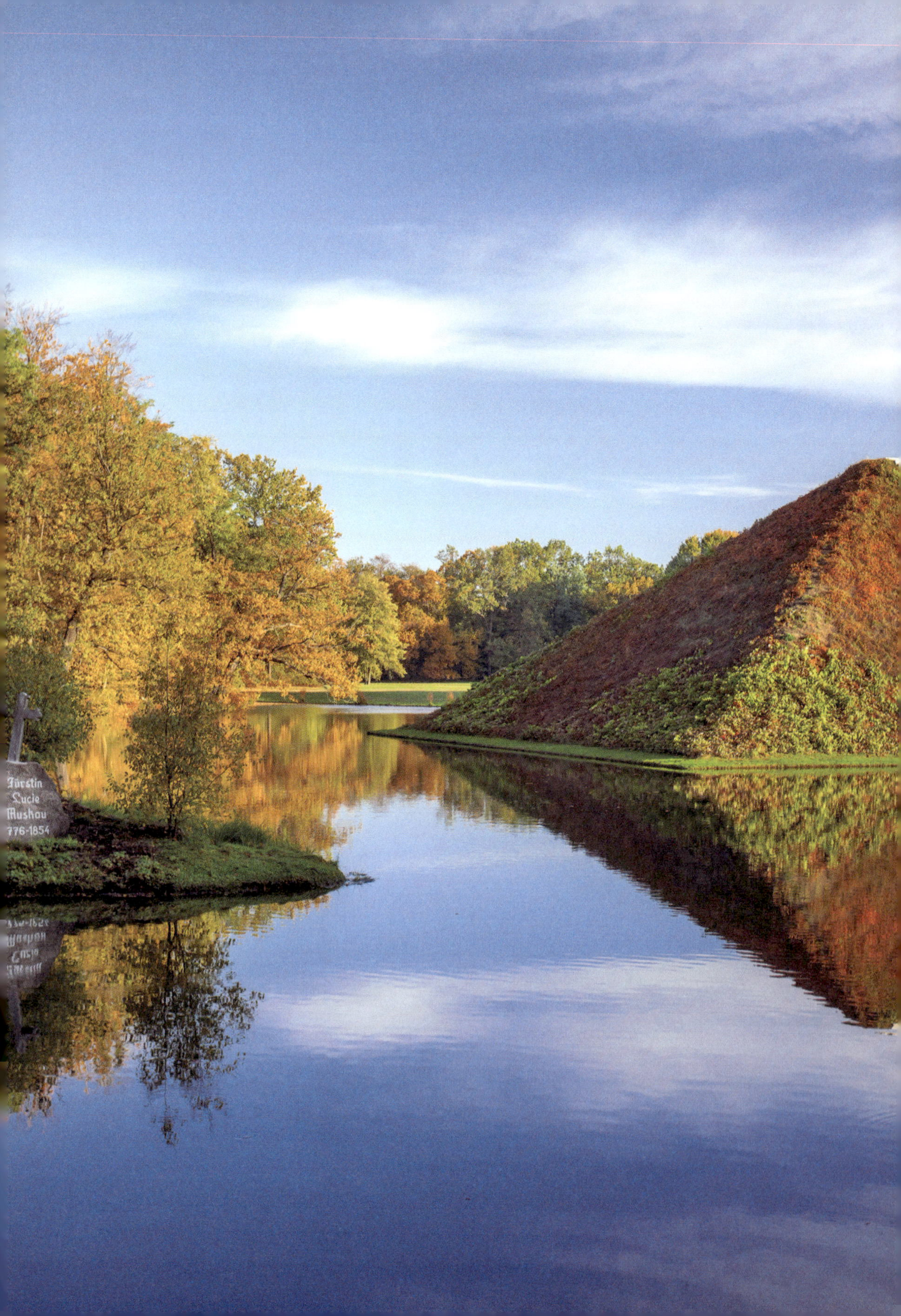
Fürstin
Lucie
Muskau
776-1854

Zu Gast beim grünen Fürsten

Die Parks des Fürsten Pückler-Muskau sind Weltklasse – und Welterbe. Der Exzentriker war selbsternannter Parkomane, Dandy sowie genialer grüner Dilettant.

Das Preußische Arkadien ist um ein grünes Paradies reicher. Der Park von Schloss Babelsberg in Potsdam hat sich vom lange vernachlässigten Stiefkind in ein üppig blühendes Vorzeigestück verwandelt. Seit Sommer 2017 prangt er endlich wieder in neuer, wiederhergestellter alter und unglaublich aufwändiger Pracht. Sein Gestalter, der exzentrische Fürst Hermann von Pückler-Muskau (1785–1871), dürfte sich lustvoll in seinem »Tumulus«, der als See-Pyramide gestalteten Grabstätte im Branitzer Park, rollen.

Denn Babelsberg, der Sommersitz des preußischen Prinzen Wilhelm und seiner Gattin Prinzessin Augusta, ist so etwas wie das Herzstück der Schlösser und Parks von Berlin und Potsdam, seit 1990 UNESCO-Welterbe. Es liegt geradezu ideal mit sich bis zu 40 Meter erhebenden Anhöhen über der Havel, an der idyllischen Schnittstelle zwischen Berlin und Potsdam. Rund um das pittoreske Schloss schmiegt sich ein weitläufiger Park. Von ihm genießt man die berühmten Sichtachsen über die glitzernde Wasserfläche, auf die Silhouette Potsdams mit der Kuppel der Nikolai-Kirche, das Belvedere-Schloss auf dem Pfingstberg, dazwischen die Glienicker Brücke und direkt vis-à-vis das nächste Kleinod, Schloss und Park Glienicke, einst im Besitz von Wilhelms Bruder, Prinz Carl.

Exzentrisch bis zum Ende: Im »Tumulus«, der See-Pyramide in Branitz, sind der »Grüne Fürst« und seine Frau Lucie begraben.

Doppelseite davor: Nach Muskau setzte Pückler sein Paradies Nr. 2, Branitz, in Märkischen Sand, samt imposantem Schloss.

Dessen Park gestaltete der preußische Gartendirektor Peter Joseph Lenné (1789–1866). Den gegenüberliegenden Babelsberg mit der heiter bewegten Topographie empfahl Lenné, getreu seinem Motto »Man muss stets Herr der Aussicht bleiben«, den Hohenzollern. 1833 erhielt Wilhelm den Babelsberg als Sommerresidenz. Nach Entwürfen von Preußens Star-Architekt Karl Friedrich Schinkel entstand das neo-gotische Schloss. Und Lenné, Sohn einer Bonner Gärtner-Dynastie mit profunder Ausbildung, seit 1816 am Preußischen Hof und Generaldirektor der Königlichen Gärten mit vielen erfolgreichen Projekten, wurde mit der Parkgestaltung beauftragt. Er legte ein elegantes Wegenetz an, schuf die Basis für den *Pleasureground*, jenen blumengeschmückten Bereich nah am Schloss und modellierte die sich in anmutigen Wellen zur Havel erstreckenden Rasenflächen, die *Bowlinggreens*. Doch was nützen alle schönen Pläne, wenn sie auf trockenem märkischen Sandboden realisiert werden müssen? Und es keine Bewässerung gibt? Dafür hatte Wilhelm kein Geld, also vertrockneten Büsche, Sträucher und Blumen. Der Prinz war nicht *amused* und setzte Preußens ruhmreichen Gartenkünstler, einen Bürgerlichen, vor die Tür.

Nach dem Tod Friedrich Wilhelms III. 1840 wird Wilhelm Thronfolger (ab 1861 König und 1871 Deutscher Kaiser), prompt fließt mehr Geld in seine Schatulle. Pückler wittert seine Chance, mit einem 1842 verfassten »Promemoria« übt er harsche Kritik an Lenné und empfiehlt sich als erfahrener Gartengestalter. Mehr Selbstbewusstsein geht kaum: gerade e i n e n Park hat der Adelsspross bislang gestaltet, Muskau, seinen Privatbesitz, in dem er totale Gestaltungsfreiheit hat. Doch mit Babelsberg, wo er zum »Dienstleister« eines royalen Auftraggebers wird, geht es um eines der prestigeträchtigsten Werke der Zeit. Zudem bewegt sich der geltungssüchtige Dandy damit im Dunstkreis des Kronprinzen-Paares, perfekt für Networking. Das Hohenzollern-Paar wiederum findet die Gesellschaft dieses schillernden Adelssprosses voller Esprit interessant. Pückler bekommt den Auftrag und triumphiert gleich doppelt über Lenné, eine pikante Volte des Schicksals: der Park Glienicke hatte vor Prinz Carl dem Staatskanzler Karl August von Hardenberg gehört, ausgerechnet Pücklers Schwiegervater. Der engagierte 1816 doch tatsächlich den Bonner Newcomer Lenné. Und nicht seinen zukünftigen Schwiegersohn Pückler. Von dem hielt Hardenberg nicht viel, hatte dieser doch bislang nur mit Skandalen und Affären von sich reden gemacht, ein notorischer Frauenheld, Taugenichts, Luftikus. Nun, über 25 Jahre später, darf der adlige Paradiesvogel also Babelsberg, an dem Lenné, der ewige Rivale, scheiterte, vollenden. Der geniale Dilettant siegt über den erfahrenen Profi – letztlich wegen Wassermangels, welche Ironie.

Für die Perfektion des Parks wird ein mit Dampfmaschinen betriebenes Bewässerungssystem installiert, ohne zweckmäßige Bewässerung sei es »unmöglich, aus dem Sandberg frische Wiesen und üppigen Wald hervorzuzaubern«, warnt Pückler. In seinen »Andeutungen über Landschaftsgärtnerei« notiert er: »Wasseranlagen erhöhen den Reiz in Gärten unendlich« und so setzt er – wie auch in anderen Parks – dieses Element als romantisches Gestaltungsmittel ein. Er legt einen buchtenreichen See mit Inselchen an, inszeniert malerische Bachläufe und einen künstlichen Wasserfall in die sanft hügelige Landschaft. Rund um das 1844 erweiterte Schloss setzt er Terrassen, die aufs kostbarste ausgeschmückt werden. Glanzstück ist die »Goldene Terrasse« mit einer dreistöckigen Blumenfontäne: »Sie übersteigt meine kühnsten Erwartungen. Der Hang hat endlich durch die Ausdehnung der Terrasse, auch den Schmuck derselben … so gewonnen«, so Prinzessin Augusta im September 1845 nach ihrer Rückkehr auf Schloss Babelsberg. Lennés begonnenes Wegenetz entwickelt Pückler mit feingliedrig gekurvten Fußwegen weiter. Er modelliert das große Gelände subtil und strukturiert es mit zahlreichen, meist einheimischen Gehölzen. Pückler platziert mit dem Park Babelsberg einen »kostbaren Edelstein« in Lennés »Perlenkette« eines großräumig gestalteten Arkadien.

Während Pückler noch in Babelsberg tätig ist, muss er 1845 Muskau – »Die Tat meines Lebens« – verkaufen. Dort legte der talentierte Amateur auf 830 Hektar ererbtem Privatbesitz einen der größten Englischen Landschaftsparks – wenn auch längst nicht den Ersten – in Deutschland an. Die Vorbilder hatte er sich – wie sein Konkurrent Lenné – bei einem England-Aufenthalt 1814 angeschaut, schließlich sprach das gesamte gebildete Europa von dieser neuen revolutionären Garten-Mode. 36 (!) Parks begutachtet er in nur sechs Wochen, darunter Wilton, Blenheim und den berühmtesten, Stourhead in Wiltshire. Er vor allem soll Pückler für Muskau inspiriert haben. Anglophil und als »Parkomane« – so Pückler über sich – kehrt er heim. Und startet 1815 in Muskau sein gigantomanisches Park-Projekt, für das er ganze Dorfstraßen großer Bäume ausgraben und – spektakulär, aber erfolgreich – mittels eines eigens konstruierten Wagens verpflanzen lässt. Typisch für den ungestümen Gartenkünstler. Muskau beschäftigt ihn viele Jahre, zwingt ihn jedoch letztendlich – er lebt stets über seine Verhältnisse – an den Rand des Ruins. Heute ist die einzigartige Landschafts-Symphonie annähernd in alter Pracht erlebbar und präsentiert sich wieder als grünes Gesamtkunstwerk. Das sogar Ländergrenzen überspannt, denn zwei Drittel liegen auf polnischer, ein Drittel auf deutscher, sächsischer Seite. Die Neiße ist zwar noch Grenzfluss, doch man kann entspannt über die wiedererbaute weiße Doppelbrücke oder die »Englische Brücke« vom sächsischen in den polnischen Teil und zurück promenieren. Pücklers grünes Vermächtnis – »wer Muskau gesehen, hat mir ins Herz gesehen« – wird 2004 zum UNESCO-Weltkulturerbe nobilitiert.

Mit diesem Titel kann sich Branitz in Brandenburg noch nicht schmücken, der Antrag dafür ist in Vorbereitung. Branitz ist die brillant verfeinerte Quintessenz von Muskau, über 600 Hektar groß. Virtuos, visionär und mit unglaublichem Elan gestaltet. Gerade in Muskau gescheitert, schwupp, setzt Pückler im Familienbesitz Branitz ab 1847 noch mal alles auf Anfang. Mit 60 Jahren! Dazu in einem völlig

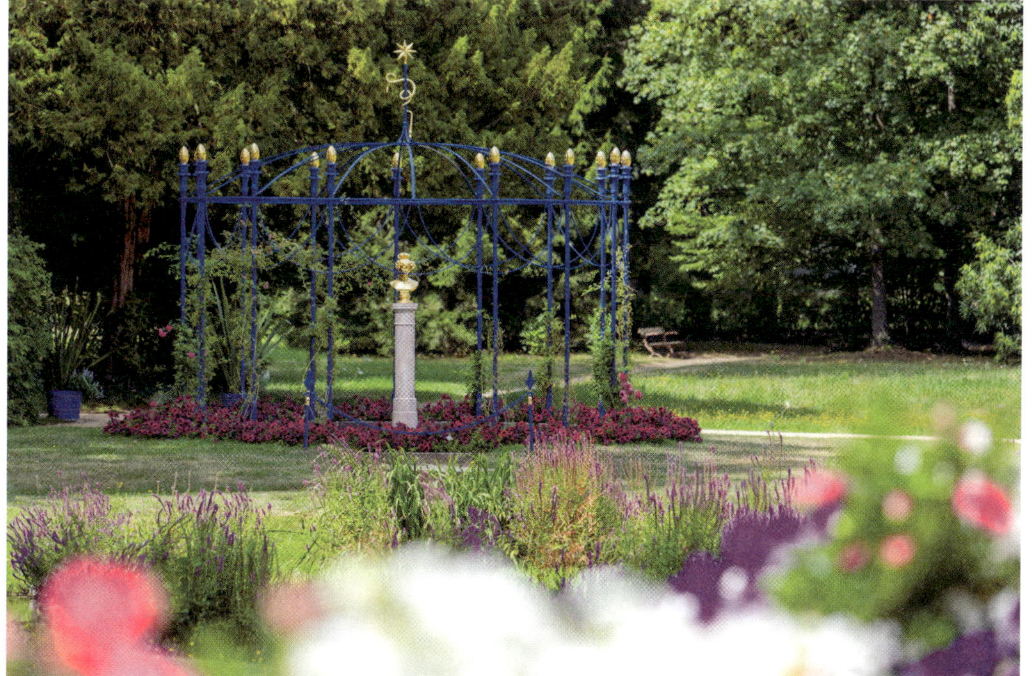

Rosenumrankte Hommage in Branitz an die Opernsängerin Henriette Sonntag, zu Pücklers Lebzeiten ein Star

pfannkuchenplatten sandigen Gelände. »Es ist nun mal meine Bestimmung, Sandwüsten in Oasen zu verwandeln«, fühlt er sich herausgefordert und legt sein nächstes »Naturgemälde« quasi aus dem Nichts an. Wieder mit geschlängelten Bachläufen, zierlichen Brücken, Wechselspiel von lichten, weiten Wiesen und schattigen Waldpartien, künstlichen Hügeln. Auch hier wird das Gelände wie eine Theaterlandschaft, ein dreidimensionales poetisches Gemälde mit Vorder-, Mittel- und Hintergrund, inszeniert. Die Matrix der Wege – die »stummen Führer« – leitet den Spaziergänger zu immer neuen Überraschungen wie dem »Mondberg« und besonderen Aussichtspunkten. Gleich hinter dem Schloss erinnert eine Büste der Opernsängerin Henriette Sonntag inmitten einer luftigen Rosenlaube an eine Liaison des romantischen Casanovas. Bis heute erhalten ist die »Königswiese«, so genannt anlässlich des – von Pückler jahrelang ersehnten – eintägigen Besuches von Königin Augusta am 25. Juli 1864. Dazu schrieb sie an ihren Gemahl: »Reizend ist die Terrasse und der Schloß Garten mit der Wasserpartie«. Sie sah auch

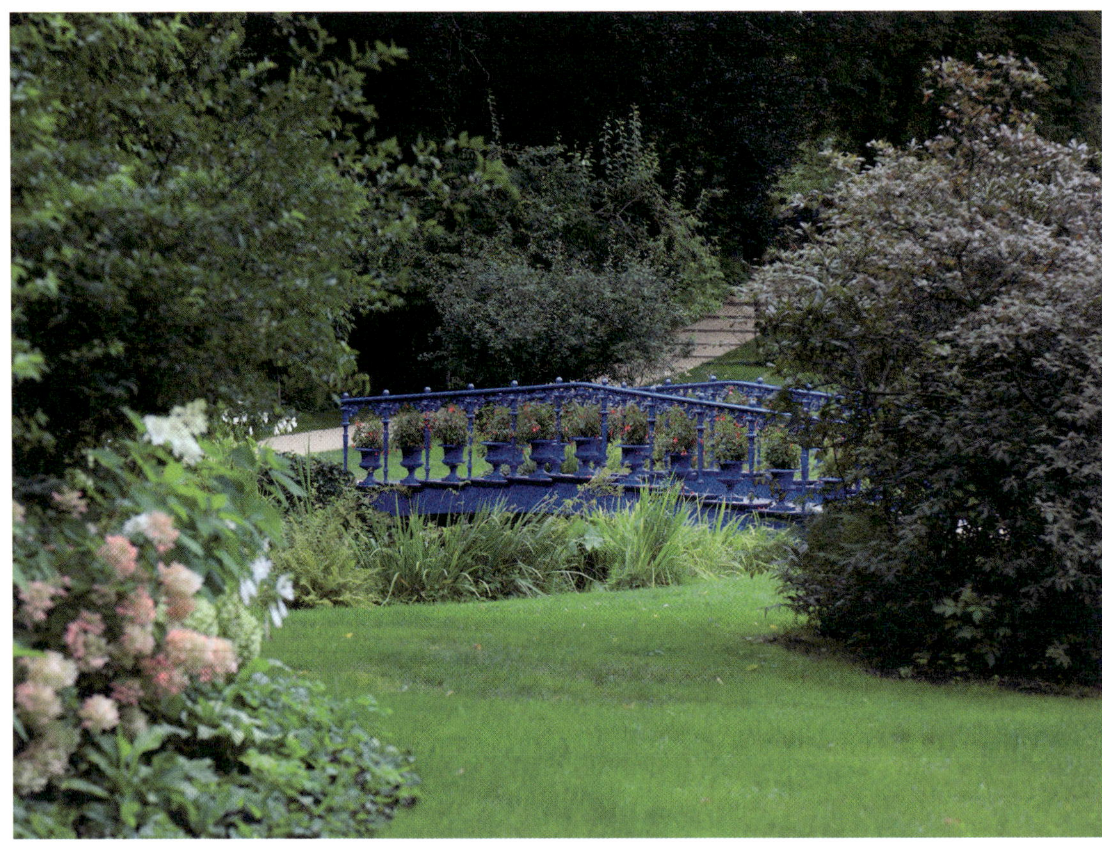

Die gusseiserne »Fuchsienbrücke« im Muskauer Park entstand 1826. Fragile Blüten prangen in eleganten Amphoren.

das exaltierte Glanzstück inmitten eines Sees, jene 14 Meter hohe Erd-Pyramide, in der Pückler und Gattin Lucie später begraben wurden. Die letzte Provokation des Rebellen. Mit seiner Spiegelung im Wasser ist der mit Wein umkränzte »Tumulus« bis heute ein überwältigender Anblick. Pückler bezeichnete Branitz als sein »Meisterstück«.

Doch der passionierte Parkomane bleibt zeitlebens ein Getriebener, Rastloser. Mit Duellen, Spielschulden und jeder Menge Affären sorgt Preußens einziger Dandy für Furore in Europas Salons. Gleichzeitig verkehrt der geistreiche Unterhalter mit der intellektuellen Elite wie Goethe, Heine und Humboldt. Gebrochene Frauenherzen pflastern seinen Weg, der sich durch Europa über Nordafrika bis nach Ägypten zieht. Vor Problemen flieht er durch neue Reisen und

Abenteuer. Derweil führt daheim Lucie, die treue »Schnucke«, die Geschäfte, kümmert sich auch fachkundig um Park und Garten. Schreiben, Gärtnern, Frauen, Reisen sind die Fixpunkte seines Lebens. Die aus den Reisen resultierenden Bücher werden wider Erwarten zu Bestsellern wie seine amüsant-ironischen »Briefe eines Verstorbenen«. Ein treffsicheres Sitten-Panorama der Englischen *Upperclass*, dank Brexit wieder sehr lesenswert.

Was bleibt, sind seine wenigen grandiosen Parks. Sie sind poetisch gestaltete Kunst-Natur mit majestätischen Bäumen und köstlicher Stille, »nie vollendete und immer werdende, lebendige Kunstwerke«, so Pückler. Und, ach ja, das legendäre Eis. Ein pfiffiger Konditor aus Cottbus durfte seine Kreation nach dem berühmten Fürsten nennen. Tolles Marketing. In Branitz serviert man es im »Kavaliershaus«, schwört auf »selbstgemacht nach Original-Rezept«. Keine Spur hip, kein Chili oder Matcha, nur Vanille-Schokolade-Erdbeer. Zeitlos klassisch – wie Pücklers paradiesische Parks.

Tipp

Der beste Ort ist Branitz. Nach Lustwandeln auf geschlängelten Pfaden bewundert man andächtig die See-Pyramide. Und dann unbedingt ins Schloss! Mit viel originalem Mobiliar und Memorabilia – so perfekt inszeniert, dass man meint, gleich empfange der »tolle Pückler« mit Turban und Pfeife zum Tee.

Folgende Doppelseite: Von Lenné begonnen, vollendete Rivale Pückler mit virtuoser Geste den Park um Schloss Babelsberg.

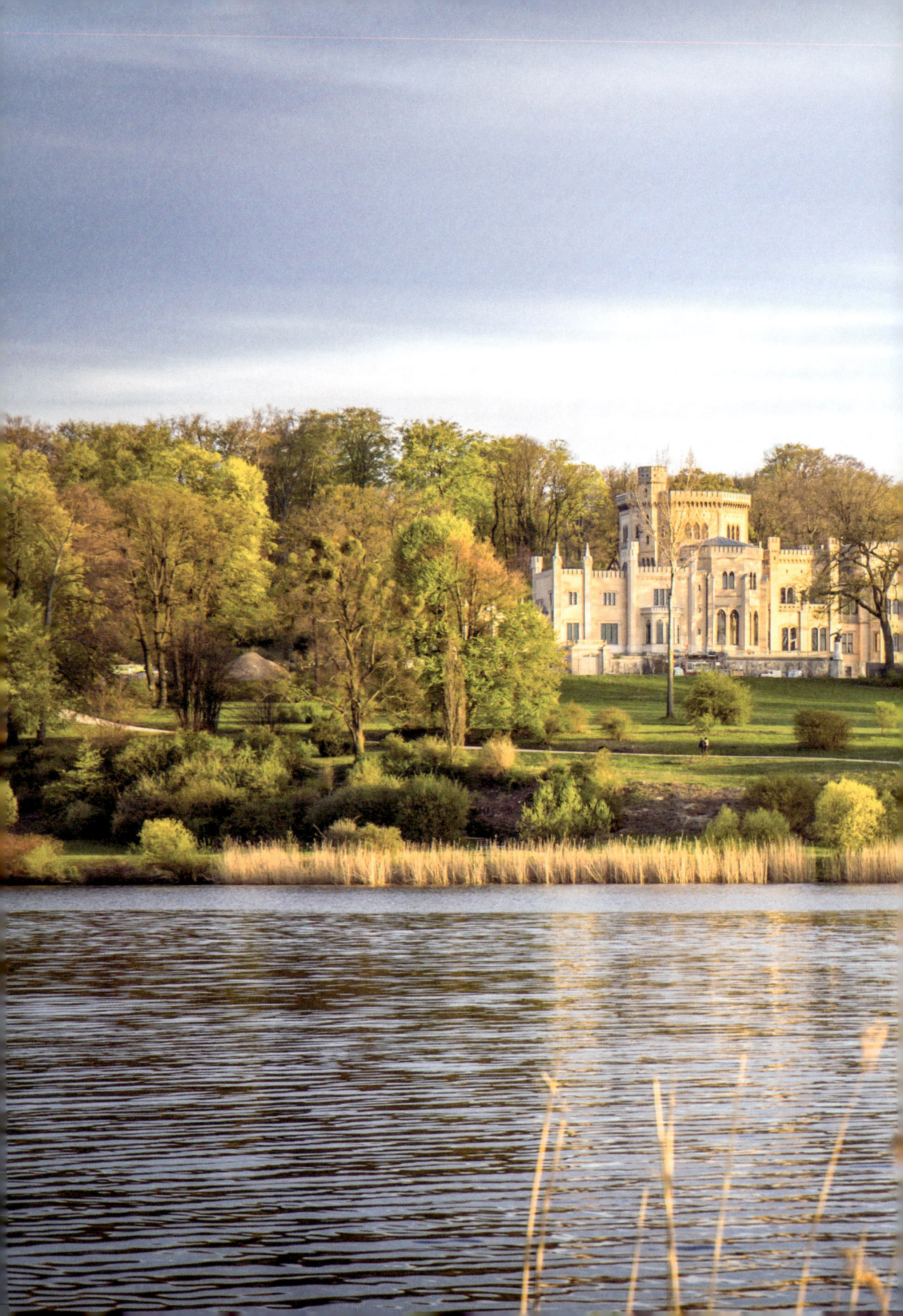

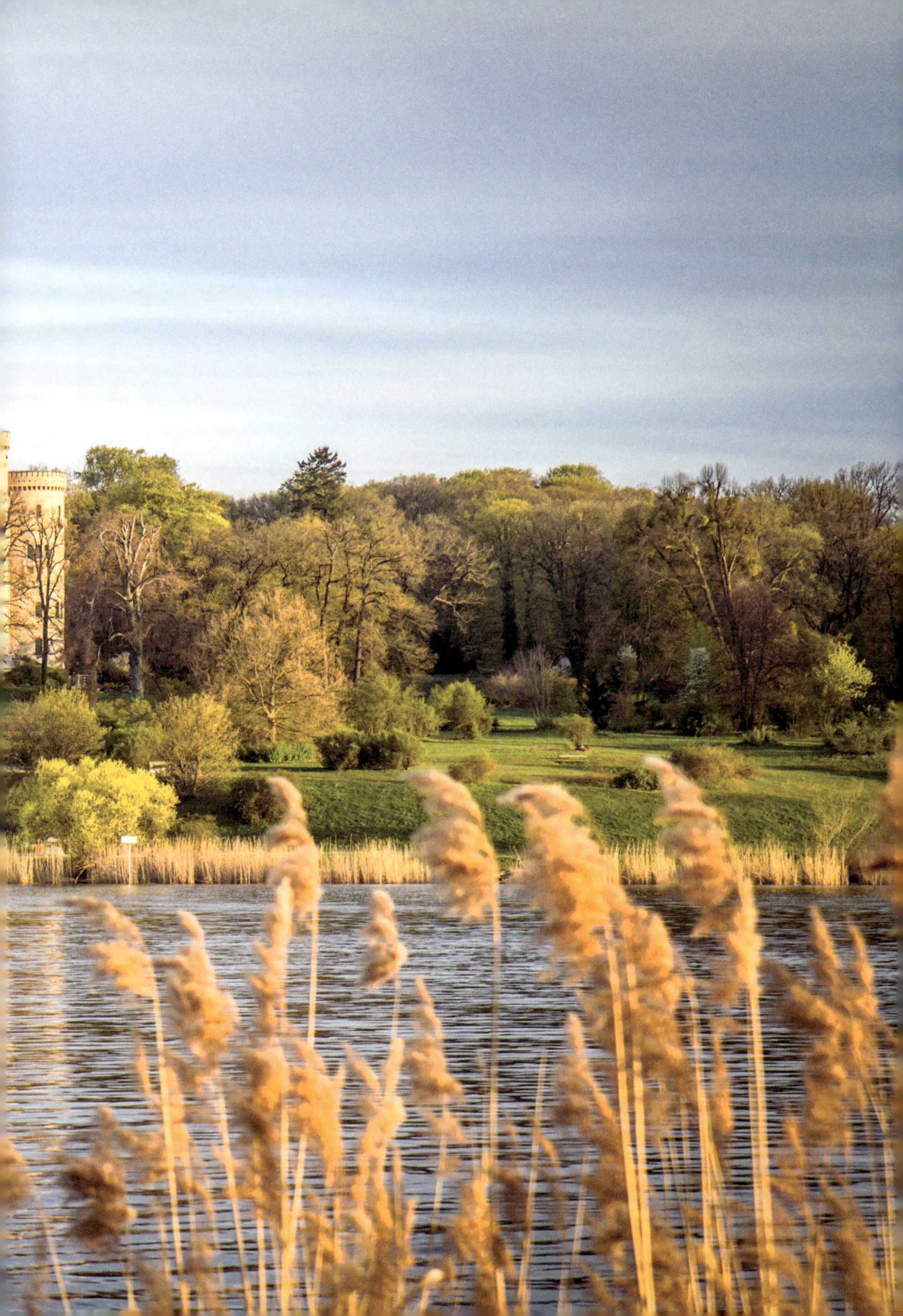

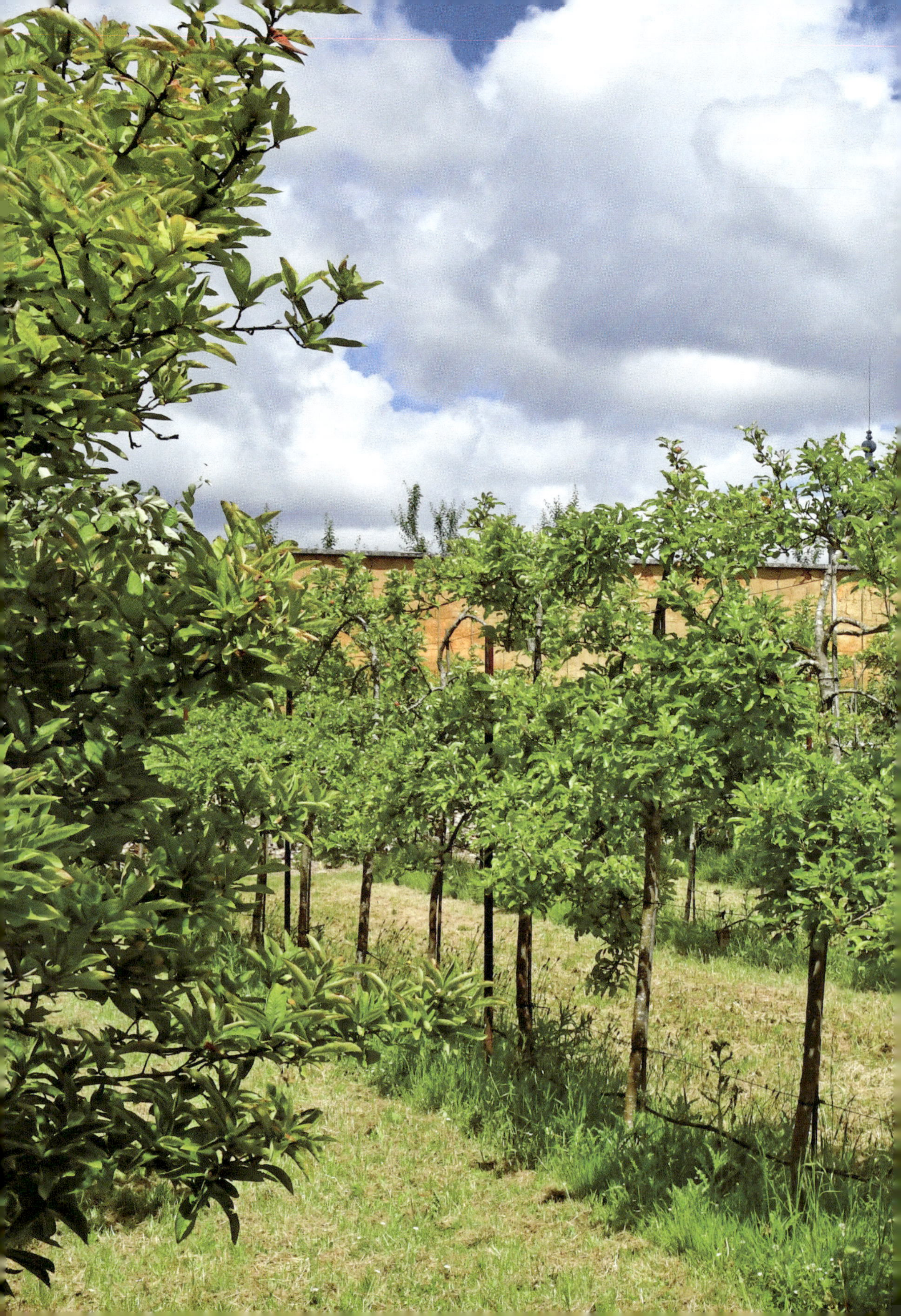

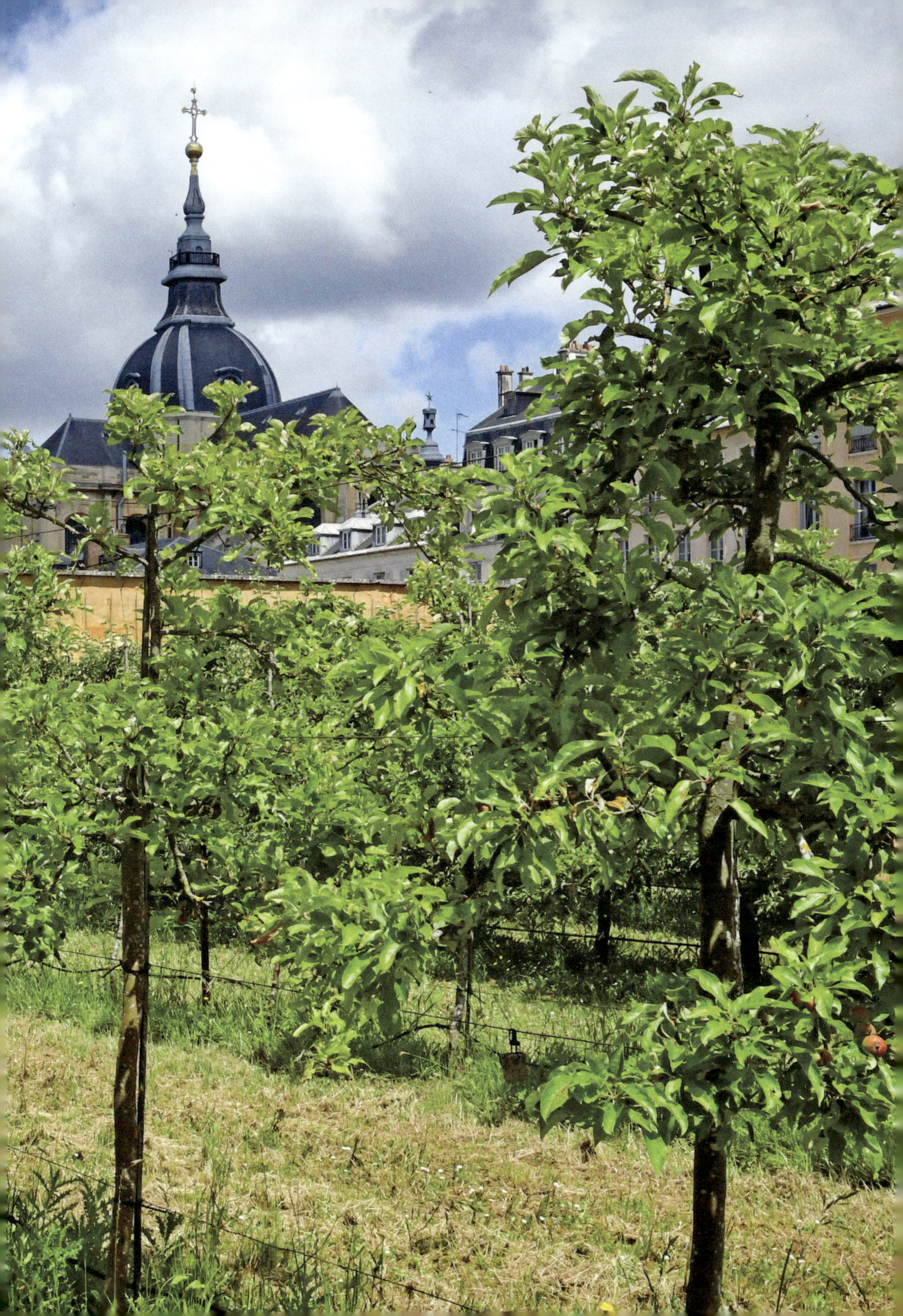

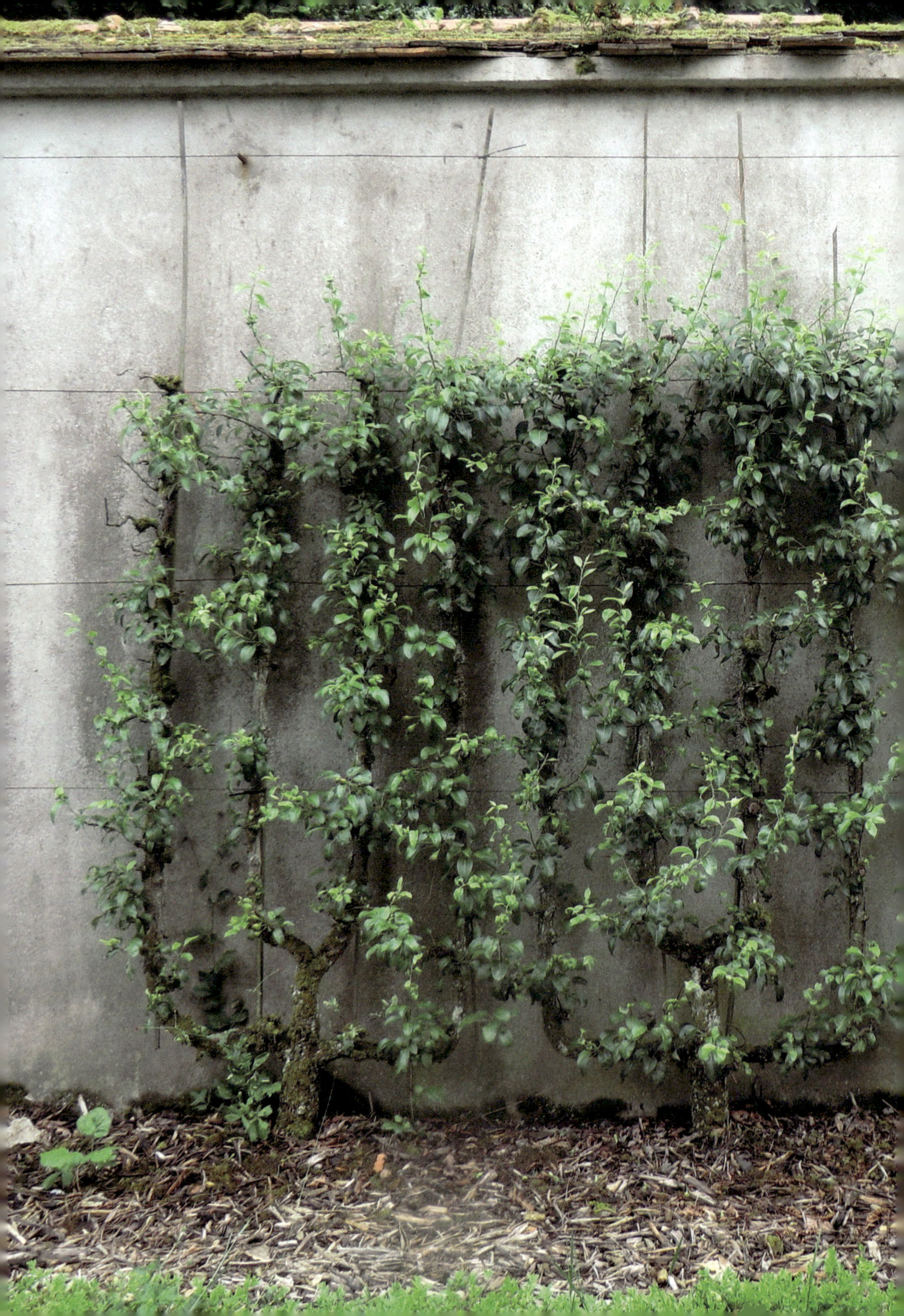

Das Schlaraffenland des Sonnenkönigs

Der Potager du Roi ist der größte Küchengarten der Welt. Seine Obstspaliere sind Kunstwerke und kulinarisch ist er heute wieder ganz en vogue.

Von der obersten Terrasse aus liegt einem ein gigantisches kulinarisches Kabinett zu Füßen. Der Potager du Roi in Versailles ist der größte Nutzgarten der Welt. Aber Größe bestimmt nicht seinen Wert, sondern eine traditionsreiche Geschichte und ein köstlicher Inhalt. Alles, was das Feinschmeckerherz begehrt, gedeiht hier, obendrein hundertprozentig ökologisch angebaut. Null Chemie, nichts wird gespritzt, Pestizide sind in öffentlichen Gärten Frankreichs seit 2015 tabu. Aber schon ab 2007 gärtnerte man im royalen Gourmetgarten rigoros anders. Da wurde der Amerikaner Antoine Jacobsohn Chefgärtner. »Als ich hier ankam, gab es nur nackte Erde.« Für ihn ein Graus. Also ließ er zwar die alten Strukturen unangetastet, arbeitet aber seitdem erfolgreich mit natürlichen Methoden. So ließ er »Unkraut« unter den legendären, langen Spalierreihen wachsen. »Das ist gut, dann gehen die Läuse dahin und nicht ins Obst.«

Diese kilometerlangen Spaliere beeindrucken besonders im Potager du Roi. Da wird Natur, durch Menschenhand gezwungen, zur Kunst: an Wänden festgebunden oder als freistehende, lange Alleen, gestützt durch Metallgestelle, sind die Äste der Bäume mit Drähten fixiert. 68 verschiedene Arten Spaliere zu formen, sind zu bestaunen: Kerzenleuchter, Fächer, Gabel, diagonal, horizontal, Gittermuster, doppelte U-Form, s-förmige Kurven, freistehende Kandelaber-Spaliere, sehr

Die hohe Kunst des Obstanbaus an Spalieren – hier wird sie seit Jahrhunderten perfektioniert und erhalten.

Doppelseite davor: Im Herzen von Versailles liegt ein royales Reich voller kulinarischer Köstlichkeiten.

raffiniert die »Palmette oblique croisé« über drei Etagen! Alles aufwändigste Manufaktur, mit höchster Präzision und Kenntnis ausgeführt. Lebende Skulpturen von oft bizarrer Schönheit, knorrige schrundige Äste mit moosiger Patina. Zwischen grünem Laub leuchtet knackiges Obst hervor, das durch die Spalierform viel mehr Sonne erhält. Bei insgesamt 450 diversen Obstsorten, darunter auch Kiwis, Pfirsiche, Granatäpfel und Feigen, sind allein 140 Birnensorten und 160 Apfelsorten vertreten. »Oh, so viel, sagen die Leute heute, doch früher gab es viel mehr Varietäten im ganzen Land«, erklärt Jacobsohn. Die Birne »Bon Chrétien d'Hiver« ist ein Kleinod aus dem 17. Jahrhundert, »diese wichtigen alten Sorten will ich unbedingt erhalten«. Nicht immer leicht, Birnenrost macht auch vor einem königlichen Garten nicht halt. Im 19. Jahrhundert kamen damalige Novitäten wie »Duchesse D'Angouleme« hinzu, die so verführerisch schmeckt wie ihr Name klingt, »meine Favoritin«, schwärmt er. Auch der älteste Apfel überhaupt, »Api jaune«, wächst hier, »den erwähnte schon Plinius!«

Seit mit Stroh und Mulch als Schutz gearbeitet wird, gibt es viel mehr Mäuse. Die sind Leibspeise von Füchsen, dazu gesellen sich sechs »festangestellte« Katzen, allen voran Kater Fred. Ein natürlicher Kreislauf. »Wir können nicht mehr wie früher arbeiten. Da gab es in den einzelnen Quartieren Monokultur, das förderte Krankheiten, Schädlinge und brauchte mehr Energie als zurückkam.« Deshalb setzt er statt auf Chemie auf »so viel Diversität und Carbon-Neutralität wie möglich, wir wollen mit und nicht gegen die Natur arbeiten«. Zudem sei die Gesundheit der Gärtner und Verbraucher wichtiger als der hundertprozentige historische Erhalt. Um das Nützliche noch mehr mit dem Schönen zu vereinen, setzt er üppige Blumen zwischen die Obstbäume – Astern, Taglilien, Spinnenblumen und Gladiolen. Überall lugen purpurne Fingerhüte empor. Die strenge Geometrie der Baumreihen wird in bunten, wilden Pointillismus aufgelöst. »Schauen Sie, die Bäume sind glücklich«, lacht er.

Klee zwischen Bäumen und auf den einst sakrosankten Alleewegen sei ebenso nicht historisch, aber ein wichtiger Gründünger, der den Boden vor Austrocknung schütze und stärke. Kein ordinärer Klee, sondern der aus dem Orient stammende Persische (*Trifolium resupinatum*). Die vielen winzigen rosa-violetten Blütenköpfchen locken Hummeln und Bienen in Scharen an. »Und er duftet nach wilden Erdbeeren«, verdreht der Obergärtner verzückt die Augen. Natürlich gab und gibt es in Ludwigs Gourmet-Reich jede Menge Beerenobst. Da wird Monsieur Jacobsohn sogar poetisch: »Kennen Sie Rilkes Gedicht von der Stachelbeere?« Dieser Küchengarten überrascht in vieler Hinsicht. Auch mit der Vielfalt an Gemüse, von dem anspruchsvolle Städter und Sterneköche – die schauen gerne mal vorbei – träumen: alles, was in einen klassischen Potager (französisch Pot – Topf) gehört, vor allem historische Sorten von Bohnen, Erbsen, Porree, Kohl, Mangold, Kohlrabi und Artischocke. Die Möhren, klein und knubbelig, besitzen intensives Aroma. Beim Rundgang rupft der Chef gezielt die letzten grünen Spargel heraus, befiehlt »Probieren!« *Mais oui, Monsieur*. Knackig, zart, köstlich! Ebenso wie die vielen Kräuter, die überall dazwischen

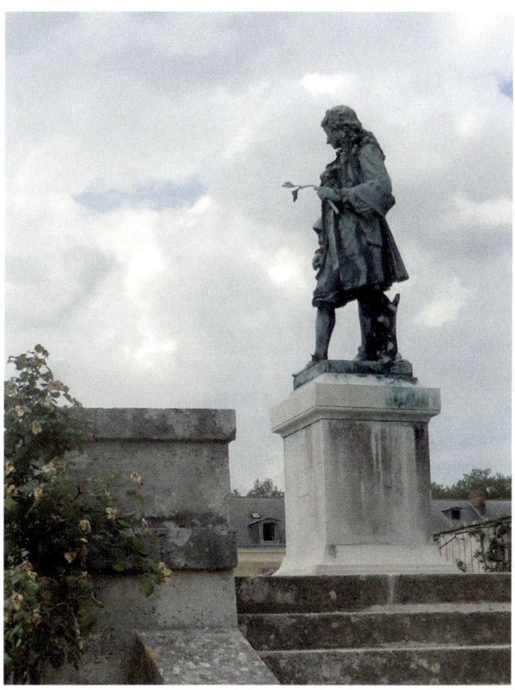

Mit seinem Lebenswerk schuf Jean-Baptiste de la Quintinie dem Sonnenkönig eine gigantische kulinarische Schatzkammer.

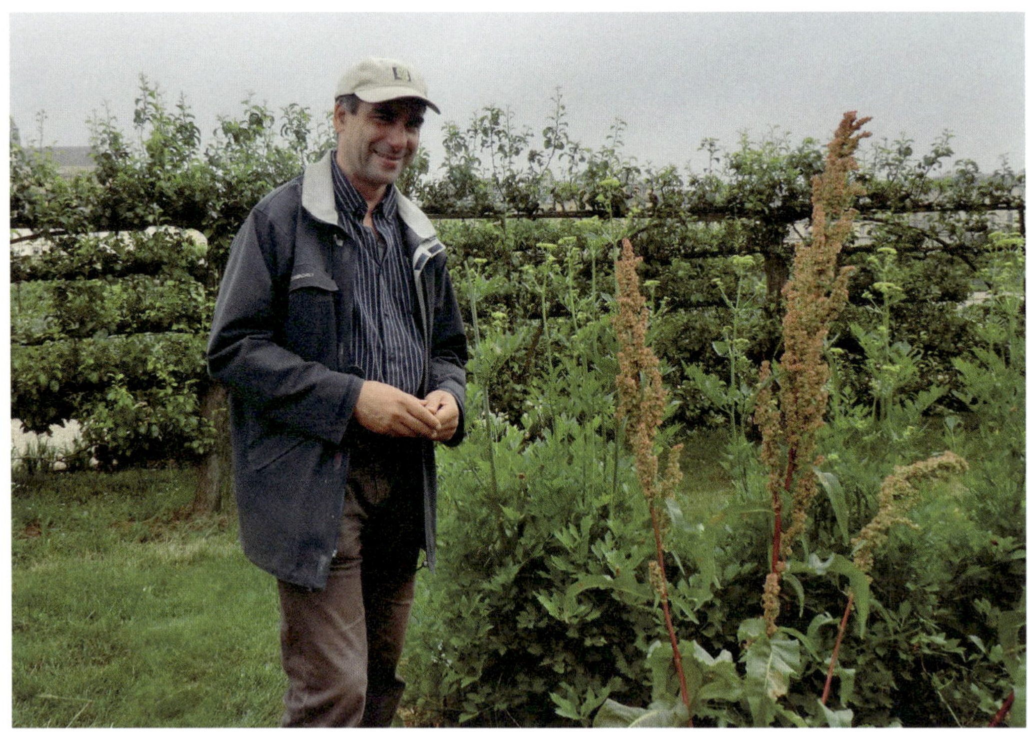

Der Amerikaner Antoine Jacobsohn ist Chefgärtner im weltweit größten Küchengarten und setzt auf höchste Bio-Diversität.

gepflanzt sind. Dieses essbare Reich – gepflegt von zehn Gärtnern und etlichen Freiwilligen – ist ein quicklebendiges Open-Air-Museum des guten Geschmacks. Und ein Archiv alter Sorten, die gerade heute wieder neu geschätzt werden. 30 Tonnen Obst, 20 Tonnen Gemüse werden jährlich geerntet, vieles landet frisch aus dem Beet in der liebevoll dekorierten Boutique am Eingang, oft ist mittags schon alles leergekauft.

Das Gartenreich wird an drei Seiten von hohen Mauern abgeschirmt, zur Stadtseite hin gibt die Kathedrale St. Louis eine imposante Kulisse. Ihre Kuppel spiegelt sich in der Mitte des Gartens in einem großen Bassin, darum gruppieren sich vier Quadrate, die wiederum ein großes Quadrat formen. Alles ist streng symmetrisch und achsial angelegt. Die zur Stadt abgewandte Seite beeindruckt mit vergoldetem Schmiedeeisen-Tor samt Königskrone. Von dort geht es am »Schweizer Becken« vorbei hundert Stufen hinauf entlang der Orangerie, schon ist man auf der großen Terrasse des imposanten Schlosses. Diesen direkten Weg nahm einst der König, um das Wachsen seiner Leibgerichte zu begutachten.

Mehr als 350 Jahre alt ist diese lukullische Schatzkammer. Den Grundriss plante André Le Nôtre, Oberster Gärtner des Sonnenkönigs, der mit dem grandiosen, später in ganz Europa vielfach kopierten Park von Versailles Weltruhm erlangte. Aber wer kennt Jean-Baptiste de La Quintinie (1624–1688)? Der schuf ab 1678 innerhalb des neun Hektar großen Geländes, auf sumpfigem Boden, ebenfalls sein Meisterwerk: Europas ersten und bis heute weltweit größten königlichen Küchengarten. Ach was, das klingt viel zu profan für dieses Reich voller sinnlicher Genüsse. Quintinie gelang sein Wunderwerk, obwohl er Amateur und im Hauptberuf Jurist war. Das fand der Mann aus der Provinz Charente fade. Bei einer Italienreise entdeckte er seine Leidenschaft für Gartenbau, die Aufzucht von Früchten, Gemüse und Pflanzen wurde seine Passion. Nach dem Studium sämtlicher historischer Schriften dazu – von Vergil bis Plinius – setzte er in seinem Versuchsgarten Theorie in Praxis um.

Sehr erfolgreich, schnell erfuhren adlige Kreise von diesem talentierten Gärtner und buhlten um ihn. Ob er aus patriotischen Gründen einen Auftrag des Königs von England ablehnte? Lieber nahm Quintinie 1670 das Angebot von Ludwig XIV. an und erneuerte als »Direktor der Königlichen Obst- und Gemüsegärten« zunächst alle vorhandenen Areale. Dann verlangte der König, Gourmet und Gourmand zugleich, einen neuen Küchengarten, der alles Bisherige übertreffen sollte. Es wurde Quintinies Lebenswerk, er erfüllte die heikle Mission quantitativ und qualitativ perfekt und erlangte damit zu Lebzeiten große Berühmtheit. Der anspruchsvolle Auftraggeber war höchst zufrieden mit dieser Speisekammer und ihren exquisiten Inhalten. Es gelüstete den König und seinen immensen Hofstaat – teils wurden mehrere tausend Menschen bewirtet – ganzjährig nach Köstlichkeiten. Von wegen sai-

Folgende Doppelseite: Dicke Mauern erzeugen ein schützendes Mikroklima für köstliches Gemüse und viele historische Obstsorten.

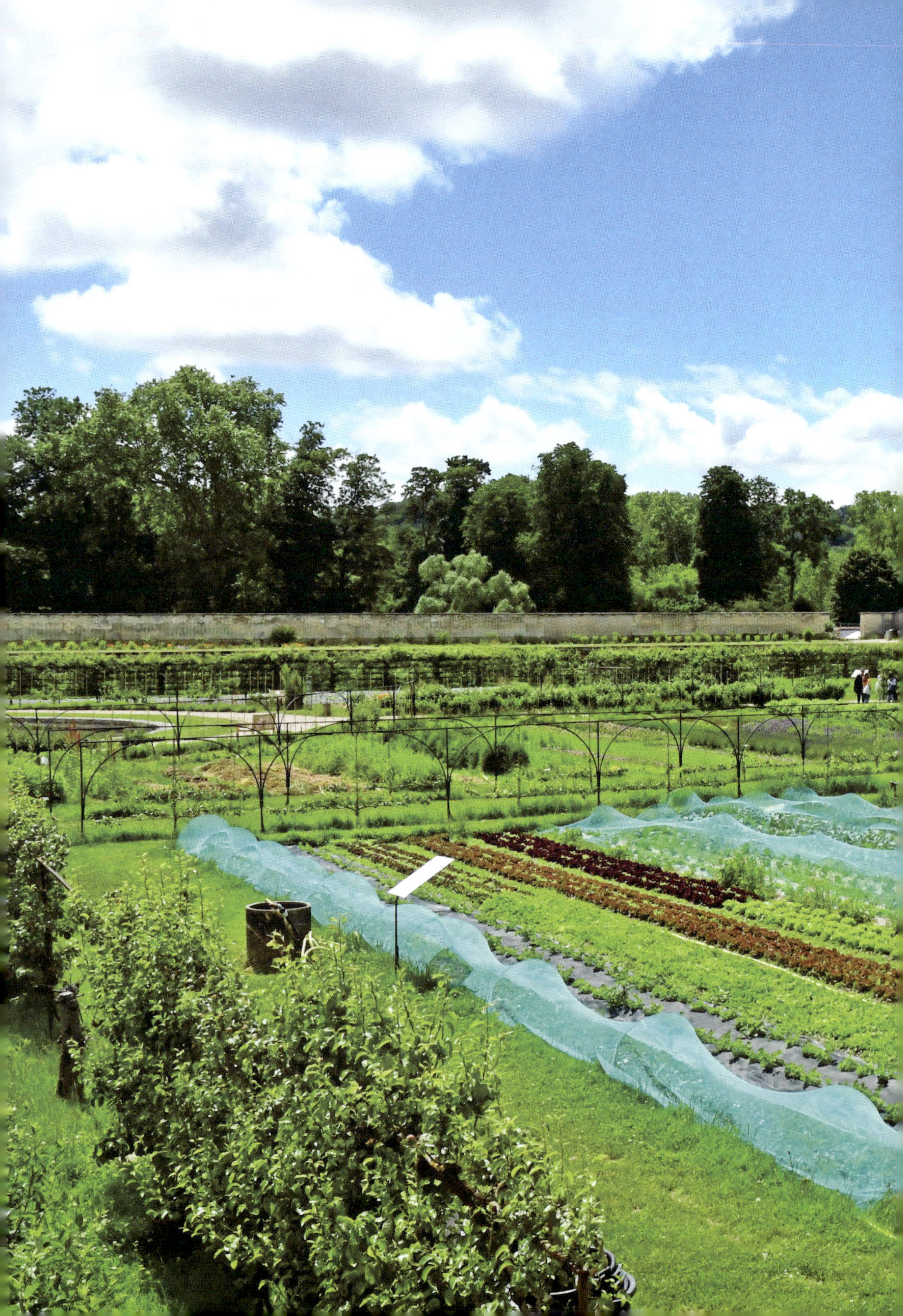

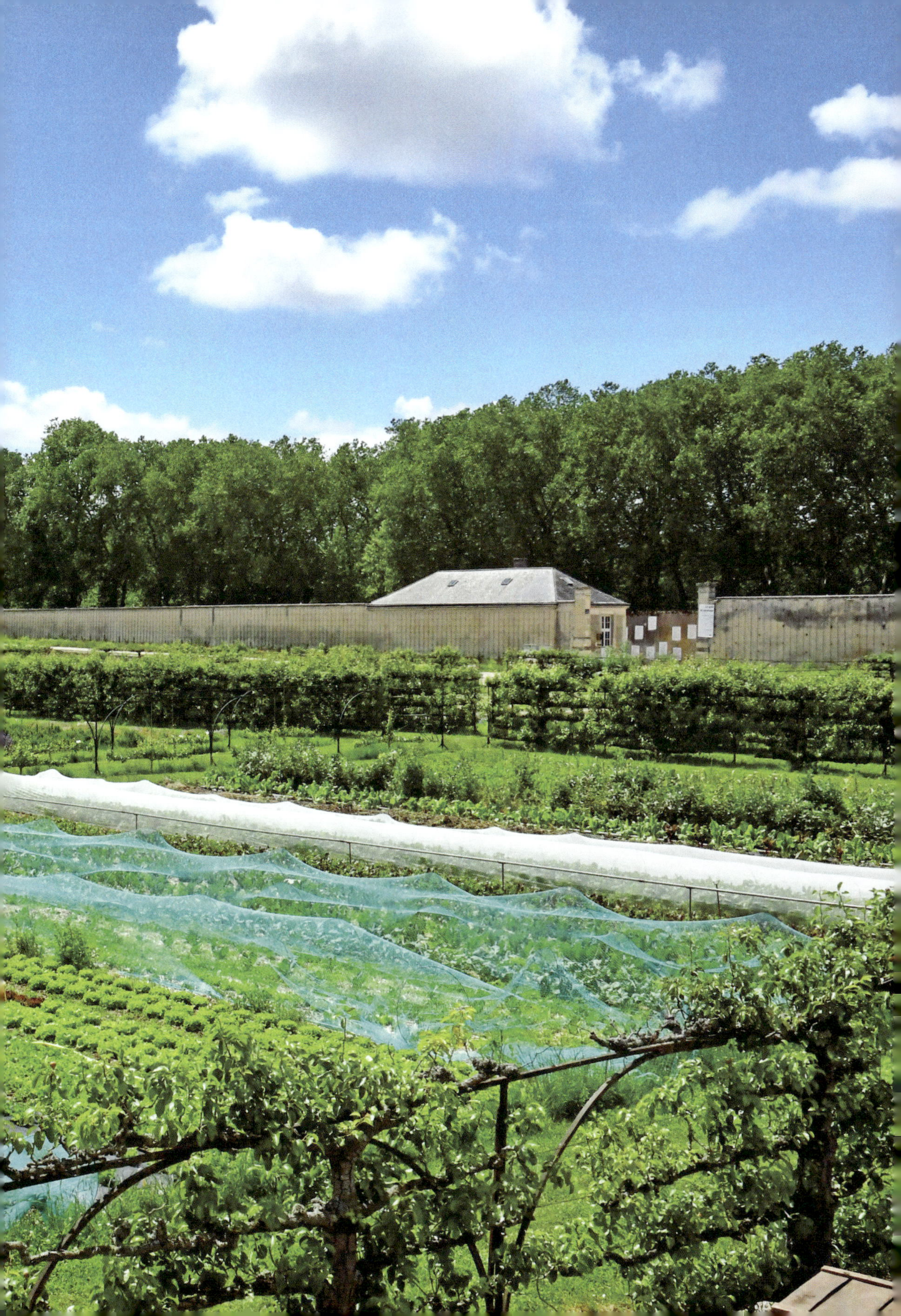

sonal! Also schirmte Quintinie seinen Garten Eden mit hohen Mauern ab, errichtete darin ein System einzelner, wieder von wärmespeichernden Mauern umgebener Quartiere. Dadurch entstand ein geschütztes, mollig warmes Mikroklima für empfindliche Früchte, hinzu kamen Beete für Vorkulturen und diverse beheizte Gewächshäuser.

Damals war das Austricksen der Jahreszeiten ein Luxus, den sich nur ein König leisten konnte. Für Europas mächtigsten Herrscher war auch sein »Potager du Roi« eine Inszenierung von Allmacht und Prunk. Und Majestät schlemmte, bis der Leibarzt kommen musste: Auf die kleine, süße Moschus-Erdbeere *Fragaria moschata* »Capron royal«, seit dem 17. Jahrhundert in Europa bekannt, war er so versessen, dass er Nesselfieber bekam. Die hauchzarten Zuckerschoten »Haricot mangetout« waren ab April begehrt. Die Hofdame Madame de Sevigné bemerkte süffisant: »Das Erbsenkapitel dauert an; die Ungeduld, sie zu essen, das Vergnügen, sie gegessen zu haben, und die Freude, sie wieder zu essen – das sind die Themen, über die man seit drei Tagen redet.« Dazu Feigen im Frühsommer, frischer Spargel im Winter. Die royalen Tafelfreuden waren wahre Fress-Exzesse. Des Königs Schwägerin Lieselotte von der Pfalz schrieb in einem ihrer Briefe über die Sitten am Hof: »Ich habe oft den König vier Teller verschiedener Suppen essen sehen, einen ganzen Fasanen, ein Rebhuhn, einen großen Teller mit Salat, zwei große Scheiben Schinken, mit Knoblauch zubereitetes Hammelfleisch mit Brühe, einen Teller voller Backwaren, dann noch Obst und harte Eier.«

Da lebten die Gärtner, die im Potager ab Mitte des 19. Jahrhunderts ausgebildet wurden, frugaler. Seit 1976 ist hier die Hochschule für Garten- und Landschaftsbau (ENSP) etabliert, mit 210 Studenten. »Dieser Garten ist die beste Schule, jeder Student hat eine Parzelle, die er beackern kann«, sagt Direktor Vincent Pivetot, »die Studenten können gleich aus den historischen Lehrräumen in Quintinies grünes Museum und auf ihren Beeten experimentieren«. Und die große

Lektion für alle: »Wenn man nichts macht, passiert trotzdem etwas, wenn man etwas macht, passiert oft etwas anderes«, lacht der Agrar-Ingenieur. Der königliche Garten als öffentliche Wunderkammer, das erfahren auch Schulklassen, zudem gibt es Workshops, Konzerte und Lesungen. Quintinie wurde zum Lohn für seine wahrhaft fruchtbare Arbeit 1687 geadelt. Welch' eine Karriere, mit Spalierobst und Spargel, Erbsen und Erdbeeren in den Adelsstand erhoben zu werden. Seit 1979 ist sein Vermächtnis (mit Schloss und Park) UNESCO-Welterbe, seit 1991 öffentlich zugänglich. Man spaziert in friedlichster Ruhe, manchmal mutterseelenallein, auf aristokratisch akkuraten Wegen durch das royale Schlaraffenland voller sinnlicher Opulenz. Einfach königlich.

Tipp

An der von der Stadt abgewandten Seite glänzt schon von weitem das »Tor des Königs« (»Grille du Roi«). Das einzige noch in Versailles original erhaltene Tor aus der Zeit Ludwig XIV. ist aus Schmiedeeisen mit vergoldeter Krone. Einmal hindurchgehen und sich fühlen wie der König von Siam, auch der promenierte einst vom Schloss zum Schlemmergarten.

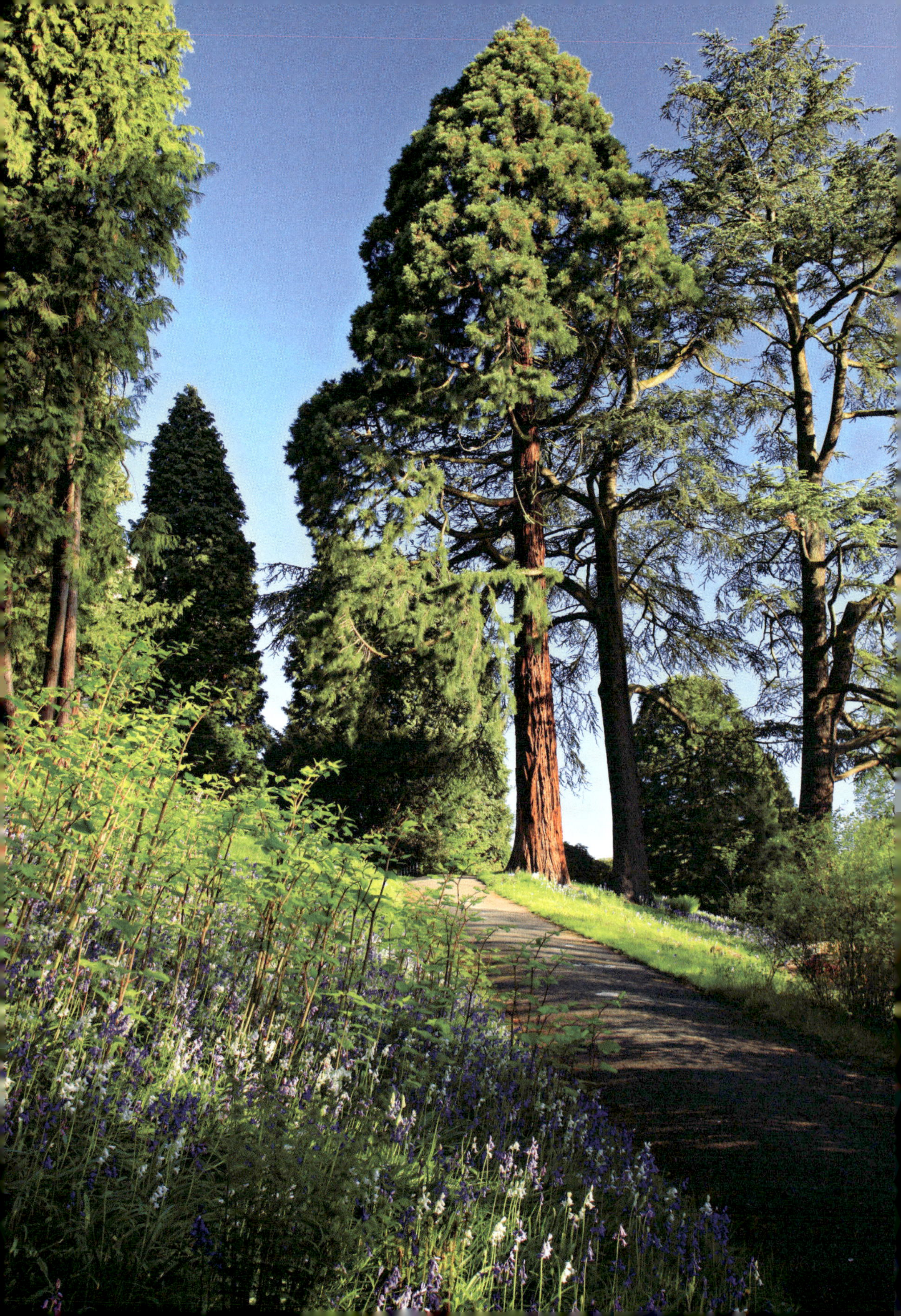

Ein Park als Prestige-Objekt

Die Essener Villa Hügel ist eine Ikone der Industriellen-Dynastie Krupp. Der Park überrascht mit malerischen Schluchten, majestätischen Bäumen und märchenhafter Aura.

Die Lage ist spektakulär, an einem hügeligen Hang nördlich des Ruhrtals, hoch über dem Baldeneysee in Essen-Bredeney. Der perfekte Ort für ein luxuriöses Landhaus. Es ist wohl Intuition, als in den 1860er-Jahren der Essener Industrielle Alfred Krupp beginnt, Grundstücke rund um diesen Hügel aufzukaufen. Der erfolgreiche Unternehmer, der nach dem frühen Tod des Vaters 1826 aus einer kleinen Gussfabrik ein Stahl-Unternehmen von Weltrang entwickeln wird, betrachtet den neuen Wohnsitz als »ein Mittel der Lebensverlängerung für mich und die Meinen, ich hoffe damit die notwendigen teuern Reisen in Bäder zu ersetzen«. Gesundes Leben auf dem Land, in frischer Luft und Natur – fast visionär ist Krupps Wunsch.

1864 starten die Bauarbeiten für – so Krupp – das »Zukunftshaus«, dem ein altes Gutshaus weicht. Dabei geht dem Pragmatiker Technik und Nützlichkeit vor Ästhetik. Anstatt eines berühmten Architekten engagiert er mehrere solide Baumeister, die entweder entnervt aufgeben oder widerwillig die Skizzen ihres Auftraggebers ausführen. 1869 ist die gigantomanische Villa fertig, 269 Räume, 8100 qm Wohnfläche, Baukosten 5,7 Millionen Mark, ein Viertel des Firmengewinns während der dreijährigen Bauphase. Das Resultat ist eine für ihre Zeit technisch hochkomplexe Wohnmaschine. Einerseits nach Krupps Willen auf dem modernsten Stand – andererseits total misslungen. Weder

Viele majestätische Exoten – wie hier Bergmammutbaum und Blaue Atlaszeder – durchziehen den weitläufigen Park.

Zentralheizung noch komplizierte Klimaanlage funktionieren wie gewünscht, meist ist es lausig kalt in den hohen Räumen, unangenehme Geräusche stören mehr als nur die Nachtruhe.

1871 hat er 600 Morgen (rund 150 Hektar) Ackerland und Waldungen beisammen, aber ausgerechnet die Hügelkuppe, auf der die neue Villa emporragt, ist kahl. Der energiegeladene Tatmensch Krupp will, fast 60-jährig, nicht jahrelang warten, bis alles eingewachsen ist: »Meine Ungeduld ist ein Krokodil, das lässt sich nicht bezähmen.« Er macht es dem berühmten Fürsten Hermann von Pückler-Muskau nach, lässt in umliegenden Dörfern ganze Alleen großer Bäume ausgraben und auf den Hügel umpflanzen, will »noch bei Lebzeiten« den Anblick eines Waldes um sein neues Zuhause genießen. Auch für den Park mag er sich nicht fremdem gestalterischen Diktat unterwerfen, Kontakte mit renommierten Gartenkünstlern wie dem Lenné-Schüler Gustav Meyer oder Joseph Clemens Weyhe aus einer Düsseldorfer Gärtner-Dynastie verlaufen im Sande. Selbstbewusst entwirft Krupp eigenhändig, unterstützt von vertrauten Mitarbeitern wie Baumeister Ferdinand Barchewitz und Obergärtner Friedrich Bete, nach klassischem Vorbild drei Zonen: Blumengarten direkt am Haus, *Pleasureground* und von dort Übergang in den Park. Beim Einzug in die Villa 1873 sind Park und Garten fast fertig.

Spaziert man heute direkt hinter dem Großen Haus, dem einstigen Wohnhaus, entlang der Terrasse, bietet sich nur noch teilweise jene Szenerie der Gründerzeit. Geblieben ist die sich über die gesamte Fassadenlänge von 97 Metern erstreckende Steinterrasse, mit niedriger Balustrade abgeschirmt, bewacht von je einem Paar steinerner Sphingen (vom Bildhauer Max Dennert) und Löwen (vermutlich Souvenirs einer Italien-Reise). Von dort geht es hinunter in den Oberen Terrassengarten, ein großes Rechteck mit Rasenflächen und mittig einem Quadrat aus 49 Kaiser-Linden. Das wurde gerade wieder neu gepflanzt. Es entspricht Alfred Krupps einstigem Wunsch nach einem duftenden, schattigen Hain, der aber um 1960 gefällt wurde. Beeindruckend ist der Rahmen mächtiger Bergmammutbäume (*Sequoiadendron giganteum*), sie wurden um 1900 von Sohn Friedrich Krupp dort gepflanzt, ebenso diverse Magnolien, Eisenholzbaum (*Parrotia persica*), Blaue Atlas-Zeder und andere Exoten.

Verschwunden sind hingegen Springbrunnen und viktorianische runde Teppich-Beete mit kunterbunten Einjährigen Sommerblumen, die Friedrich und seine Frau Margarethe anlegten. Mit dem Paar wandelte sich der schlichte Obere Garten zu einem luxuriösen Freiluft-Salon, in dem illustre Gäste lustwandelten, Villa und Park wurden zum repräsentativen Aushängeschild. Verschwunden ist auch der lange, u-förmige Laubengang als Abschluss des Oberen Gartens. Hier genoss man unter der schattenspendenden Pfeifenblume (*Aristolochia*) mit ihren großen, herzförmigen froschgrünen Blättern an heißen Sommertagen ein luftig-kühles Plätzchen. An den Eckpunkten blickte man von zwei Pavillons in den Unteren Terrassengarten, einst ein spektakulärer Ort.

Hauptattraktion war ein Teich, an dessen hinterem Rand eine künstliche Grotte, gerahmt von anmutigen Trauerweiden, die Blicke auf sich zog. Über ihr erhob sich eine halbrunde, bedachte Aussichtsterrasse, die Panoramasicht ins Ruhrtal und auf den glitzernden See bot. Diese Grotte, eingebaut in die Stützmauer für den Oberen Garten, raubte dem Perfektionisten Alfred Krupp etliche Nerven. Sie sollte »nicht wie eine Bärenhöhle« aussehen, die erste Ausführung wurde gleich wieder abgerissen. Doch auch der nächste Entwurf missfiel, »ein kolossaler Wunderbau, wegen dessen ich den Garten nicht betreten möchte, weil er mir die Nichtachtung meiner Wünsche zeigt«, notierte er 1872 erbost. Also ließ er die Grotte durch Pflanzungen verdecken, was den romantischen Reiz enorm erhöhte. Sie spiegelte sich effektvoll im Teich, der mit Booten zu Kahnpartien einlud. Die umgebenden Bereiche ließ der Liebhaber einheimischer Bäume mit Silberlinden, Schwarzkiefern, Buchen, Blut-Buchen und Hängebuchen bepflanzen. Nur die immer-

Folgende Doppelseite: Die ikonische Architektur der Industriellen-Dynastie ist heute eingebettet in üppiges Grün.

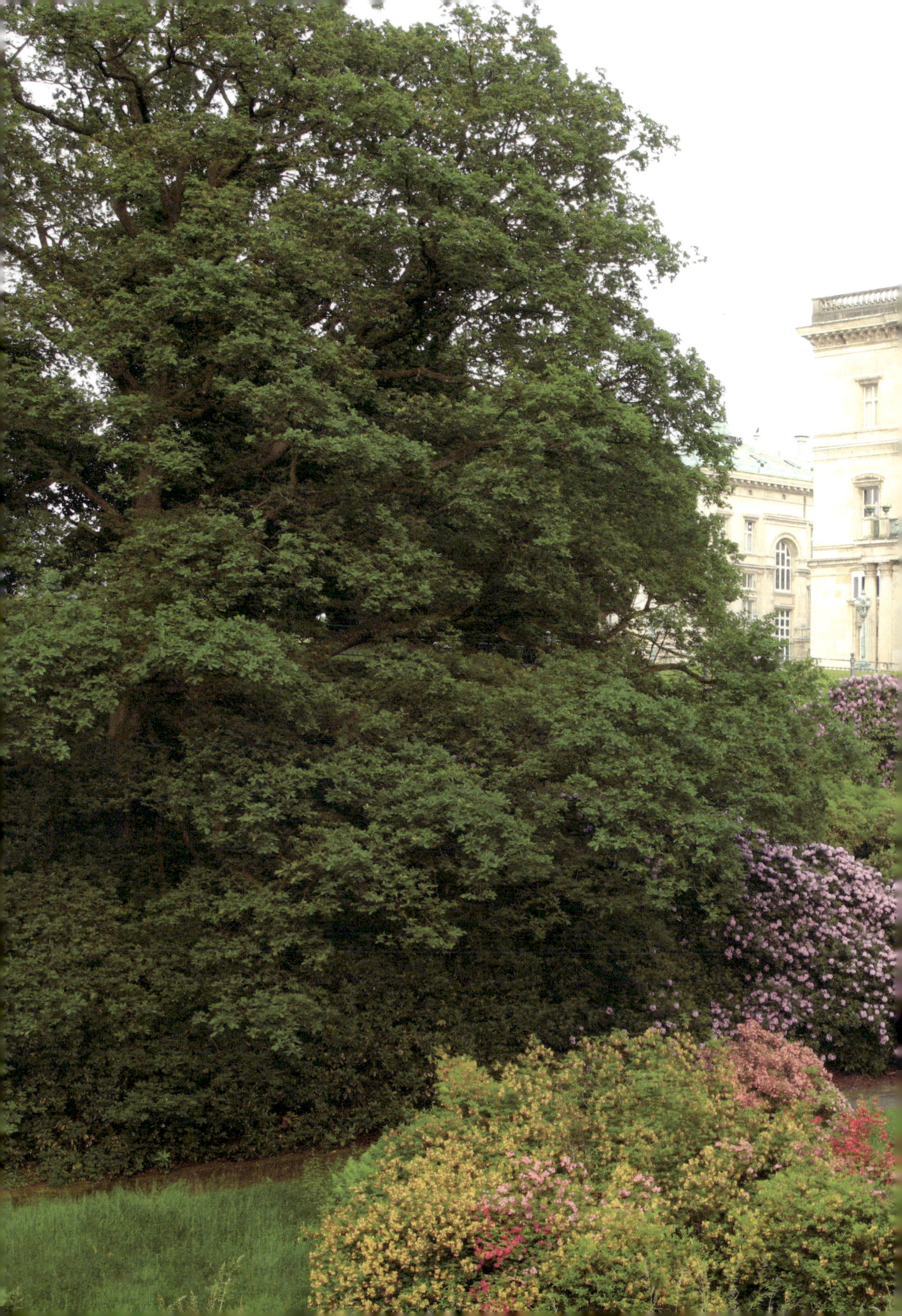

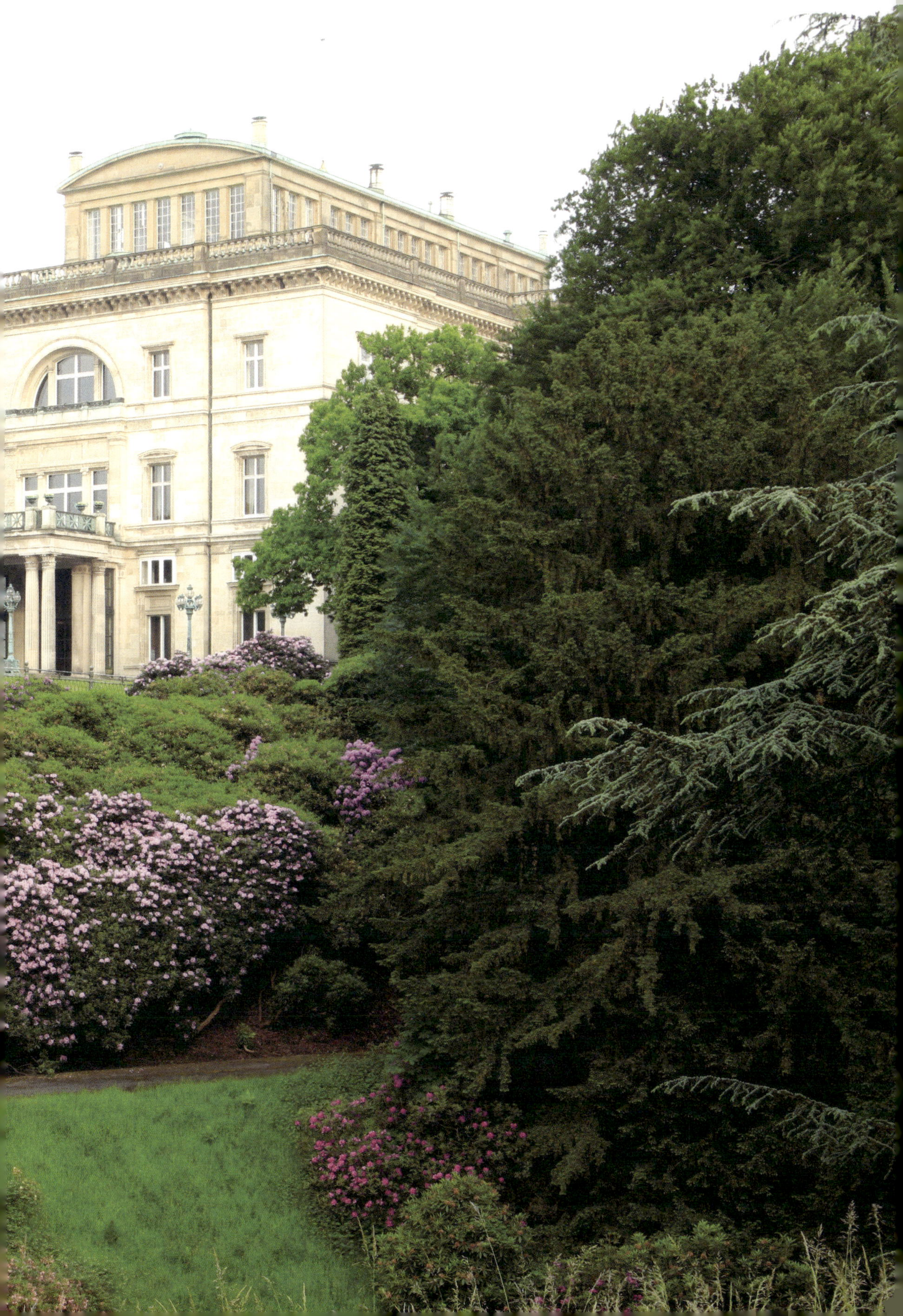

grüne chilenische Araukaria, damals der *dernier cri* in vornehmen Gärten, bekam im Oberen Terrassengarten eine Aufenthaltserlaubnis.

Sohn Friedrich folgte dem Trend extravaganter Exotik und pflanzte um 1900 im Unteren Garten Bananenstauden, Agaven und diverse Palmen. Kostspielige vergangene Pracht, bis auf die stattlichen Bäume sind Laubengang, Teich und Grotte sowie exotische Vegetation passé, alles wurde Mitte der 1950er-Jahre mit der Öffnung des Parks für die Allgemeinheit beseitigt. Nach größeren Bauarbeiten unter konservatorischen Aspekten bilden seit 2019 Oberer und Unterer Garten mit sanft abfallenden Rasenflächen wieder eine Einheit. Es gibt viele Pfade, diesen überraschungsreichen, weitläufigen Park zu erkunden. Hält man sich rechts der Villa bergab, kommt man an einem pittoresken Häuschen wie aus Grimms Märchen vorbei. Das »Spatzenhaus«, eine Fachwerk-Miniatur-Villa, wurde 1894 für die Töchter von Friedrich und Margarethe Krupp, Bertha und Barbara, als Spielhaus erbaut. Es ist, neben den zwei öffentlichen Portiershäusern sowie dem ehemaligen Gästehaus (heute Sitz der Stiftung), das einzige original erhaltene Gebäude.

Dahinter führt der Weg weiter bergab, im Mai mitten hinein in eine grüne Kathedrale, den Platanenhain. Dann haben die hohen, über hundertjährigen Bäume noch wenig Laub, sodass zu ihren Füßen Unmengen von zarten spanischen Hasenglöckchen in leuchtendem Blau erstrahlen können. Perfekt, denn auch hunderte von Kastanien blühen überall in Weiß und Rot. Alles nichts gegen die Rhododendron-Blüte! Der Schönheit dieser immergrünen Asiatin konnte Alfred Krupp, vielleicht bedingt durch berufliche England-Besuche, nicht widerstehen. Der *Genius Loci* des Geländes – steile Hänge und schroff abfallende Hügel – vereint sich mit diesen blühenden Büschen in einer langgezogenen engen Schlucht zu magischer Szenerie: haushohe Rhododendren, Farne, Schattenstauden, moosüberwucherte Felsen, darüber knorrige Buchen. Steigt man aus der wild-malerischen Schlucht wieder hoch und hält sich links, bilden große Rhododendron-Wälle in weiten

Fast perfekte Illusion – das Pferd als Blickpunkt am Ende einer langen Sichtachse ist eine Skulptur aus Bronze.

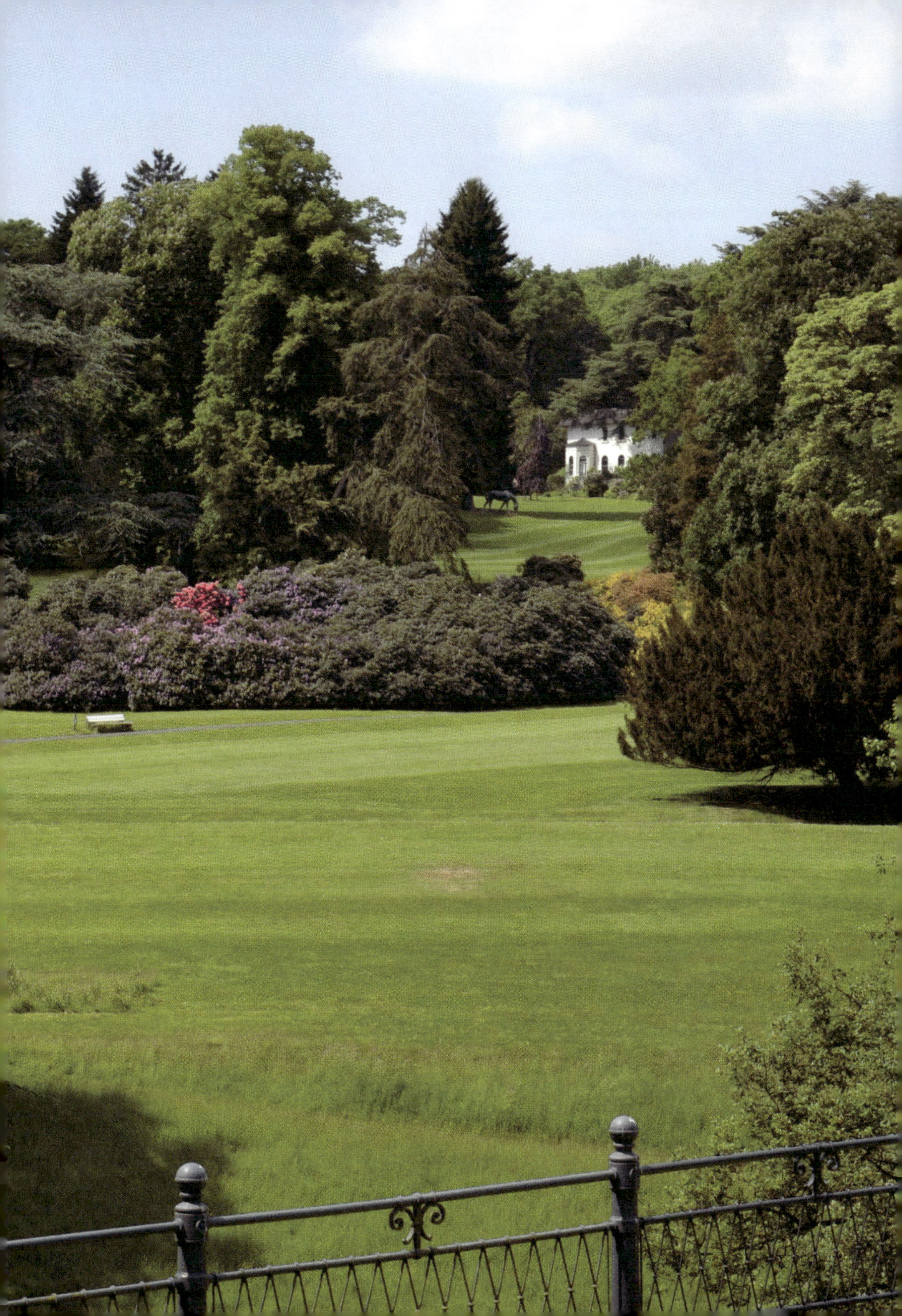

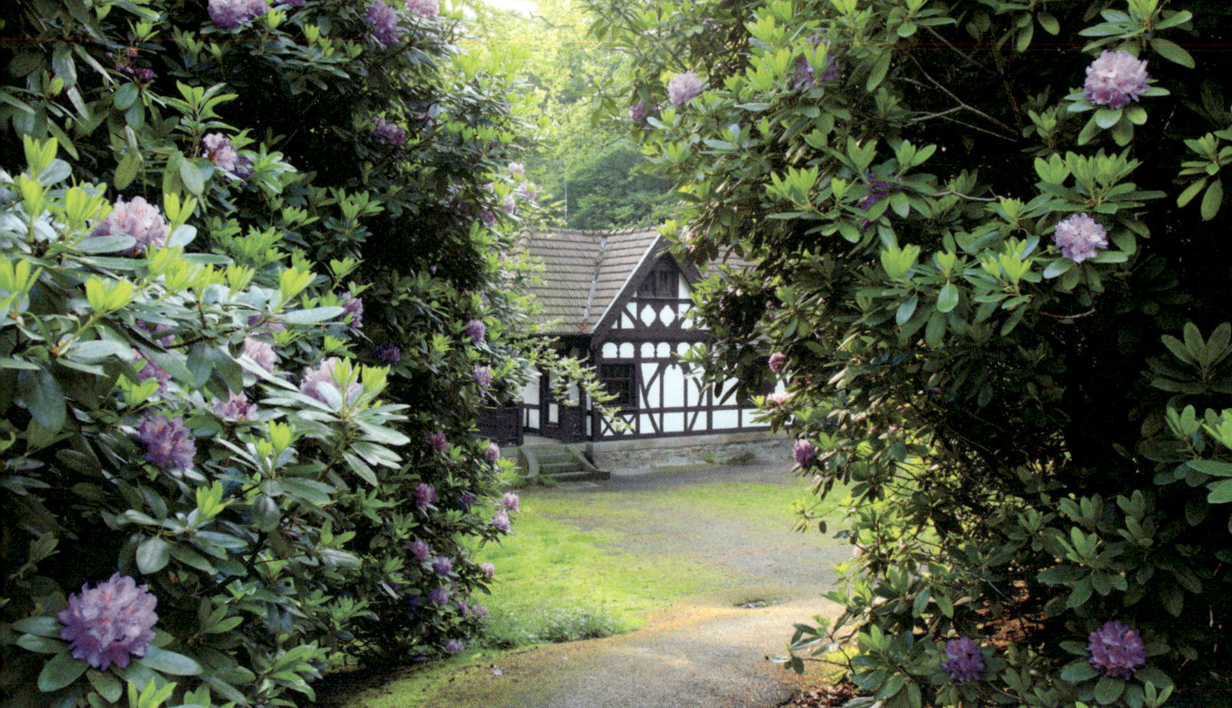

grünen Rasenhügeln effektvolle Blickpunkte. Weit entfernt die Silhouette des weidenden »Pferds«, die Bronze-Skulptur von Albert Hinrich Hußmann wurde 1914 nahe der einstigen Hauptzufahrt aufgestellt.

Über diese reisten ab 1900 Kaiser, Könige und Kunden an. Die Villa Hügel, bis heute eine Ikone des Ruhrgebiets, präsentierte dynastische Macht, in ihrem Prestige-Bau empfingen die Krupps die Mächtigen der Welt. Alleine war die Familie hier nie, auf Wunsch ihres Gründers entstand ein komplett autarkes Mustergut mit Land-, Jagd- und Forstwirtschaft, von Milch über Honig und Obst bis zur Orchideenzucht wurde alles selbst hergestellt. Ende des 19. Jahrhunderts war mit eigenem Wasserwerk, eigener Elektrizitätsversorgung und eigener Bahnstation – an der Kaiser Wilhelm II. von Berlin mit dem Salonwagen anreiste – die totale Unabhängigkeit des privaten Krupp'schen Kosmos erreicht.

Der heutige Hügel-Park ist kein Meilenstein der Gartenhistorie. Aber durch die Gunst des vorhandenen Terrains und die diversen botanischen Vorlieben der Krupp-Generationen hat er sich zu einer reizvollen, vielfältigen grünen Schatzkammer im Stil eines Englischen Landschaftsparks entwickelt. Zwischen geschlängelten Wegen fügen

Auf dieser Seite oben: Im »Spatzenhaus« – märchenhafte Idylle versteckt zwischen Rhododendren – spielten die Krupp-Töchter Barbara und Bertha.

sich weite Rasenflächen, Lichtungen und Gehölze zu einem harmonisch gewachsenen Ganzen. Da überraschen majestätische Bäume (teils 200 Jahre und älter) als markante Solitäre oder »clumps«, Gruppen, die sich natürlich in das Gelände fügen. Rund 7000 Bäume mit 120 Arten sind verzeichnet, darunter Amberbaum, ein über hundertjähriger Tulpenbaum (*Liriodendron tulipifera*), Japanische Schirmtanne, Sumpf-Zypresse und diverse Koniferen, die durch Wuchs und Habitus beeindrucken. Erst 160 Jahre nach seiner Entstehung hat sich Alfred Krupps Traum von einem abgeschirmten Arkadien erfüllt. Auch dank des Faktors Zeit, getreu dem Zitat des englischen Dichters Alexander Pope (1688–1744): »Und die Zeit wird Euer Werk zu einem Wunder machen.«

Zwar ist die Villa Hügel samt dem jetzt 28 ha großen Park ein verblasster Mythos, aber der ist immer noch attraktiv. Ist es doch der einzige Ort, um die Geschichte dieser einst so mächtigen deutschen Industriellen-Dynastie authentisch zu erleben. Das zyklopische Gebäude mit der markanten verglasten Tonnendecke wirkt aus der Ferne wie ein monumentaler Riesendampfer, mehr Schloss als Villa. Wegen dieser legendären wie pompösen Pracht kommen die meisten Besucher, rund 100 000 im Jahr. Längst nicht alle spazieren auch durch den Park. Ein Fehler.

Tipp

Wie viele Paradiese muss auch dieses mindestens zweimal besucht werden: im Frühling, wenn im Platanenhain tausende von Hasenglöckchen in Rosé und Himmelblau wippen. Und im April/Mai zur Rhododendronblüte – beim Weg durch die wild-romantische Schlucht fühlt man sich nach Südengland versetzt.

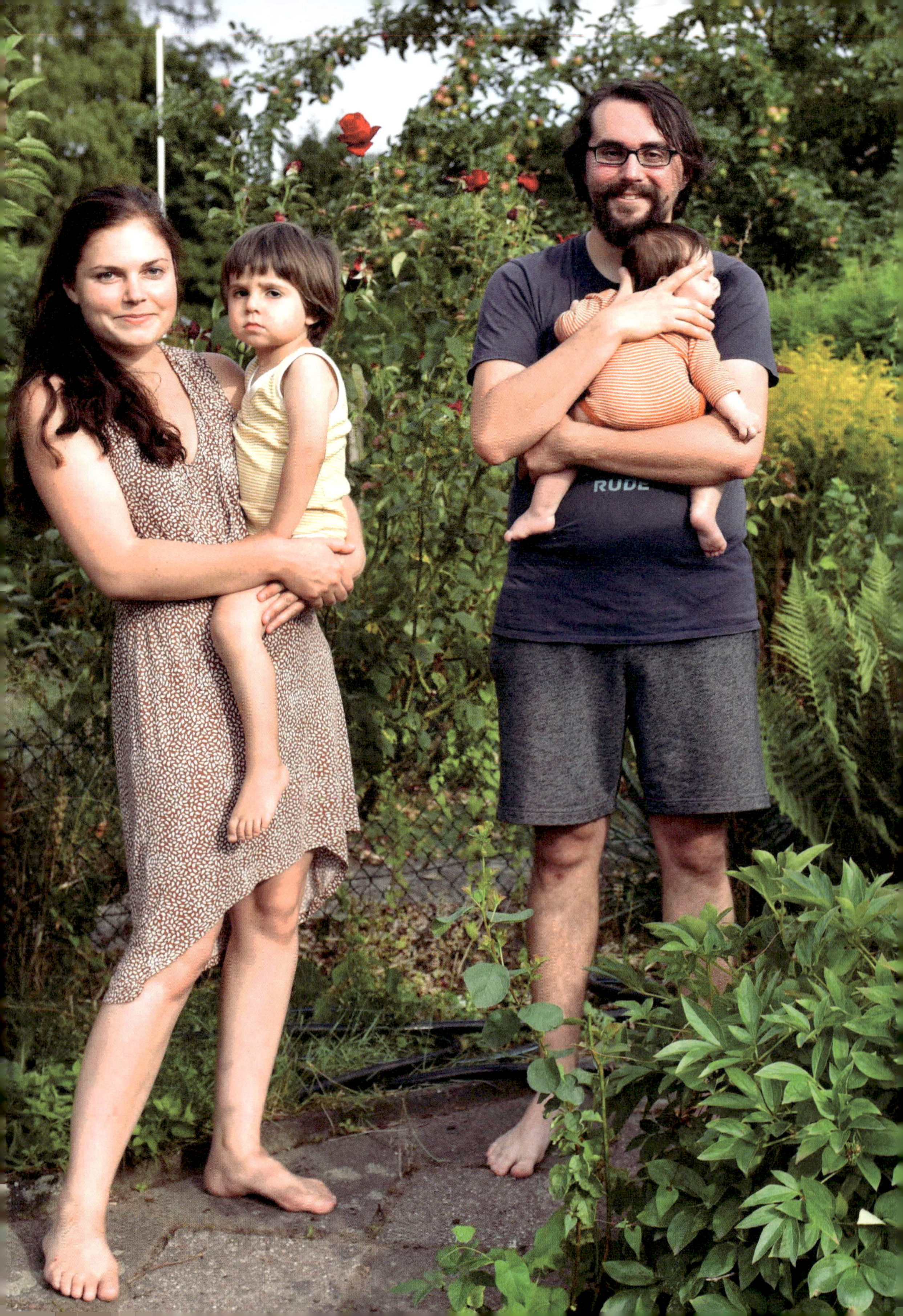
RUDE

Paradies mit Laube

Opas Spießer-Parzelle hat sich zur begehrten Selbstversorger-Oase gewandelt. Im Schrebergarten verwandelt eine neue Generation den Nutzgarten zur Öko-Nische in der Stadt.

Was für ein fulminantes Erntefest war das im vergangenen Sommer: Möhren, Mangold, Brokkoli, Rotkohl, Rote Beete, Gurken, Erdbeeren, Himbeeren, Stachelbeeren, sogar Schwarzwurzeln und Süßkartoffeln! »Die bekam ich geschenkt, hätte ich selbst nicht gewagt anzubauen, sie waren super lecker«, freut sich Jan Rothenbücher. Gesunde und selbstangebaute Köstlichkeiten aus dem eigenen Garten zu ernten, damit hat sich für ihn ein Traum erfüllt. Seit 2018 sind er und seine Lebensgefährtin Hanna Schwarzpaul ebenso glückliche wie stolze Mieter eines Schrebergartens in Münster. Das ging nicht ohne Hürden. Denn Schrebergärten gelten längst nicht mehr als spießige Rentner-Reservate, sondern sind, vor allem für junge Paare und erst recht mit Kindern, begehrte Objekte. Jan und Hanna standen auf einer Warteliste, »dass wir ein Kind hatten, half vermutlich«, vermutet Jan. Nach anderthalb Jahren war es endlich soweit: 300 Quadratmeter Paradies mit Laube, im Verein »Grüner Krug«, mitten in der Stadt und nur wenige Minuten von der Mietwohnung entfernt. Besser ging's nicht.

Die zwei teilen sich die Parzelle mit einem befreundeten Paar, »wir gestalten und nutzen alles gemeinsam, das klappt reibungslos«. Für Jan ist Garten kein total unbekanntes Terrain, er wuchs als Kind damit auf, »meine Mutter baute immer Gemüse an, ich wusste also, wo die Sachen herkommen«. Ausgelöst wurde die Vision vom eigenen (gepachteten) kleinen Schlaraffenland durch John Seymours Klassiker »Das große Buch vom Leben auf dem Lande«. Der Brite, der als Farmer totale Selbstversorgung praktizierte, schuf damit in den 1970er-

In Münster freuen sich Jan Rothenbücher und Hanna Schwarzpaul samt Kindern über ihr Selbstversorger-Paradies auf Zeit.

Jahren einen Bestseller, der heute wieder hohe Aktualität hat und etliche Neuauflagen erlebte. Der Wunsch des Paares nach einem Garten wuchs, als das erste Kind kam: »Mir ging es vor allem darum, uns mit eigenem Gemüse und Obst möglichst gesund ernähren zu können.« Und damit die Kontrolle über den – ungespritzten und biologischen – Anbau zu haben. »Obendrein wollten wir einen Ort, wo man sich draußen aufhält, mit Freunden trifft«, und vor allem sollten die zwei Kinder ungestört in der Natur spielen und toben können.

Wie bei allen deutschen Schrebergärten gilt auch in Münster die Regel des Bundeskleingartengesetzes: ein Drittel muss Nutzgarten sein, ein Drittel Rasen – hier vor allem Spielplatz – ein Drittel kann frei gestaltet werden. Die vorhandenen Strukturen des Vorpächters wurden etwas geändert, alte Steinplatten entfernt, eine Buchenhecke als Sichtschutz gepflanzt. Und dann vor allem sehr viel Gemüse, dazu Kirschbaum und Kiwis, zwei kleine Apfelbäume und reichlich Beerenobst zum Naschen. Trotz der Garten-Erfahrung als Kind, grau ist alle Theorie: »Wir sind als ziemliche Greenhörner gestartet«, lacht Jan, »nach dem Prinzip try und error«. Er ist es, der sich mit Leidenschaft und wachsender Sachkenntnis um den Anbau von Gemüse und Obst kümmert: »Gepflanzt wird alles, was wir gerne essen!« Und zwar in Bio-Qualität, das Saatgut ist samenfest, kann also erneut verwendet werden, und wird bei »Dreschflegel« bestellt. »Bio und gesunde Ernährung sind schon lange wichtig für uns.« Zwar reicht die Ernte für beide Paare – acht Personen mit Kindern – nicht zur kompletten Selbstversorgung aus. Aber Jan ist durchaus stolz auf gute Erträge: »Zwiebeln wuchsen diesen Sommer sehr gut, von den Zucchinis konnten wir sogar welche abgeben!« Und er lernt ständig dazu: »Im ersten Jahr wucherten Tomaten wie verrückt, dafür wurde dieses Jahr Fenchel nicht so gut.«

Er gärtnert konsequent biologisch: Als Dünger wird eigener Kompost genutzt, es wird gemulcht, mit selbst angesetzter Brennnessel-Jauche

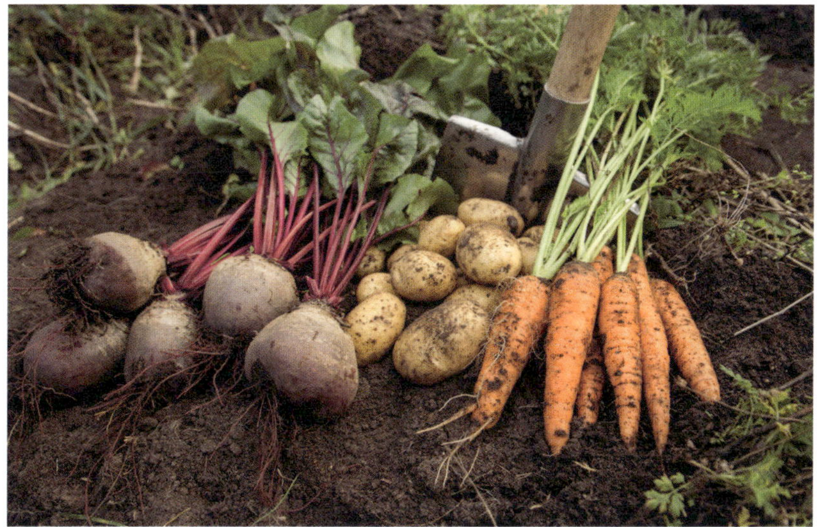

Mehr regional und saisonal geht nicht als frisches Gemüse aus dem (Miet-) Garten, das schätzen auch viele junge Menschen.

stärkt er Gemüse und Pflanzen. In dem Verein mit gerade 36 Parzellen komme keiner, kontrolliere und sage »Aufräumen!«, es gehe sehr entspannt und angenehm zu. Mit Schnecken geht der Sozialarbeiter milde um, »wir haben nur wenige und die dürfen auch mal was vom Salat knabbern«. Neben allem Nutzen geht es auch um Schönheit, die typische Sonnenblume darf nicht fehlen, es gibt Malven, Ringelblumen, »vor allem Blumen, die auch nützlich sind für Bienen und Insekten«. Romantischen Zauber verbreiten einige Rosenbüsche, ein willkommenes Erbe vom vorigen Pächter.

Der Sommerurlaub? Findet im Schrebergarten statt, ebenso wie die meisten Wochenenden. »Wenn man Gemüse anbaut, kann man schlecht im August nicht da sein.« Einerseits werden die beiden von Freunden beneidet um ihr grünes Glück, »aber viele Leute sehen da nur die Arbeit, das schreckt sie ab«. Das empfindet Jan ganz anders: »Für mich ist

Ackern im Garten keine Arbeit, sondern Entspannung. Selbst das Zupfen von Unkraut kann erholsam, ja heilsam sein.« Und: »Jeder Garten spiegelt die Seele des Gärtners wider.« Da gebe es unterschiedlichste Ansätze, der eine Garten sei ganz geometrisch und ohne ein Fitzelchen »Unkraut«, aufgeräumt halt, »unser Garten ist naturnah, eher ein wenig wild, durch die Brennnesseln haben wir schönste Schmetterlinge wie das Tagpfauenauge!«

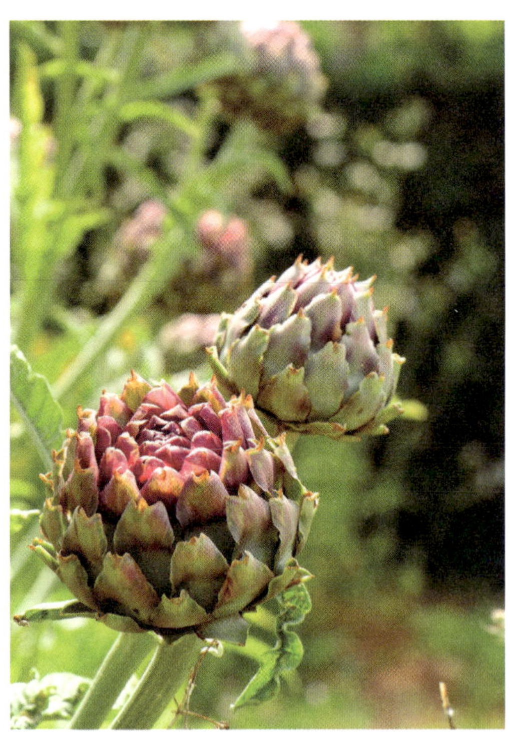

Die Artischocke, einst an Fürstenhöfen als Gourmet-Gemüse beliebt, gilt heute erneut als gesunde Delikatesse.

Im Jahr 2020 zeigte sich, welch ein Privileg ihr grünes Refugium ist. Es war der Sommer des Missvergnügens, Corona legte alles lahm. Glücklich, wer da einen Garten als Fluchtburg besaß. »Wir waren umso froher darüber, zumal alle Spielplätze gesperrt waren.« Für die Kinder ist dieses grüne Reich wunderbar, sagt Hanna: »Wenn du mit Kindern in einer Mietwohnung lebst, ist ein Garten der ideale Ort, wo sie spielerisch lernen können, was unser Leben ausmacht, auf was es aufbaut«. Jonte habe schon als Zweijähriger gewusst, dass man bei Trockenheit oft gießen müsse. »Als wir Radieschen säten, guckte er täglich nach und als die ersten Pflanzen aus dem Boden brachen, war er völlig aus dem Häuschen.« Auch jenseits von Corona steht ihr Garten für Freunde jederzeit offen.

Fast 4000 Kleingärten gibt es in Münster, nicht viel bei 315 000 Einwohnern. In der 1,9-Millionen-Einwohner-Stadt Hamburg gärtnern, gießen und genießen 30 000 Menschen ihre Pacht-Parzellen, in Berlin mit 3,7 Millionen Bewohnern waren es Ende 2020 rund 71 000 Kleingärten. Deutschlandweit sind es geschätzt fast eine Million, in Europa rund drei Millionen. In Deutschland ist der Run auf die kostbaren kleinen Gärten Eden rapide gestiegen, verstärkt durch Corona haben sich die Wartelisten vor allem in Großstädten verdoppelt, in Berlin sogar vervierfacht. Vor allem junge Menschen, Paare und Patchwork-Familien mit Kindern, sogar Großstadt-Hipster stehen nun Schlange für die gemietete Scholle.

Es ist übrigens eine Mär, ein Moritz Schreber aus Leipzig habe den gleichnamigen Pacht-Garten erfunden. »Eine unverklärte Lichtgestalt des Kleingartenwesens war eher der französische Abbé Jules Lemire«, stellt Garten-Experte Stefan Leppert, selbst Kleingarten-Pächter in Münster, in seinem ebenso amüsanten wie lehrreichen Buch »Paradies mit Laube« richtig. Der richtete nämlich, wie bereits hundert Jahre zuvor ein Pastor Schröder im damals noch dänischen Kappeln nahe Schleswig, Armengärten ein und gründete 1896 den französischen Kleingärtnerverband. Heute hat die Datsche, wie sie im Osten immer noch heißt, längst ihr Kleinbürger-Image verloren. Manche Gartenlaube kommt gar im coolen Design daher und der Gartenzwerg, ob als liebevolles Accessoire oder ironisches Zitat, grüßt wieder am Lattenzaun. Inzwischen sind Schrebergärten-Areale auch ein Multikulti-Schmelztiegel, viele Hobbygärtner haben Migrationshintergrund. Beim Fachsimpeln über Tipps für die prächtigste Tomate kommen sich Deutsche und Griechen, Türken, Italiener, Bosnier, Kasachen oder Marokkaner unkompliziert näher. So wie im Frankfurter Kleingarten-Verein Eckenheim, wo 22 Nationalitäten vereint sind, im schleswig-holsteinischen Elmshorn liegt der Ausländer-Anteil im »Fuchsberg« bei 45 Prozent, im »Weyerbachtal« im saarländischen Saarbrücken sogar bei 80 Prozent, so Leppert. Sich verwurzelt und

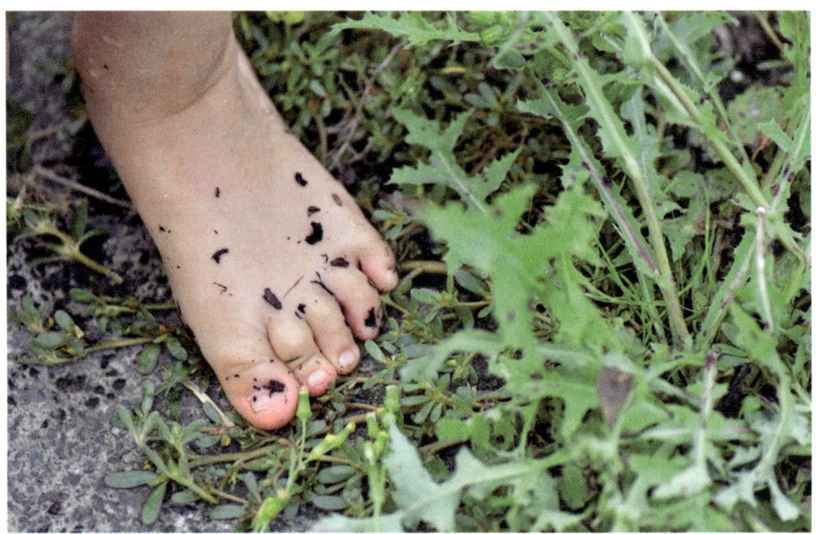

Was Hänschen lernt, wird Hans später schätzen: Spielerisch werden Kinder im Garten mit Natur vertraut gemacht.

zu Hause fühlen durch gemeinsames Gärtnern – Integration kann so simpel und fruchtbar im doppelten Sinne sein!

Zusätzlich gewinnt ein weiterer Faktor an Bedeutung: Kleingärten bieten neben ihren sozialen auch ökologische Ressourcen. Da immer mehr auf Kunstdünger und Pestizide verzichtet wird, entwickeln sich die Gärten zu naturnahen Biotopen. Mit ihrer großen Diversität an Pflanzen und Gehölzen sorgen sie dafür, dass mitten im Häusermeer Bäume Schatten spenden und die Luft kühlen, Vögel, Igel, Eichhörnchen, Insekten und Bienen Nahrung und Unterschlupf finden. Im Produktionsgartenbau finden sich nur 545 höhere Pflanzenarten, in Kleingarten-Anlagen hingegen 2094 Pflanzenarten in 170 Pflanzenfamilien (so eine bundesweite Kartierung). Und die Laubenpieper entdecken begeistert historische Gemüsesorten als neue Gaumen-Genüsse wieder: Guter Heinrich, Rote Melde, Topinambur, Erdbeerspinat, Reise-Tomate, Rosenkohl oder der zum Superfood avancierte Grünkohl werden gepflanzt. Alte Obstsorten haben in jahrzehntealten Schrebergärten ebenso überlebt wie Maulbeere, Sanddorn oder Aroniabeere, die junge Pächter mit Begeisterung nun wieder kultivieren. »Kleingartenanlagen entwickeln sich zu Archen unserer Pflanzenwelt, zu Naturschutzgebieten und lebendigen Pflanzen-Museen mitteleuropäischer Gartenkultur«, sagt Leppert, auf deren Saatgutschätze als wertvolle Genbanken griffen inzwischen sogar Wissenschaftler zurück.

So ist es gar nicht abwegig, dass der Berliner Klaus Neumann, Landschaftsarchitekt und Präsident der Deutschen Gartenbau-Gesellschaft, fordert, Deutschlands Kleingärten ins Weltkultur-Erbe aufzunehmen: »Das ist einzigartig und ein Stück Gesellschaftskultur.« Es wäre der beste Bestandsschutz für diese wertvolle Natur, da viele Städte begierig am begehrten Grün nagen, um es in Bauland zu verwandeln.

Tipp

Egal in welcher Stadt, ein Spaziergang durch die auch für Gäste zugänglichen Schrebergarten-Anlagen ist immer ein Gewinn. Denn auch hier wird mit Leidenschaft und Liebe geackert, gegärtnert und kreativ gestaltet. Wie alles im Leben ist jeder fremde Garten Geschmackssache, aber Anregungen gibt es garantiert.

Folgende Doppelseite: Sinnliche Symbiose von Gemüse und Blumen im größten Küchengarten Deutschlands auf Schloss Ippenburg.

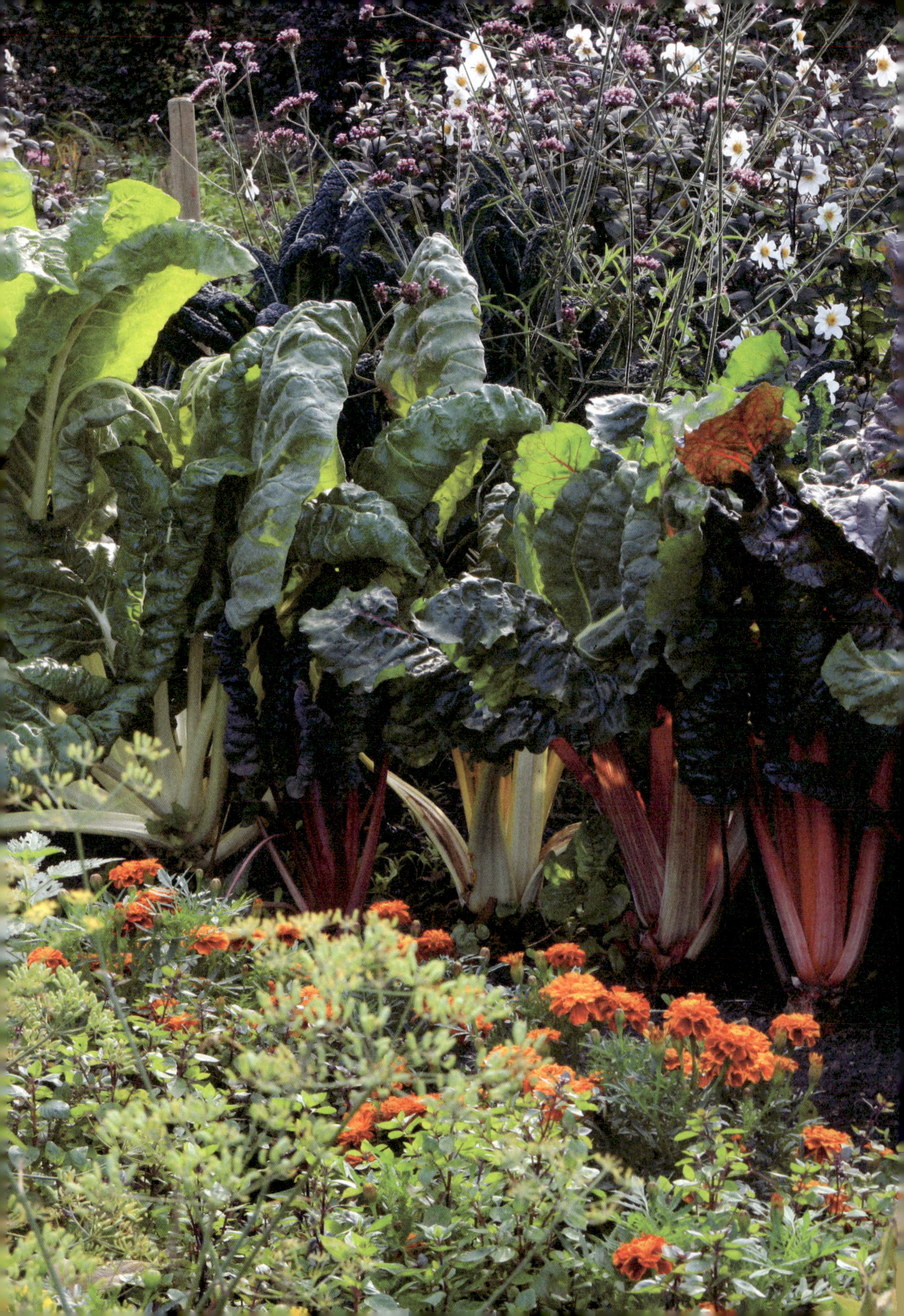

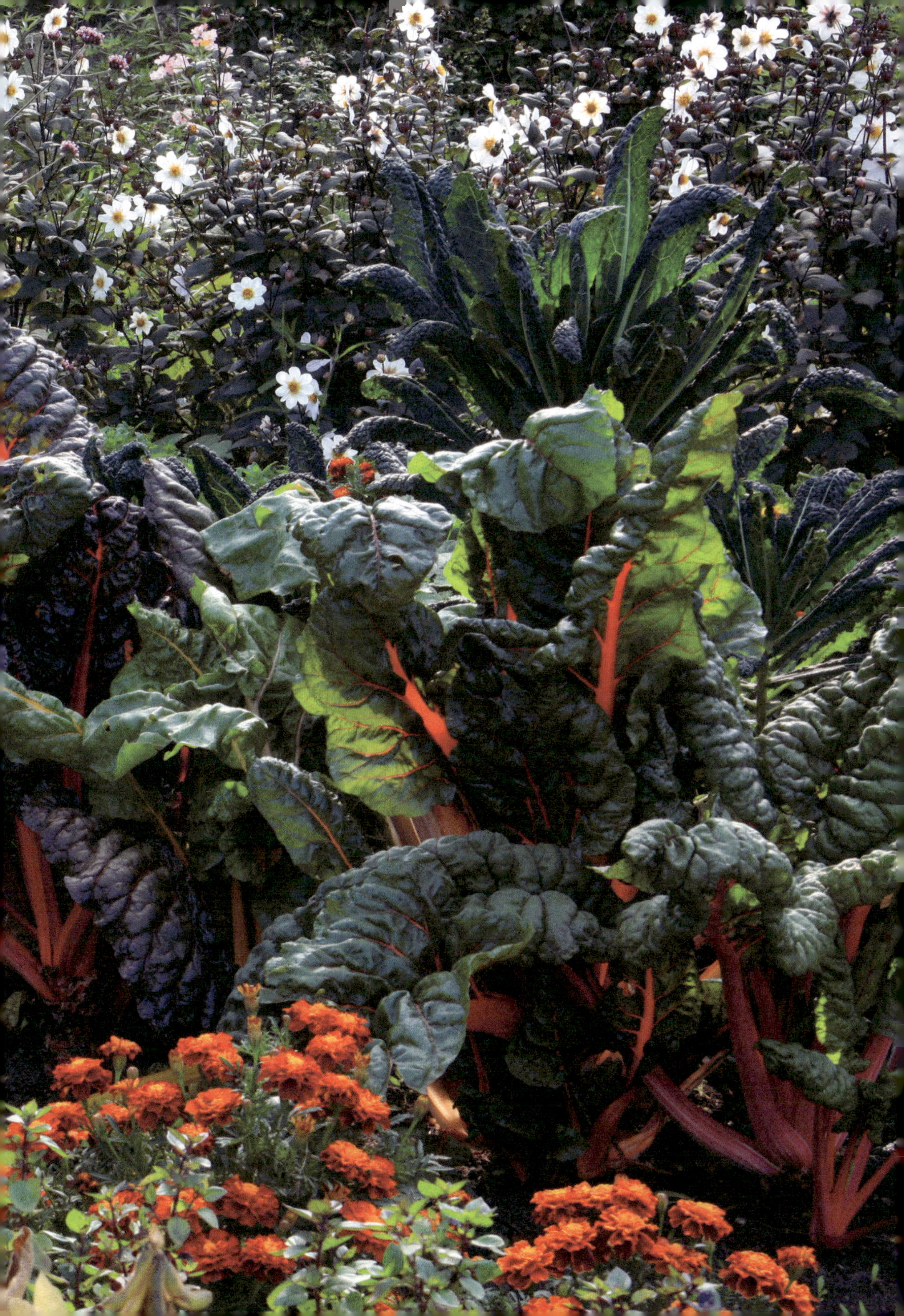

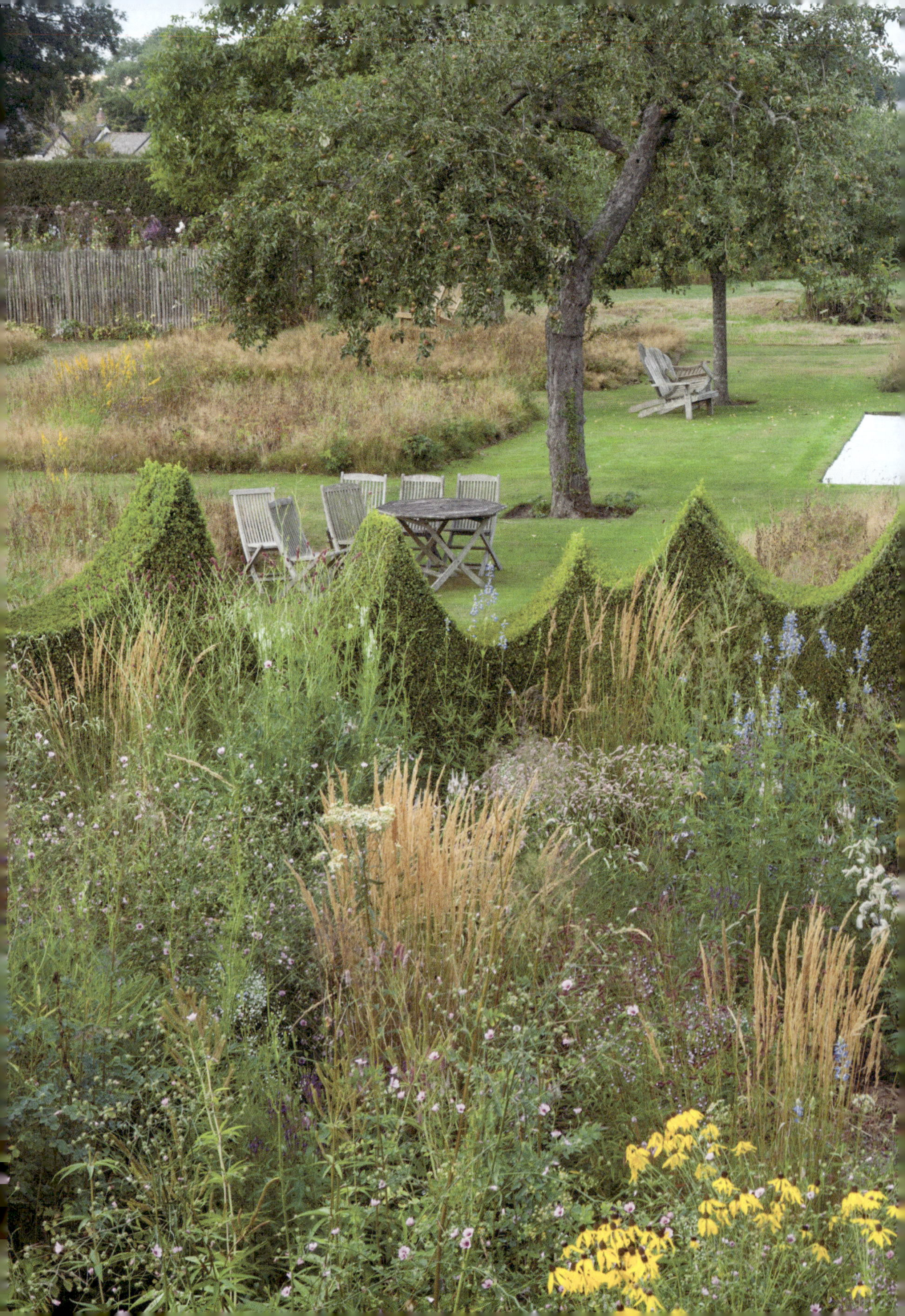

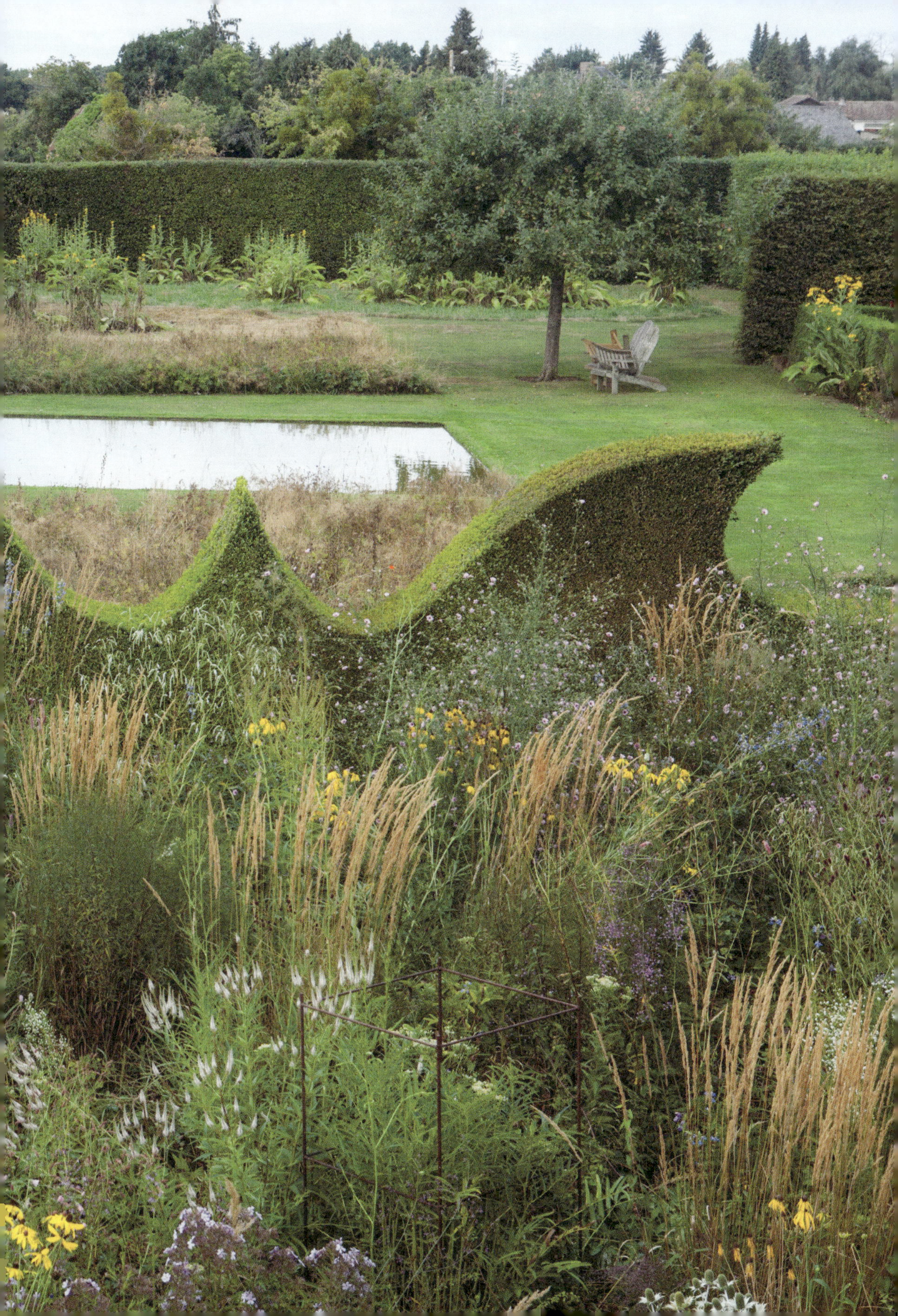

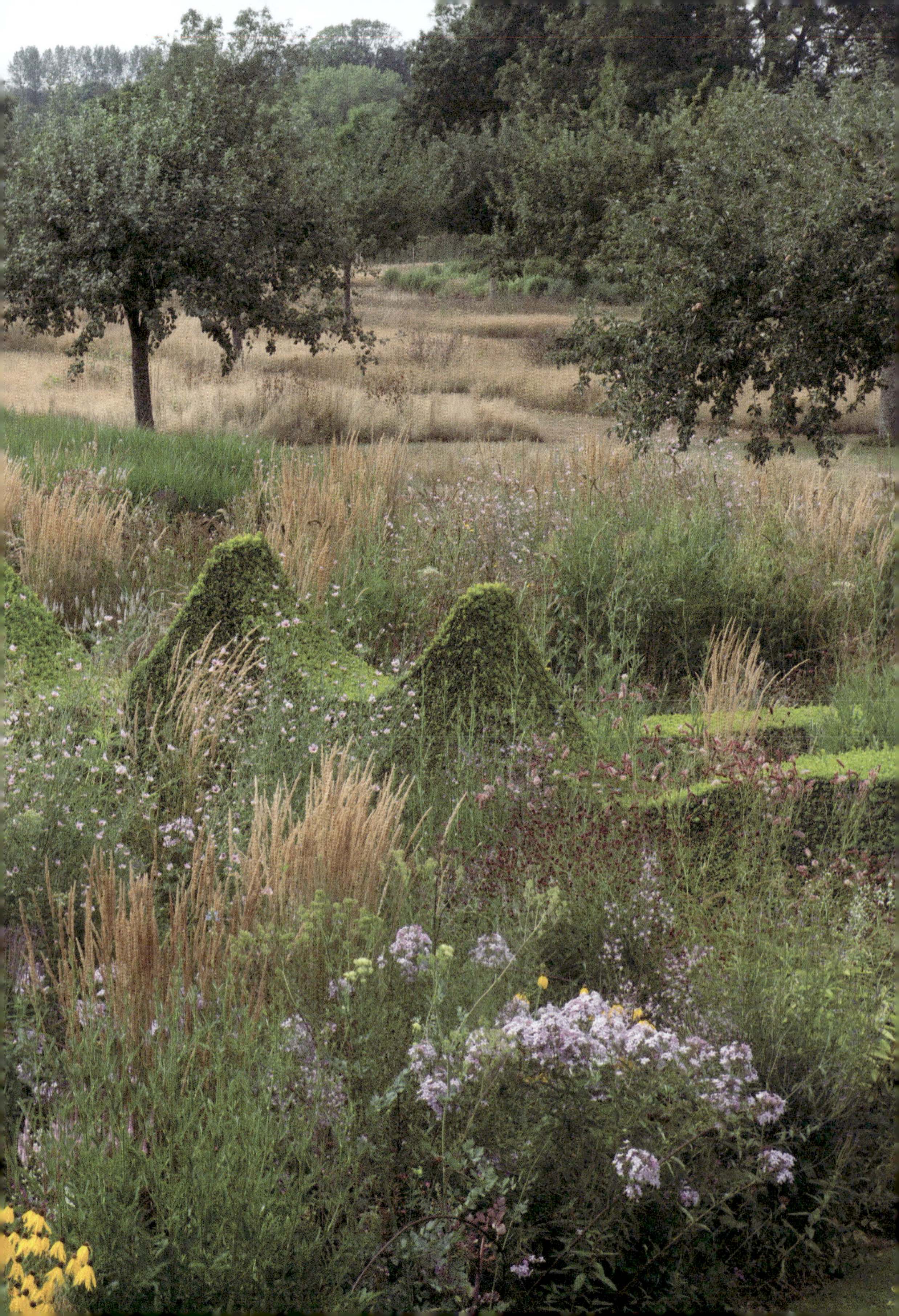

Wogende Gräser zwischen Meeresschaum-Hecken

Der »Jardin Plume« in der Normandie ist eine virtuose Melange aus Avantgarde und Tradition, Zen und Opulenz, dazu fast total ökologisch – einfach superb.

Er ist einer der spektakulärsten zeitgenössischen Gärten der Normandie, wenn nicht gar Frankreichs. Aber große Hinweisschilder? Fehlanzeige! Das Mekka grüner Avantgarde versteckt sich am Rande des Dörfchens Auzouville-sur-Ry, 16 Kilometer östlich von Rouen. Verborgen hinter hohen Büschen, neben einem großen Getreidefeld, wer nicht aufpasst, rauscht vorbei. Unscheinbar auch der schmale Eingang in einer Hecke, an altem Holzpfosten ein kleines Schild, darauf schwungvoll »Jardin Plume« gepinselt. Man passiert links eine Gärtnerei, rechts einen alten Fachwerk-Ziegelschuppen als rustikalen Empfang. Danach geht es in den eigentlichen Garten, den man, *pardon*, nur mit Superlativen beschreiben kann.

Der »Jardin Plume«, der Feder-Garten, wegen seiner vielen wogenden, mannshohen Gräser, entzieht sich jedem gängigen Stil. Ist anders. Ist barock. Und doch ganz modern. Ist weit mehr als ein Gräser- oder Präriegarten. Obendrein komplett ökologisch (bis auf die wegen des Pilzes mit Chemie gespritzten Buchs-Hecken, die elementares Stilmittel sind). Ansonsten vereint er alles, was Anhänger eines naturnahen Gartens ersehnen. Das aber veredelt durch eine eigenwillige Formensprache

Nonchalant vereinen sich in lässiger Opulenz naturnahe Stauden und Gräser mit strengem Formschnitt.

Doppelseite davor: Die kunstvoll geschnittene Buchsbaum-Hecke – Markenzeichen des Feder-Gartens – durchpflügt zackig die Gräserwiesen.

in origineller und virtuoser Ästhetik. Prägend ist eine wuchernde Fülle von vielen Ein- und Zweijährigen Pflanzen sowie Gräsern und außergewöhnlichen Stauden, im harmonischen Kontrast zu rasiermesserscharf manikürten Formschnitt-Hecken aus Buchs und geometrischen Parterres. Ein grandios gelungener Spagat zwischen Tradition und Avantgarde, ein neues Kapitel Garten im 21. Jahrhundert.

Als Sylvie und Patrick Quibel das Gelände 1996 kauften – 3 ha, davon 1,5 ha Garten – war dort nur eine Obstwiese mit alten Apfelbäumen. Sie blieb erhalten und bildet mit ihren knorrigen skulpturalen Bäumen jetzt das Herz. Dort hinein wurde als Matrix ein Schachbrett-Raster von kurz geschorenen Rasenflächen und großen Gräser-Karrees gelegt. Dies Zusammenspiel von formaler Strenge der rechtwinkligen Achsen und den sich stets leicht im Wind wiegenden Gras-Quadraten erzeugt einen ganz eigenen Reiz. Eines der Quadrate, nah am privaten Haus, ist eine Wasserfläche, in der sich das schlichte holzverschalte Gebäude und ein bizarr verästelter Baum am Rande poetisch spiegeln. Dazu der normannische stahlblaue Himmel mit seinen meist bilderbuchschönen weißen Wattewolken. Kontemplative Ruhe strahlt dieses bis an den Horizont reichende Areal aus. Vorbilder bei der Gestaltung waren der Garten von Christopher Lloyd, Great Dixter (East Sussex) und die naturnahen Pflanzungen des Holländers Henk Gerritsen, Mitbegründer des »New Dutch Wave«. »Sein Garten war eine Revolution, so toll, so natürlich, das hatte großen Einfluss auf uns«, erinnert sich Patrick.

Die Basis der 30 Quadrate (meist 8 mal 8 Meter) ist duftig-weiches, bei jedem Windhauch raschelndes, flüsterndes Rotes Straußgras (*Agrostis tenuis*). Zur Blütezeit im Juli verwandeln dessen hauchzarte, lockere Blütenrispen die Flächen je nach Sonnenstand in rötlich-violett fluoreszierende Meere, faszinierender Gegensatz zum grünen Golfrasen. Doch neben Gräsern bilden die Karrees reiche Mini-Biotope. Blau und Weiß geben den Grundakkord, im Frühling dominieren nach

Pflanzenpracht in kraftvollen Farben prägt die streng kastenförmigen Quadrate vor dem Wohnhaus – mit Blick auf die malerische Scheune.

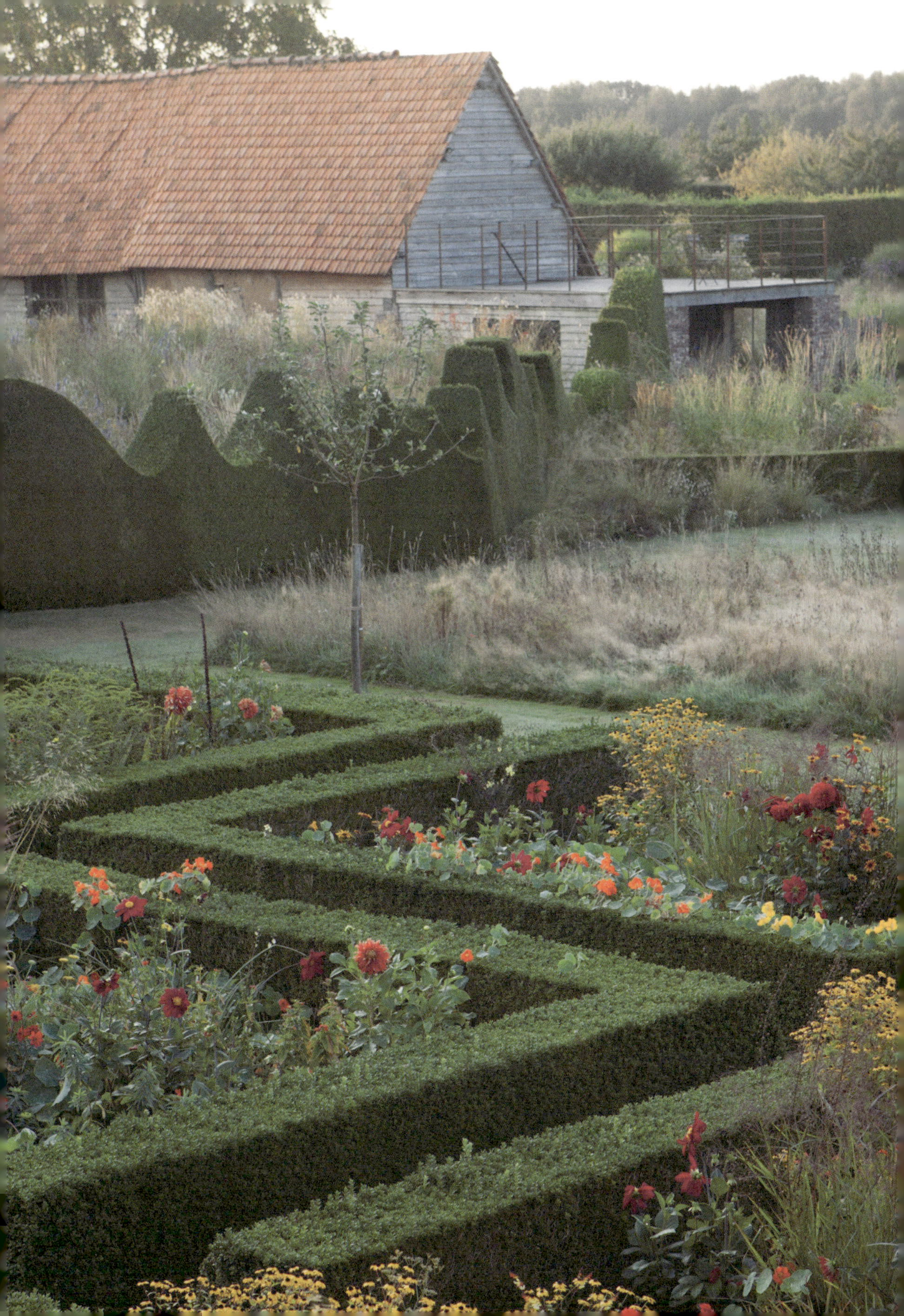

Zwiebelblühern lockere Tuffs blau-violetter Prärielilien (*Camassia leichtlinii*) im noch kurzen Gras, später bildet es mit vielen Pflanzen ein dichtes wie graziles, vielfarbiges Gewebe. Skabiose, Storchschnabel, Ziest, Lichtnelke und auch jene aparte violette Kugelblüte mit dem höllischen Namen Teufelsabbiss (*Succisa pratensis*), von der Loki-Schmidt-Stiftung als wichtiger Nektarspender zur »Pflanze des Jahres 2015« erkoren, blühen hier. Gelbe Akzente setzen Johanniskraut (*Hypericum perforatum*) und die hoch emporragende Wiesenraute (*Thalictrum flavum*) mit ihren hauchzarten, gefiederten Blütenrispen. Aber wer pflanzt schon den Zottigen Klappertopf (*Rhinanthus alectorolophus*) in sein Beet? Sehr unorthodox, ist der Einjährige Lippenblütler doch hier heimisch, wächst überall am Wegesrand, gilt als »Unkraut«. »Eine kleine Wunderpflanze«, befindet hingegen Patrick, sie sei apart wegen zitronengelber Blüten, behaarter Blätter und ein süßes Buffet für langrüsselige Insekten. Das ist die Maxime bei den meisten Pflanzen im Federgarten, Vögel, Insekten, Bienen sollen ihren Lebensraum haben. Viele der Pflanzen sind selbstaussamend, darauf legt man großen Wert. Was nicht versamen soll, wird im Juni manuell entfernt, Mitte Oktober werden die Gras-Karrees gemäht. Dann haben die mächtigen, bis zu drei Meter hohen Horste des Riesen-Chinaschilfs »Silberfeder«, eine sich stets sanft bewegende, raschelnde Wand an einer Seite des Obstgartens, ihren großen Auftritt.

Von fast überall im flachen Terrain ist das zweite Markenzeichen dieses exorbitanten Gartens zu sehen: eine halbkreisförmige, mittig geteilte Buchsbaumhecke, wie gezackte Meereswogen, als hätte Neptun sie aus grünen Schaumkronen gestanzt. Wo sah man je eine Formschnitthecke, die zu swingen scheint? Das Zitat französischer Barock-Tradition wurde elegant ins Heute transformiert. Dieser immergrüne Scherenschnitt bildet im Herbst und Winter einen heiteren Kontrapunkt zu den in melancholischer Morbidezza erstarrten braunen Gräserhorsten. Charmante Kulisse dahinter ist die langgezogene, alte Scheune aus Ziegeln und leuchtend rotem Ziegeldach. Hinter und zwischen den formalen Hecken breiten sich Staudenbeete aus, der eigentliche »Jardin Plume«. Sie verblüffen durch Dichte und Originalität, delikate Abstimmung von sanften pastelligen Farben, Weiß und Créme und die ganze Skala von Rosé über Flieder und Mauve bis Violett. Eine flirrende Wolke, herrlich, die sämtliche Regeln üblicher Rabatten radikal ignoriert. Kein Vorder- und Hintergrund, keine geplante Höhenstaffelung, keine Leit- und Begleitpflanzen. Stattdessen eine legere Melange, engst verwobenes Mit- und Durcheinander, ein faszinierend dichtes, lebendes Gespinst. Es wirkt wahllos und doch steckt Kalkül – subtiler Rhythmus und Wiederholung – dahinter. Ein wogendes Echo auf die kühnen Kurven der Zacken-Hecke. »Meeresschaum« tauften die Quibels ihre magische Schöpfung, *superb!*

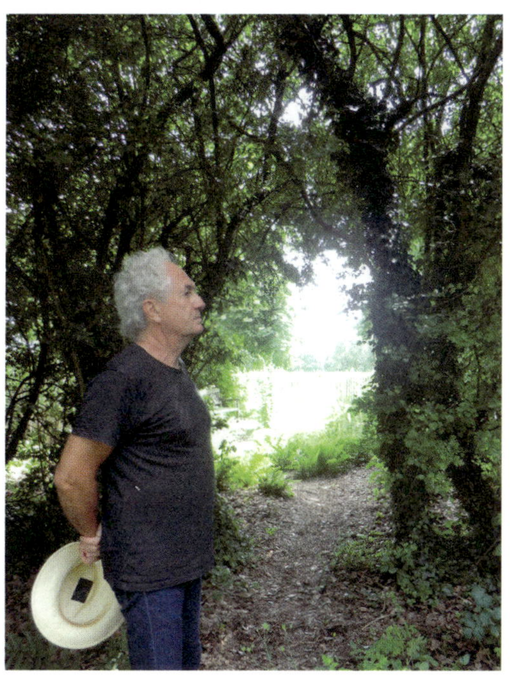

Patrick Quibel hat mit Frau Sylvie ein Paradies kreiert, das barocke Zitate mit naturnaher Avantgarde brillant vereint.

Denn sie wählten nur Pflanzen, die mit federleichten, transparenten, tänzelnden Silhouetten und Blüten betören, sich bei winzigster Brise bewegen und überall vorwitzig über die Hecken winden. Kandelaber-Ehrenpreis (*Veronicastrum virginicum*) mit langen, fragilen Blütenkerzen, Wiesenraute in Weiß und Mauve, darüber schweben fast mannshoch die sternförmigen Mini-Blüten der Doldigen Aster

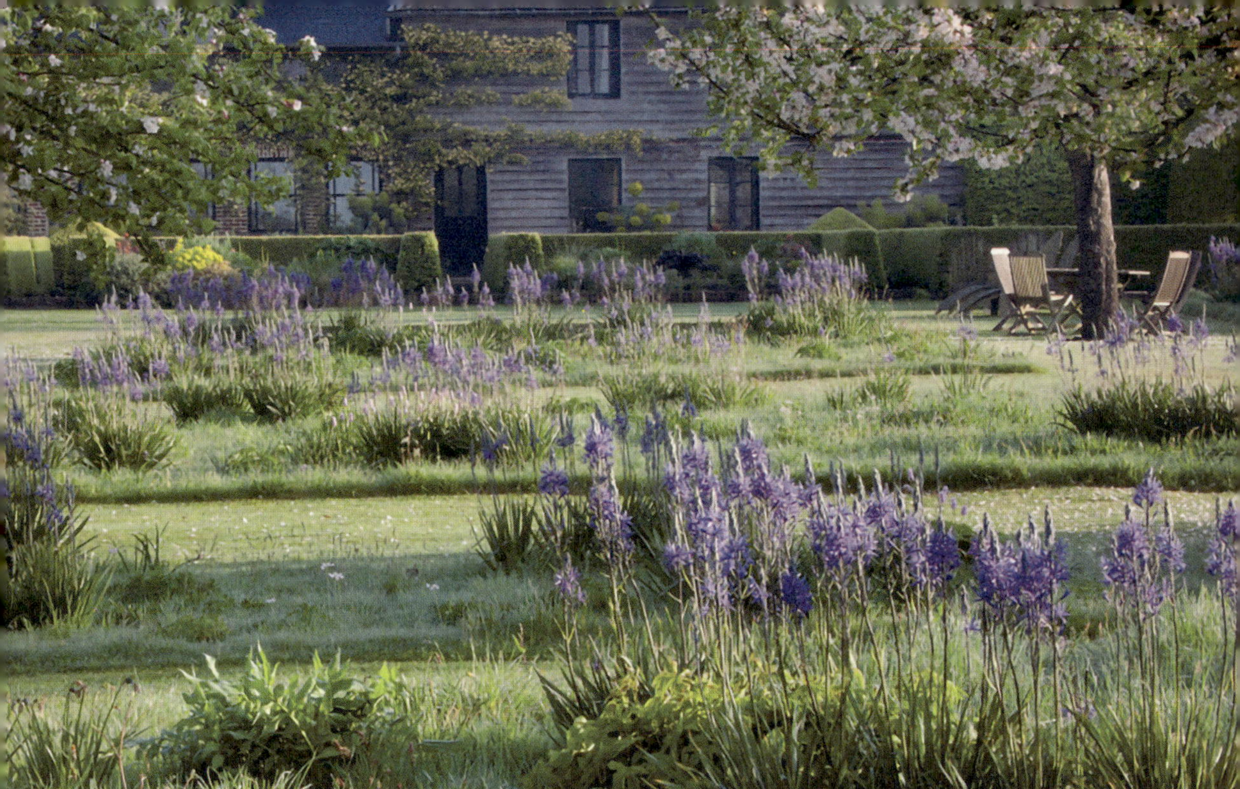

Elegante Präriekerzen haben ihren flüchtigen, aber fulminanten Auftritt.

(*Aster umbellatus*), hellblau leuchten Herbst-Helmkraut (*Scutellaria incana*) mit anmutigen, doldentraubigen Rispen und Becherglocken (*Adenophora*), dazwischen dichte Horste des graugrünen Atlas-Schwingels (*Festuca mairei*) mit eleganten, bogenförmigen Blättern. Vertikale Ausrufezeichen setzen Tuffs mit straff aufrechten weizenfarbenen Rispen des Garten-Reitgrases (*Calamagrostis x acutiflora* »Karl Foerster«). Man entdeckt delikate Liaisons wie den Japanischen Wiesenknopf (*Sanguisorba obtusa*), dessen fluffig rosafarbene Blütenwalzen sich anmutig über die vielblütigen Kerzen des Rosa Eisenkraut (*Verbena hastata* »Rosea«) neigen.

Direkt vor dem Wohnhaus breitet sich der Sommer-Garten aus, üppige Fülle, gezwängt in zwölf formale Quadrate aus niedrigen Buchsbaum-Hecken. Diese Beete entsprechen herkömmlicher Gestaltung, betören aber durch fast exotisch-tropische Farbenpracht. Hier ist der Great-Dixter-Touch sichtbar, ein *Colour-Clash* in satten, warmen Rot-Gelb-Orange-Tönen, der Christoper Lloyd jubeln lassen würde:

Mannshohe Fackellilien (*Kniphofia uvaria* »Nobilis«) glühen weithin, Kapuzinerkresse windet sich keck über die Buchshecken, scharlachrote Montbretien »Luzifer« umtänzeln burgunderrote Taglilien »Bella Lugosi«, mittendrin funkeln Sonnenbraut (*Helenium autumnale* »Königstiger«) und Dahlien in kraftvollen Farben.

Vis-à-vis liegt der Herbstgarten, ein zauberischer, von hohen Buchen- und Hainbuchen-Hecken umschlossener Raum. Man fühlt sich wie Gulliver im Reich der Riesen, die hier vegetale Wesen sind. Meist über zwei Meter hoch, überragen sie die breiten Buchs-Quader um die kleine Terrasse, beschattet von weinumrankter Pergola. Schmalste Pfade führen labyrinthartig durch diese wuchernde Wunder-Welt. Zwischen flüsternden Gras-Giganten und Astern in diversen Sorten schenken Wellen weißer Japan-Anemonen und Kerzen-Knöterich (*Persicaria amplexicaulis* »Alba«) Eleganz. Dazwischen räkeln sich Mengen von Silberkerzen (*Cimicifuga*) und verströmen ihren zarten Duft. Extravaganz verbreiten die über einem schwebenden, fuchsiafarben leuchtenden Blüten des Orient-Knöterichs (*Persicaria orientalis*), ein einjähriger Gigant. Ein sinnlicher Genuss vor allem im Spätsommer, wenn die sinkende Sonne die Gräser glitzern lässt, Wildbienen brummen und viele Falter umherschwirren.

Ein verborgenes Kleinod wartet noch. Am hintersten Ende liegt ein kleines, quadratisches Wasserbecken, gerahmt von Holzplanken mit silbergrauer Patina. Allseits abgeschirmt durch ein Passepartout meterbreit wogender, sich wiegender Wände von Chinaschilf »Silberfeder« und »Große Fontäne«. Stille, nur noch sanftes Gräser-Rascheln. Zen in der Normandie. Gleich nebenan zelebrieren die Quibels erneut ihr Talent, Alltägliches zu adeln. Ein schmaler waldartiger Pfad, beidseitig bepflanzt mit strahlend weißen hohen Kerzenblüten des Wald-Weidenröschens (*Epilobium angustifolium* »Album«), schenkt Märchen-Aura.

Der »Jardin Plume« war vor 25 Jahren ein kühnes Projekt, das heute, in Zeiten von Klimawandel und Insektensterben, seine visionäre Kraft beweist. Diversität und Betonung von naturnahen Pflanzengemeinschaften, das Hineinholen von Pflanzen, die in der Region wachsen, in Kombination mit Schönheiten aus allen Erdteilen, macht neben der Einzigartigkeit der Gestaltung seine Besonderheit aus. Ein Zukunftsgarten, in dem sich jeder Besucher inspirieren lassen kann. Die Schöpfer, einst Quereinsteiger in Sachen Garten, und Gärtner Sebastian, der seit 20 Jahren kräftig mithilft, bewältigen alles allein. Die erwachsenen Kinder »mögen den Garten, aber nicht die Arbeit darin«, grinst Patrick unter seinem Panama-Strohhut, »keine Ahnung, was mal hieraus wird«. Auch Paradiese wie dieses, mitten im Nirgendwo der Normandie, könnten vergehen. Also nichts wie hin. Und wer bislang kein Gräser-Fan war, danach ist er es garantiert. Obendrein kehrt er mit einer langen Liste von »must have«-Pflanzen heim – es sei denn, er hat sie gleich in der Gärtnerei der Quibels erstanden.

Tipp

Überwältigt vom Reichtum dieses Gartens, schenkt ein verstecktes Kabinett ganz am Ende rechts eine meditative Verschnaufpause. Das »Bassin des Miscanthus« ist ein kleines Wasserquadrat, gerahmt von hohen, wogenden Wänden aus Chinaschilf-Gräsern. Still stehen, durchatmen und auf das sanfte Rascheln der Halme lauschen.

»New Wave« in der Normandie:
Die kunstvoll manikürte Buchsbaum-Hecke zitiert barocke Tradition.

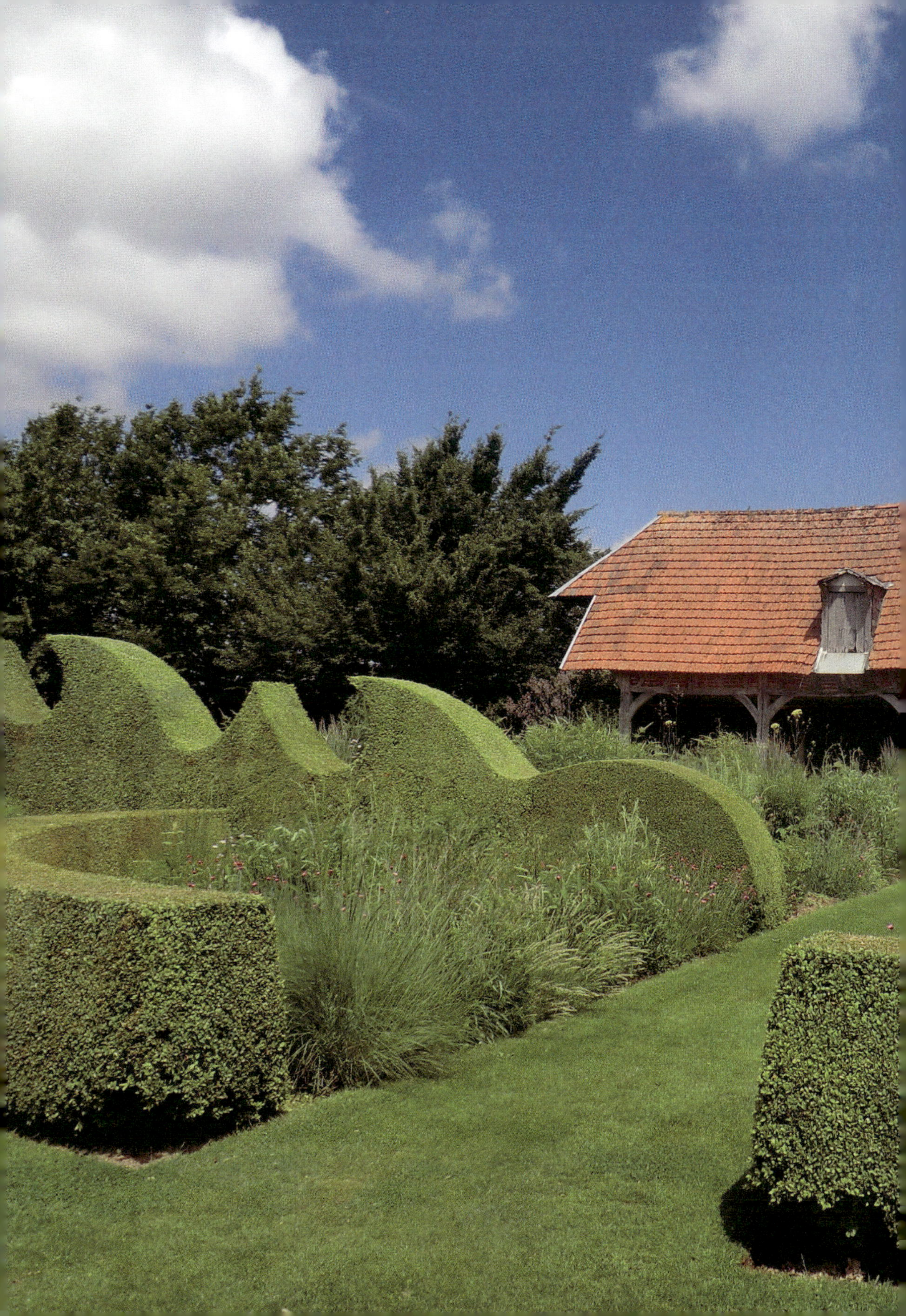

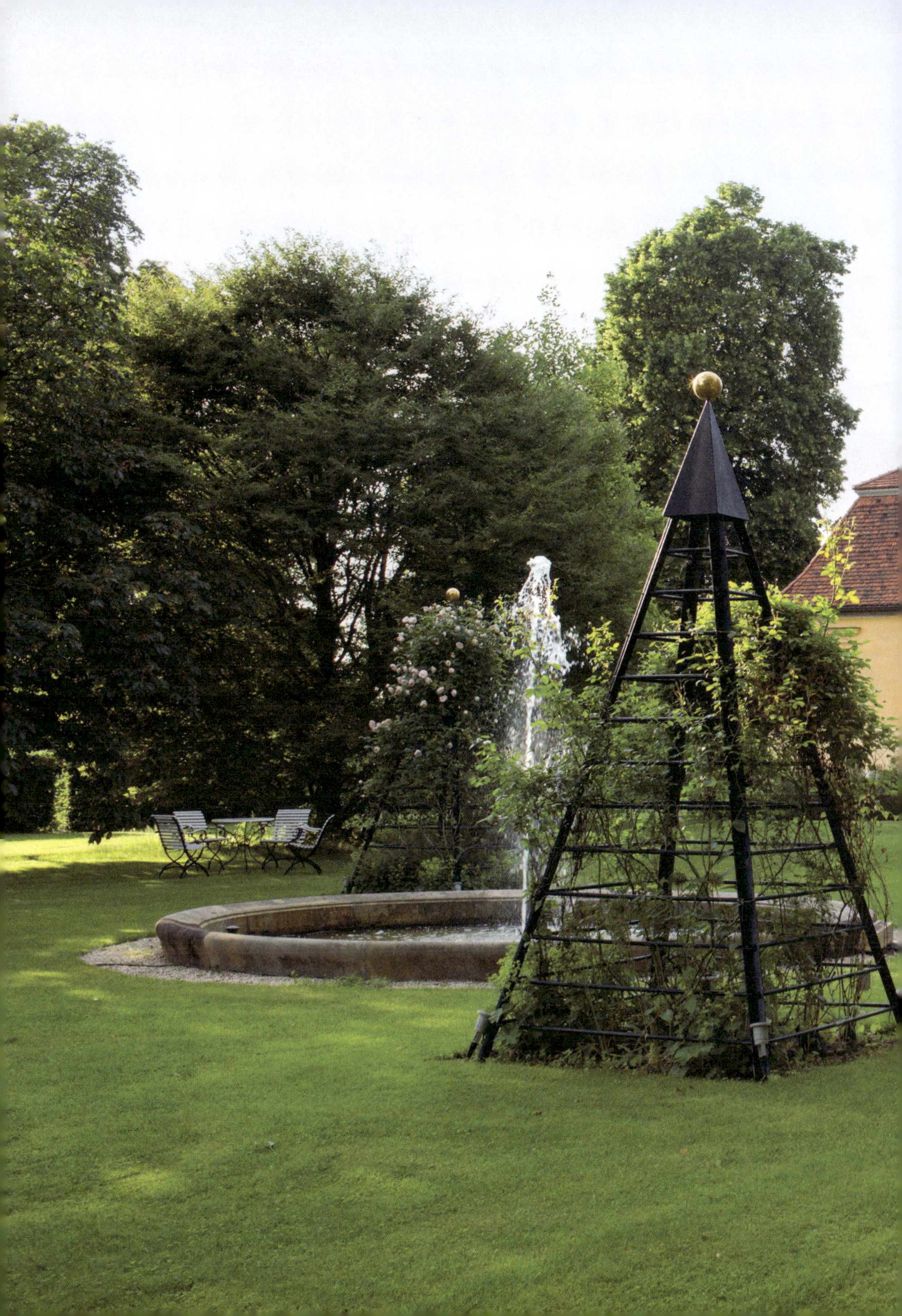

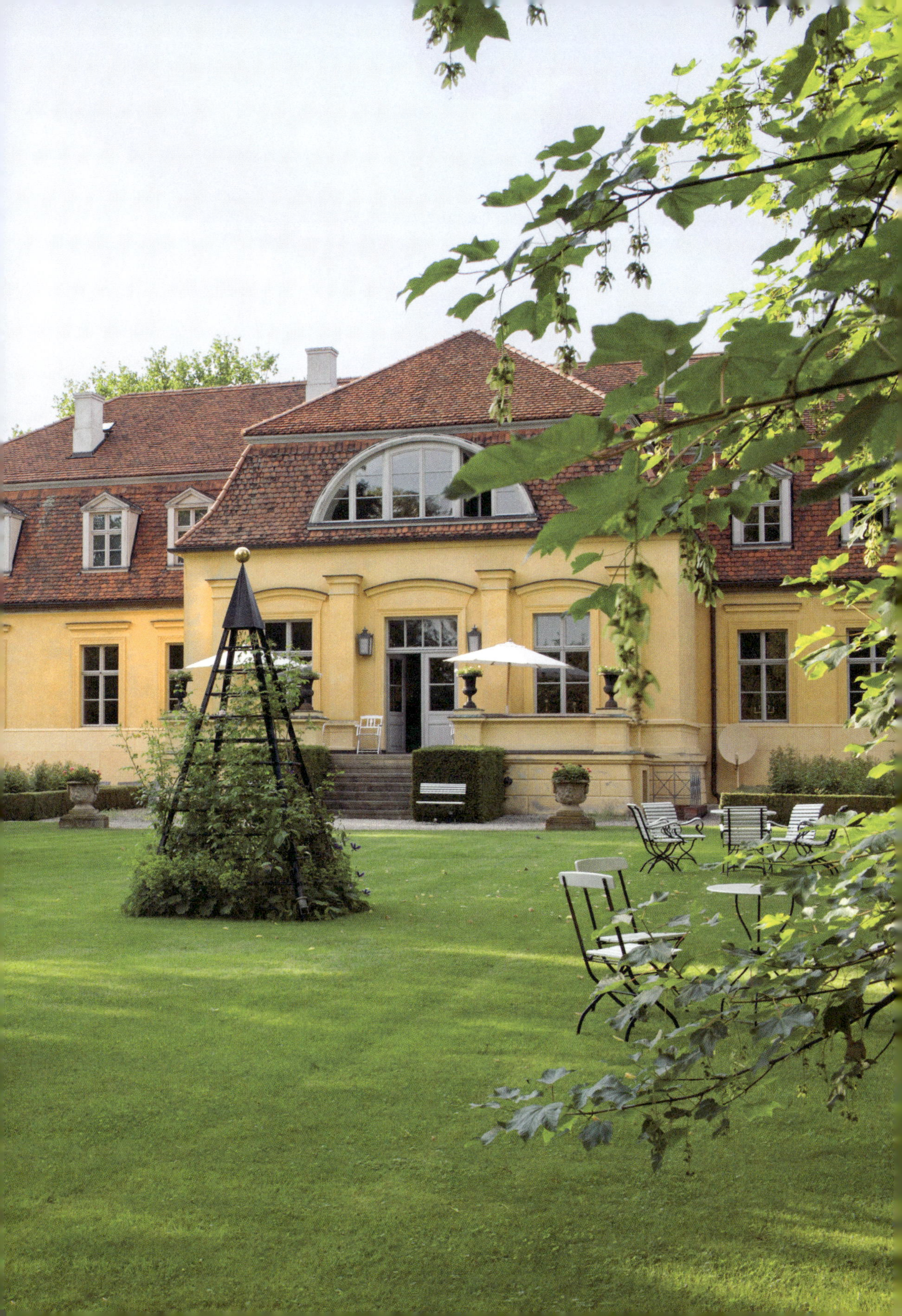

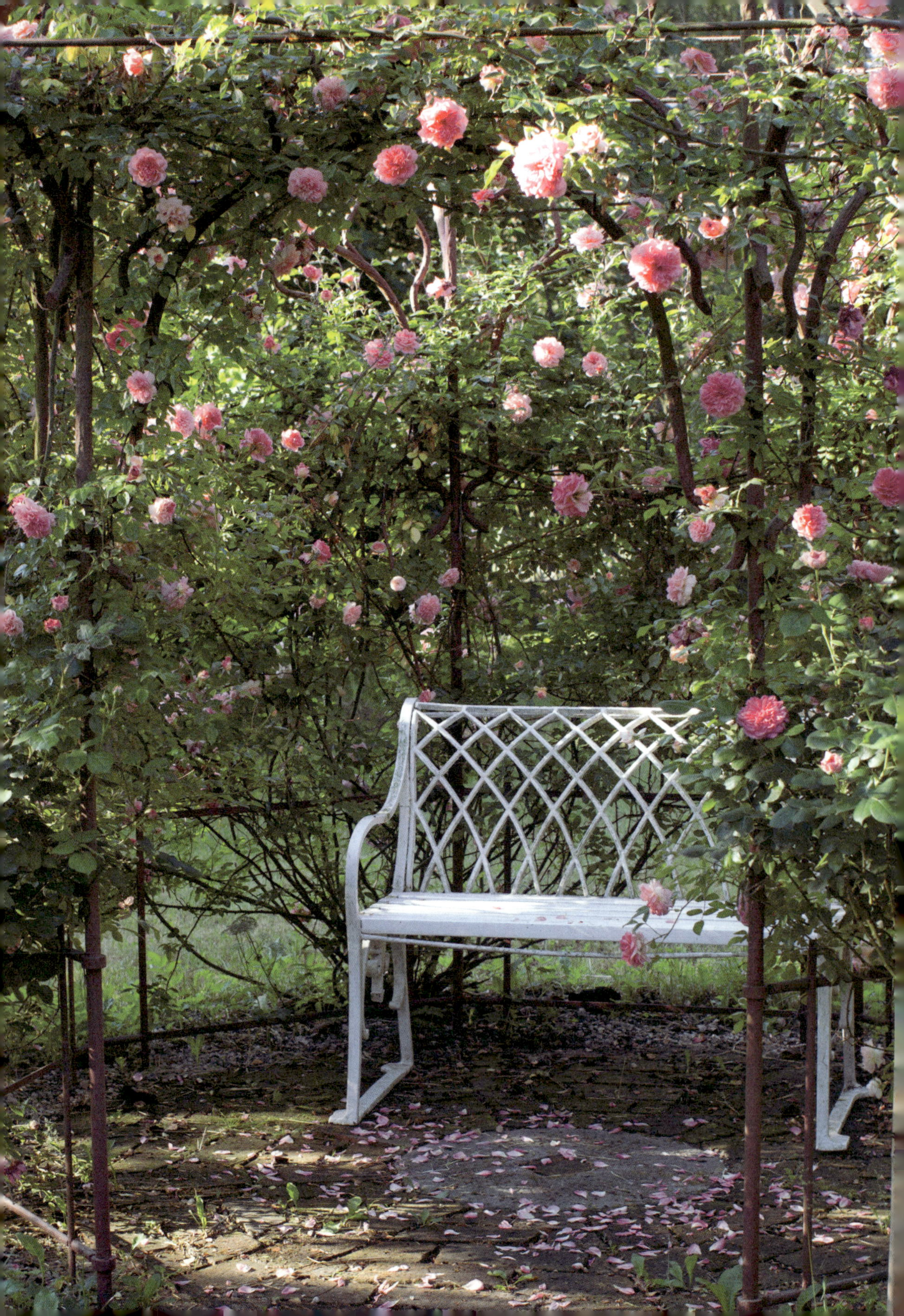

Alter Besitz in neuer Pracht

Ein romantisches Schloss im Havelland ist Ziel für Kultur- und Gartenfans. Kein Wunder, lockt doch ein zu frischem Leben erweckter Park voller Pflanzenschätze.

Schon die Anfahrt von Berlin durch die schattigen, alten Alleen im brandenburgischen Havelland ist ländlich-beschaulich. Fontane-Land, am berühmten Schloss Ribbeck vorbei, wie war noch diese Ballade vom Birnbaum? Richtig romantisch dann die letzten Kilometer über eine schmale, gewundene Straße. Schließlich vor der Dorfkirche mit der spitzen Schieferhaube scharf links, rechts – und Schloss Kleßen empfängt den Gast. Eine barocke märkische Gutsanlage wie aus dem Märchenbuch. Mehr Schloss als Gutshaus, eine symmetrische Dreiflügel-Anlage, vor der sich ein langer ehemaliger Ehrenhof erstreckt. Im Frühjahr wogt hier ein farbenfroher pointillistischer Blütentraum dank tausender Tulpen, Narzissen und anderer Zwiebelblüher, sommers schäumt ein Meer von blauem Salbei. Markant ragt aus diesem Wildwiesen-Blumenteppich der neugotische mehrstöckige Wasserturm aus Backstein heraus.

Vor dem Haupteingang ruht ein Blumenrondell mit Amphore in einem Rasenkreis, umrundet von altem Kopfsteinpflaster. Schlossherrin Sabine Thiedig empfängt mit einem herzlichen »Willkommen in einem märkischen Gut!« Schnurstracks geht es durch ein repräsentatives Vestibül und den festlichen türkisgrünen Gartensaal (»ein hübscher Gartensalon mit Stuckfries und Deckenmalereien«, schrieb Fontane 1889) auf die Terrasse. Vorhang auf, großes grünes Theater: Vor einem

Die romantische luftige Laube lädt zum Träumen ein, begleitet vom süßlichen Duft der Kletterrose »Paul Noël«.
Doppelseite davor: Ein barockes Gutshaus als kulturelles Zentrum im Havelland.

erstreckt sich ein großzügiges Rasenparterre, auf beiden Seiten ragen majestätische Laubbäume mit mächtigen Kronen in den Himmel. Im Zentrum sprudelt eine Fontäne aus flachem, runden Sandstein-Brunnen, flankiert von vier hohen Metall-Pyramiden. Daran ranken Rosen wie »Climbing Souvenir de la Malmaison«, »Kir Royal« und die unverwüstliche Schöne »New Dawn« bis in die von vergoldeten Kugeln gekrönten Spitzen. Links und rechts formen Hecken ein Passepartout, vis-à-vis beschließt eine kastenförmig getrimmte Eibenhecke mit elegantem Halbkreis dieses »Bühnenbild«. Eine klassische barocke Szenerie, voller Noblesse mit ihren vielen Nuancen von Grün und der Harmonie der Symmetrie.

Hat dieses stimmige Gesamtkunstwerk aus Gutshaus und Park die Wirren der letzten 100 Jahre etwa unversehrt überdauert? Mitnichten. Noch 25 Jahre zuvor war das Schloss – seit dem 14. Jahrhundert im Besitz derer von Bredow, dann zu DDR-Zeiten Konsum, Kindergarten, Kino und Altenheim – eine baufällige Ruine. Der Garten war bis auf wenige Obst- und alte Laubbäume verschwunden. Man muss schon viel Mut, Tatkraft und einen großen Traum haben, um so etwas Wiederauferstehen lassen und mit neuem Leben füllen zu wollen. Das Berliner Ehepaar Sabine und Hans-Jürgen Thiedig verfügte über all das – und die finanziellen Mittel. Und beide wollten mehr als nur Schlossbesitzer sein: »Für uns war von Anfang an klar, dass wir das nicht nur privat nutzen, sondern damit die Geschichte Brandenburgs und des Landadels zurückbringen.« Sie planten ein ländliches Kultur-Zentrum, um Kulturbewusstsein für diese traditionsreiche Region neu zu erwecken. »Viele Menschen hier wissen kaum noch, auf welch' historischem Boden sie leben«, so die neue Gutsbesitzerin.

1993 wurde mit dem Wiederaufbau des unter Denkmalschutz stehenden Schlosses unter Verwendung möglichst historischer Baustoffe begonnen. So wie es von 1723 bis 1730 unter dem Kammerherrn Gebhard Ludwig Friedrich von Bredow errichtet worden war. Der

Garten hatte keinen Denkmalschutz, »aber er musste in seinen Grundstrukturen zum Haus passen«, war sich das Paar einig. Vermutlich gab es Mitte des 18. Jahrhunderts einen barocken Garten. Er wird wohl nie so prachtvoll gewesen sein wie heute, nach seiner glanzvollen Wiederauferstehung ab 1999. Zumal sich jetzt eine äußerst stimmige Synthese von barocker und gegenwärtiger Gartenkunst, mit englischem *touch*, präsentiert. Ein gelungenes Gemeinschaftswerk der Besitzer mit den beiden Stuttgarter Gartenarchitekten Günter Mader und Elke Zimmermann: »Wir wurden uns sehr schnell einig.«

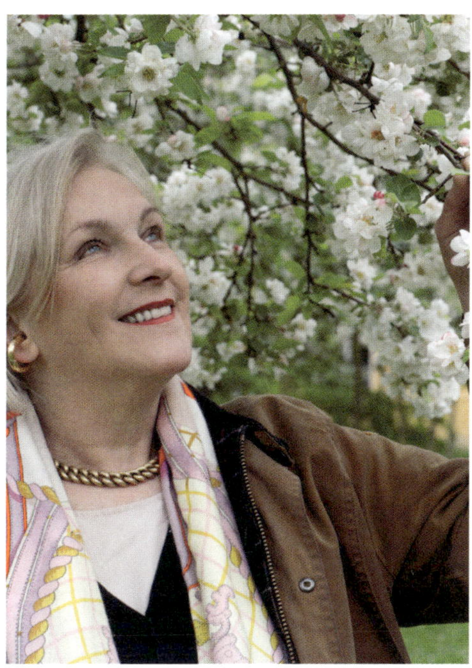

Sabine Thiedig und ihr Mann erweckten Schloss und Park aus dem Dornröschen-Schlaf zu kulturellem neuen Leben.

Für das Rasenparterre waren Bäume wichtig. »Dieses große, formale grüne Zimmer brauchte einen passenden großartigen Rahmen«, sagt Sabine Thiedig. Sie sog schon als Kind fasziniert die Schilderungen des Großvaters über dessen dendrologischen Park in Ostpreußen ein. So eröffnen die zwei Alleen links und rechts jetzt je ein Paar Tulpenbäume (*Liriodendron tulipifera*) mit ihrem herzförmigen Laub und den markanten, tulpenförmigen Blüten, gefolgt von geschlitztblättrigen Eichen (*Fagus sylvatica* »Asplenifolia«), dazwischen rote Rosskastanien, »die Leute im Dorf erzählten von alten Kastanien, die hier früher standen«, ergänzt durch Linden und Ahorne. Fast alle schon mit stattlichen Größen und malerischen Kronen, fassen sie als schnurgerade Reihen – »unsere Ho-

Folgende Doppelseite: Im Ehrenhof begrüßt zum Entrée ein Rondell mit aromatischer Katzenminze, dazu eine majestätische 200-jährige Eiche als Hausbaum.

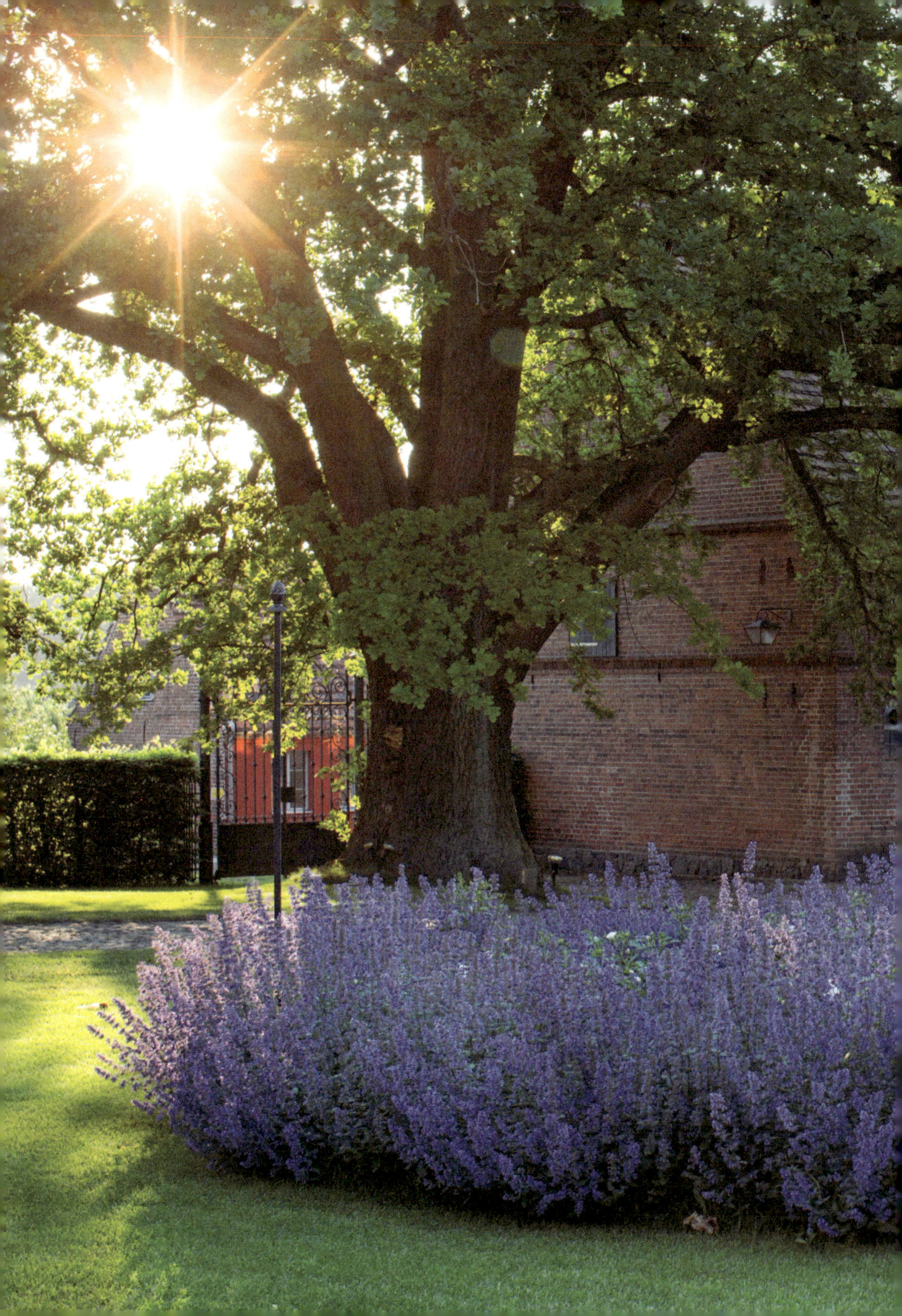

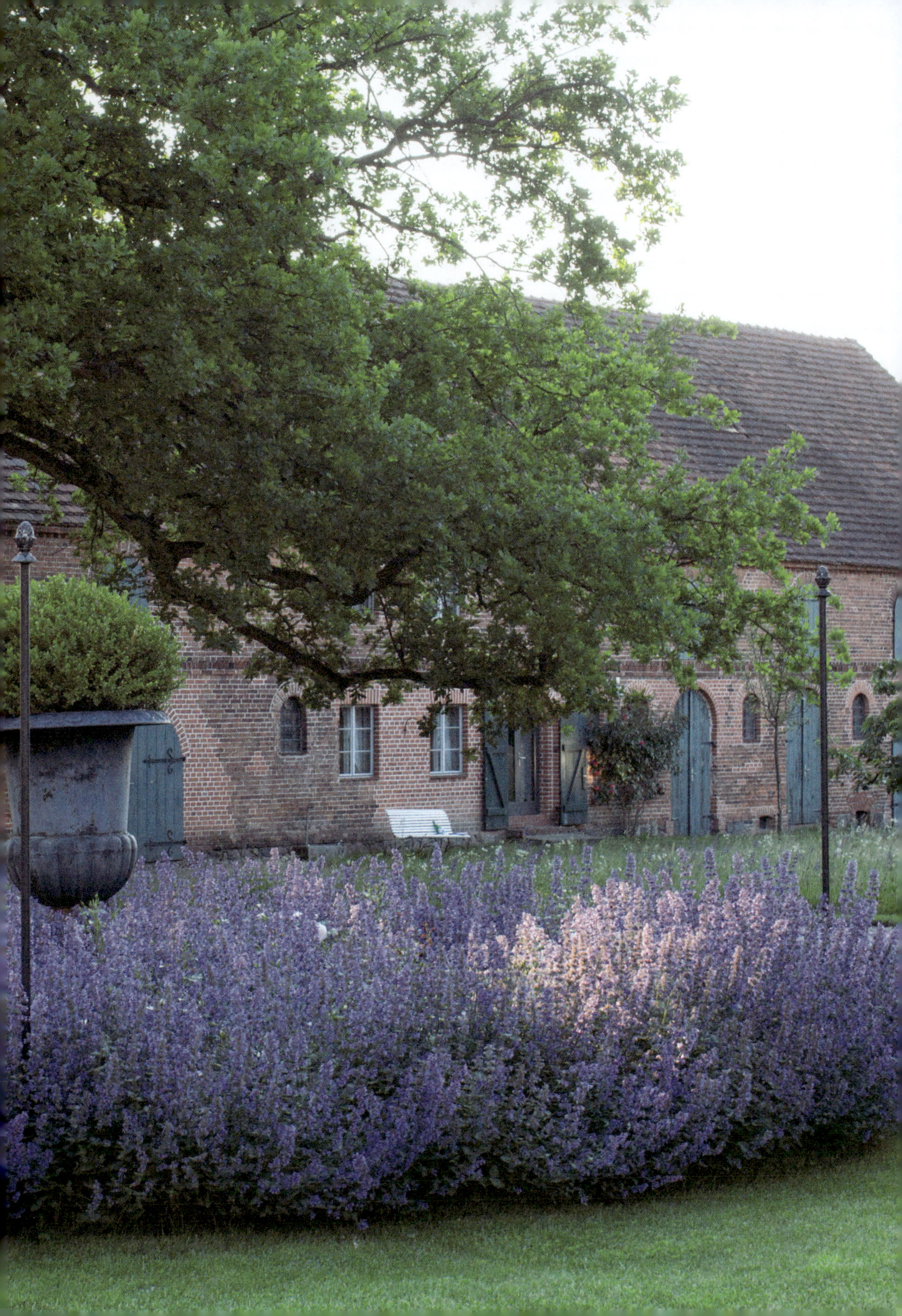

senträgerwege«, zitiert die Gutsbesitzerin lachend den Gartengestalter – das Parterre ein. Wobei zwei, drei Bäume auch mal keck aus der Reihe in den Kiesweg hinein tanzen. Hinter der linken Allee zieht sich parallel eine Buchsbaum-Hecke, die auffällt durch wolkig-amorphen Schnitt. Nein, der Gärtner war nicht betrunken! Gemeinsam mit der Gutsherrin wurde in nur einer Woche dieses Kunststück im Herbst 2016 vollbracht. Es ist das Resultat eines Besuchs im Garten von Montacute House in Somerset, einer von vielen Gartentrips von Sabine Thiedig nach England. Dort verliebte sie sich sofort in eine uralte, knubbelige Eibenhecke. »Meine daheim, 70 Meter Buchsbaum-Hecke in Kastenform, war mir irgendwann zu langweilig.« Jetzt ist die organisch geschwungene Hecke eine Skulptur und Hingucker auch im Winter, wenn Raureif und Schneemütze sie magisch verwandeln. Dahinter liegt ein Obstgarten mit alten Sorten und einem luftigen Rosen-Pavillon, im Frühling ist die Wiese übersät mit hunderten duftender Narzissen.

Das Parterre ist die Verneigung vor der Vergangenheit. Doch rechts zum Dorf hin, verborgen hinter einer langen Hainbuchen-Hecke, erstreckt sich eine Folge von drei intimen Kabinetten, die trotz Anlehnung an barocke Boskette ganz heutig sind. Ein Kräuter- und Naschgarten, ein Rosengarten, einer für Schnittblumen. Schmale Durchgänge geleiten von einem von Farben und Düften überquellenden Kabinett ins nächste, eine opulente Mixtur aus Stauden und Gehölzen. Die berühmte englische *mixed border* lässt grüßen. Aber die Transformation in den berüchtigten märkischen Sand – die Erde wurde 40 cm tief ausgekoffert und durch fruchtbare Neue ersetzt – ist sehr individualistisch mit einer Prise Avantgarde. Generell lässig-nonchalant, mit einem »Twist«, der die Lust der Gärtnerin am Experimentieren verrät. Da wuchert es auch mal aus den Beeten über das historische Pflaster hinweg. Im mittleren Kabinett entzückt ein schattiger Sitzplatz, flankiert von zwei Bäumchen mit spitzigem silbriggrauen Laub. Die weidenblättrige Birne (*Pyrus salicifolia pendula*) ist die anmutigste frostharte Alternative zum Olivenbaum, »der hätte hier auch nichts zu suchen«.

Akeleien und andere selbst versamende Sommerblumen dürfen sich durch die Rabatten schlampern. Beim hoch aufragenden Federmohn (*Macleaya cordata*) ist Thiedig generös, wenn er sich irgendwo frech platziert hat, »meist passt es und das mattgrüne Laub ist so außergewöhnlich schön«. Nur beim Farb-Konzept – Weiß, Blau, Rosa, Violett und Purpur – ist die Gärtnerin rigoros: »Gelb geht gar nicht!« Weder in den Kabinetten noch auf der anderen Parkseite, in der großen Prunk-Rabatte vor der kleinen Orangerie mit sonntags geöffnetem Café, wo sich sommers mit der von Blauregen überwucherten Pergola mediterrane Heiterkeit verbreitet. Also landen gelbe Taglilien in den vielen versteckten Ecken. Gelber Goldlack darf dann aber doch zwischen lila Katzenminze leuchten, »eine Erinnerung an die Kindheit, damit hat Garten doch auch immer zu tun!« Ihr Credo »Garten ist Harmonie und Überraschung« ist überall erfahrbar in dieser virtuos gelungenen Mischung aus barocker Strenge und opulenter Blütenfülle.

»Natürlich will ich kein Fitzelchen braune Erde sehen, alles muss ganz dicht an dicht wachsen«, erklärt die gelernte Apothekerin, längst eine profunde Pflanzenkennerin. Der zwei Hektar große Park wird gemeinsam mit einem Gärtner bewältigt, die Gutsfrau packt selbst beherzt und gerne mit an. Jede Pflanze kennt sie, notabene auch den botanischen Namen, nur bei den unzähligen Rosensorten überlegt sie manchmal. Duft spielt generell eine große Rolle. Am Ende der Wildwiese auf dem Weg zum idyllischen »Pfauenhaus« – heute eine Ferienwohnung – wird man von einer großen Fliederhecke begleitet, »chinesischer Flieder, der hat feinere Blüten und eleganteren Duft«. Mehrmals wogen schäumende weiße Wolken von Jasminblüten durch das Grün, die Sorte »Belle Etoile« verführt mit extrem süßem Odeur. Ganz zu schweigen von der purpurroten »Rose de Resht«, die eines der intensivsten Aromen überhaupt besitzt.

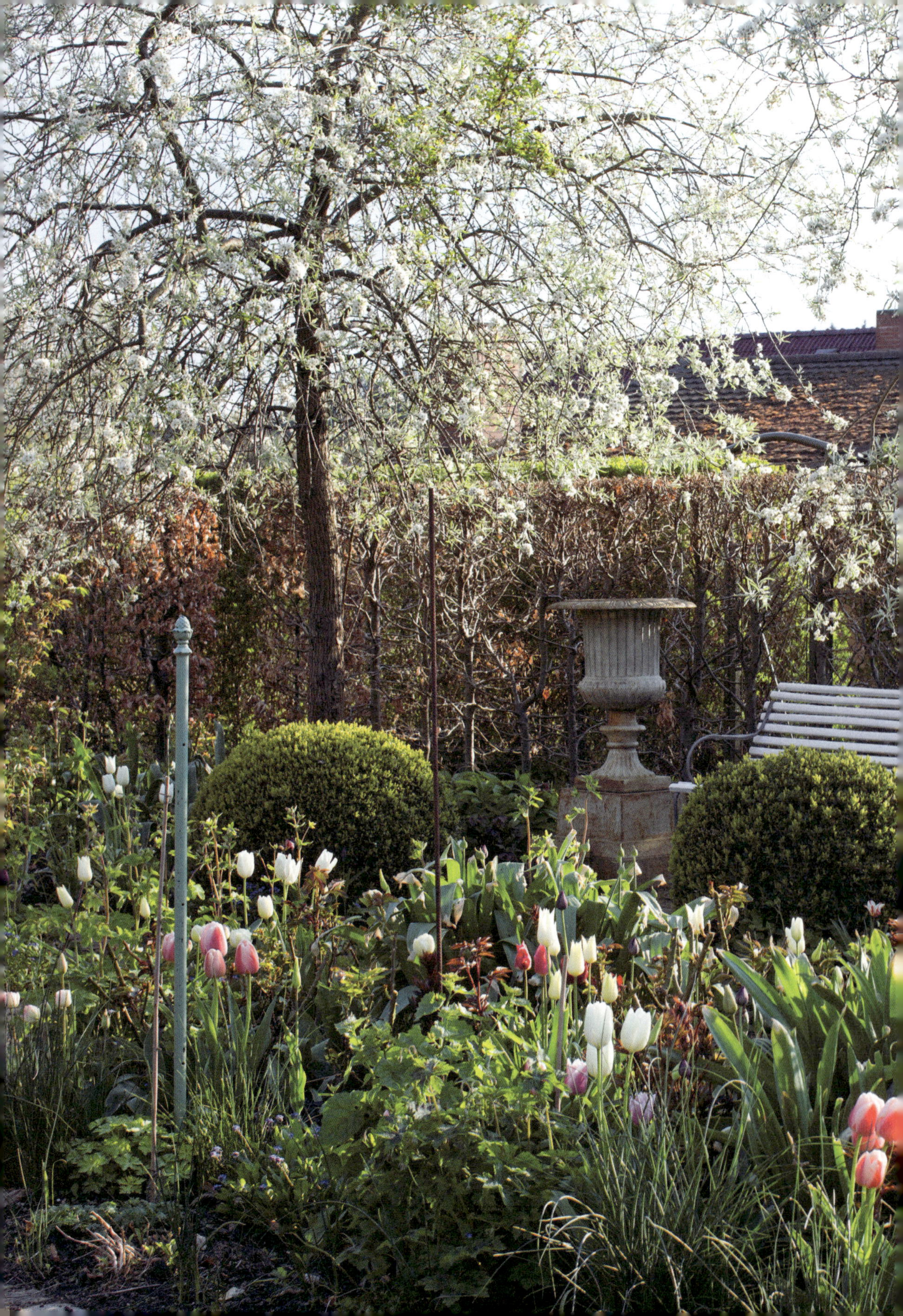

Was den besonderen Zauber von Schloss Kleßen ausmacht, ist dieses »Aus-der-Zeit-gefallen-sein«. Man begibt sich auf gemächliche Zeitreise mit Theodor Fontane und seinen »Wanderungen durch die Mark Brandenburg«, Beethovens 6. Symphonie, die »Pastorale« und der »Genuss des Landes«, hier wird es Wirklichkeit. Schloss und Garten sind aus einem Guss und strahlen – aller Renovierung zum Trotz – genau jene Portion Patina aus, die alles authentisch gewachsen wirken lässt. Wenn im Sommer zum »Gartentag«, zu Lesungen oder Konzerten Besucher – oft aus Berlin – total entspannt durch den von Vogelgezwitscher erfüllten Park schlendern, dann ist Sabine Thiedig mehr als zufrieden. Wer sich nach so einem Nachmittag auf dem Lande gar nicht trennen mag von diesem Paradies, kann hier Hochzeiten und Feste feiern – im Herrenhaus (mit Glück) – oder in einer der fünf charmanten Ferienwohnungen in den ehemaligen Wirtschaftsgebäuden übernachten. Wecken vom Dorfhahn inklusive.

Tipp

Dornröschen-Zauber offenbart sich in dem langen Gartenbereich, der sich entlang der organisch-wolkigen Buchsbaum-Hecke – eine lebende Skulptur – verbirgt. Nach dem Narzissen-Meer im Frühling ranken sich sommers duftende Rosen in alte Apfelbäume und in der Mitte lädt eine luftige, rosenumrankte Laube zum Träumen ein.

In einem der Hecken-Kabinette sprießt üppiger Frühlings-Flor, die Bank wird gerahmt von zarten Blüten der Weidenblättrigen Birne.

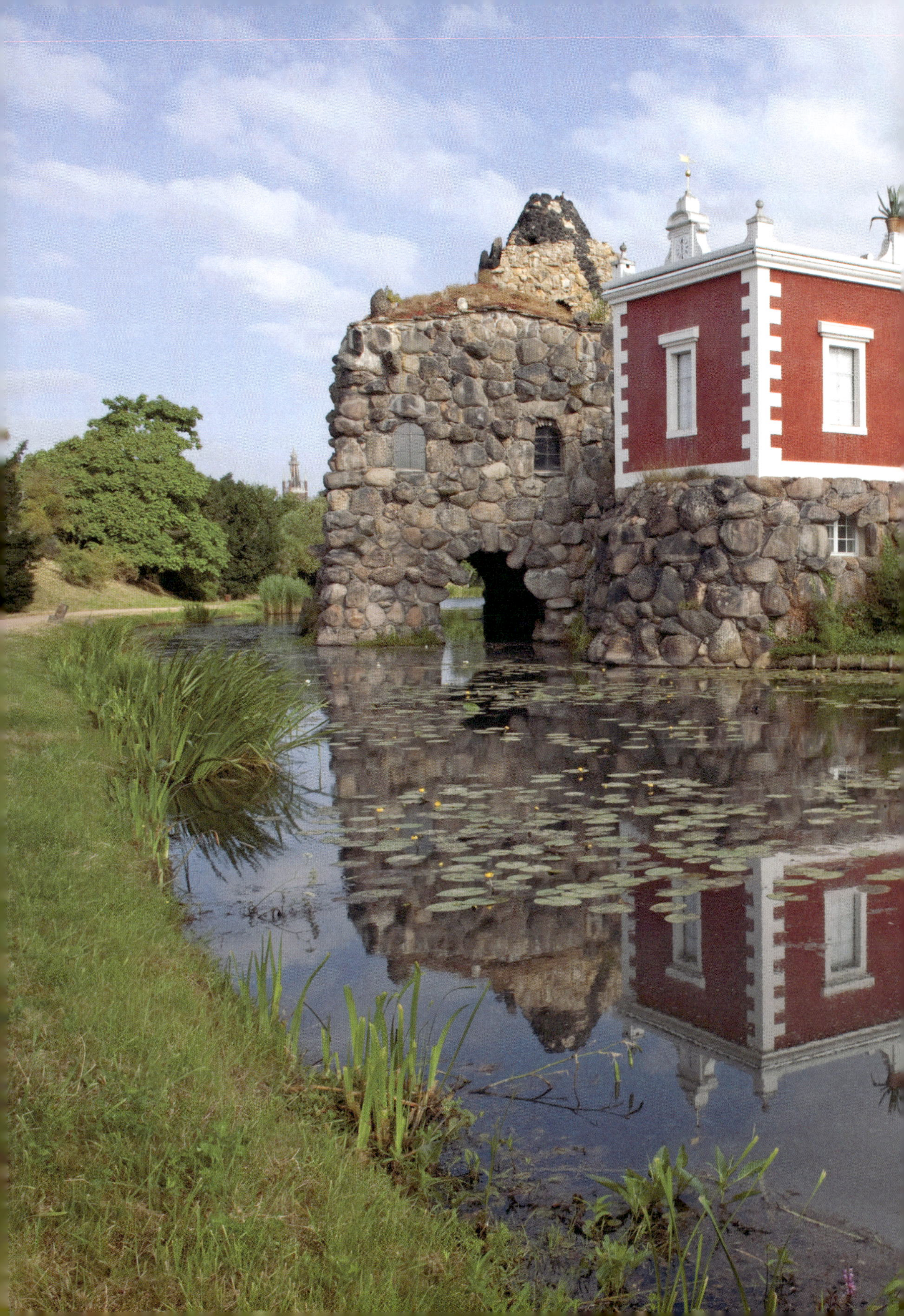

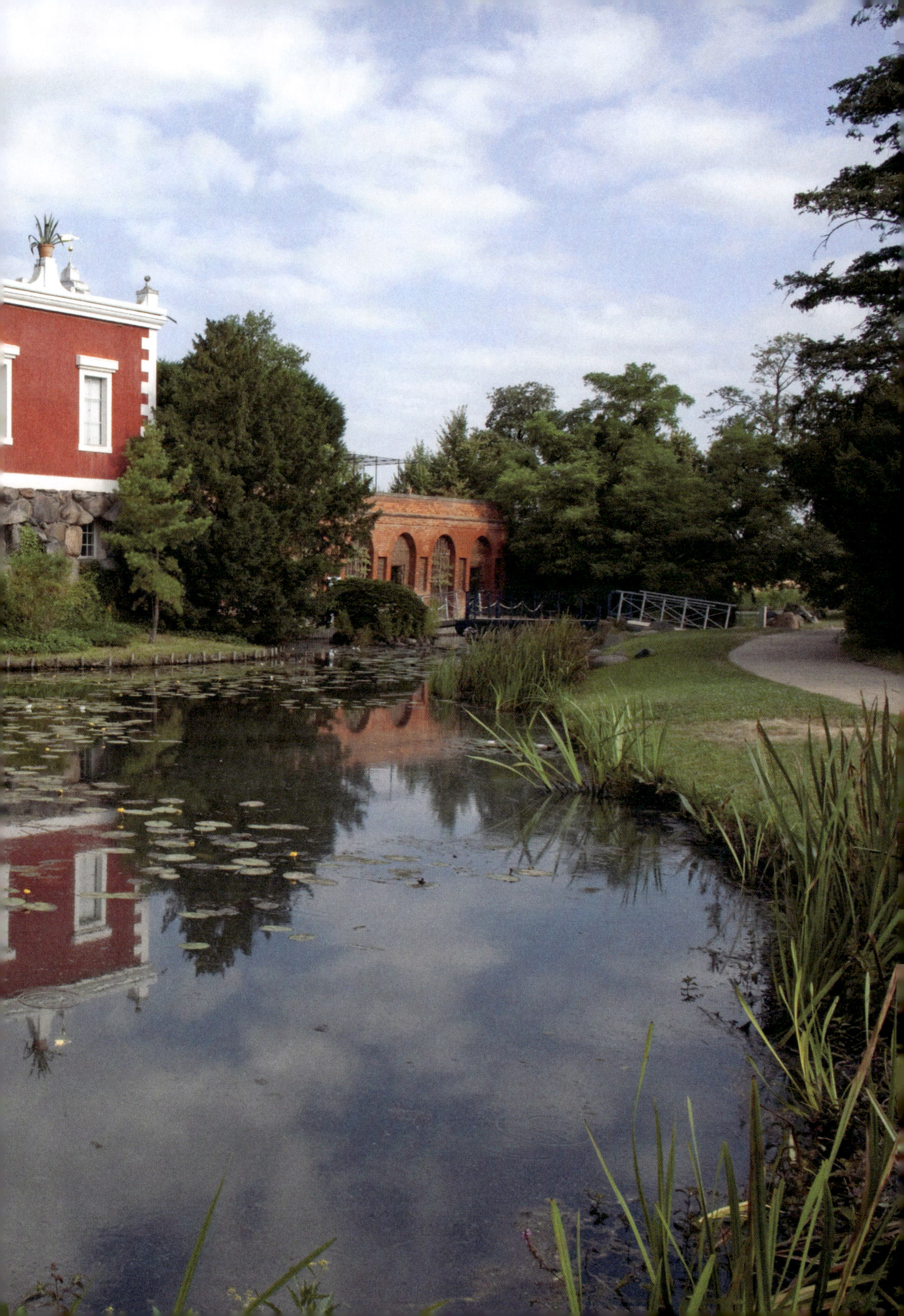

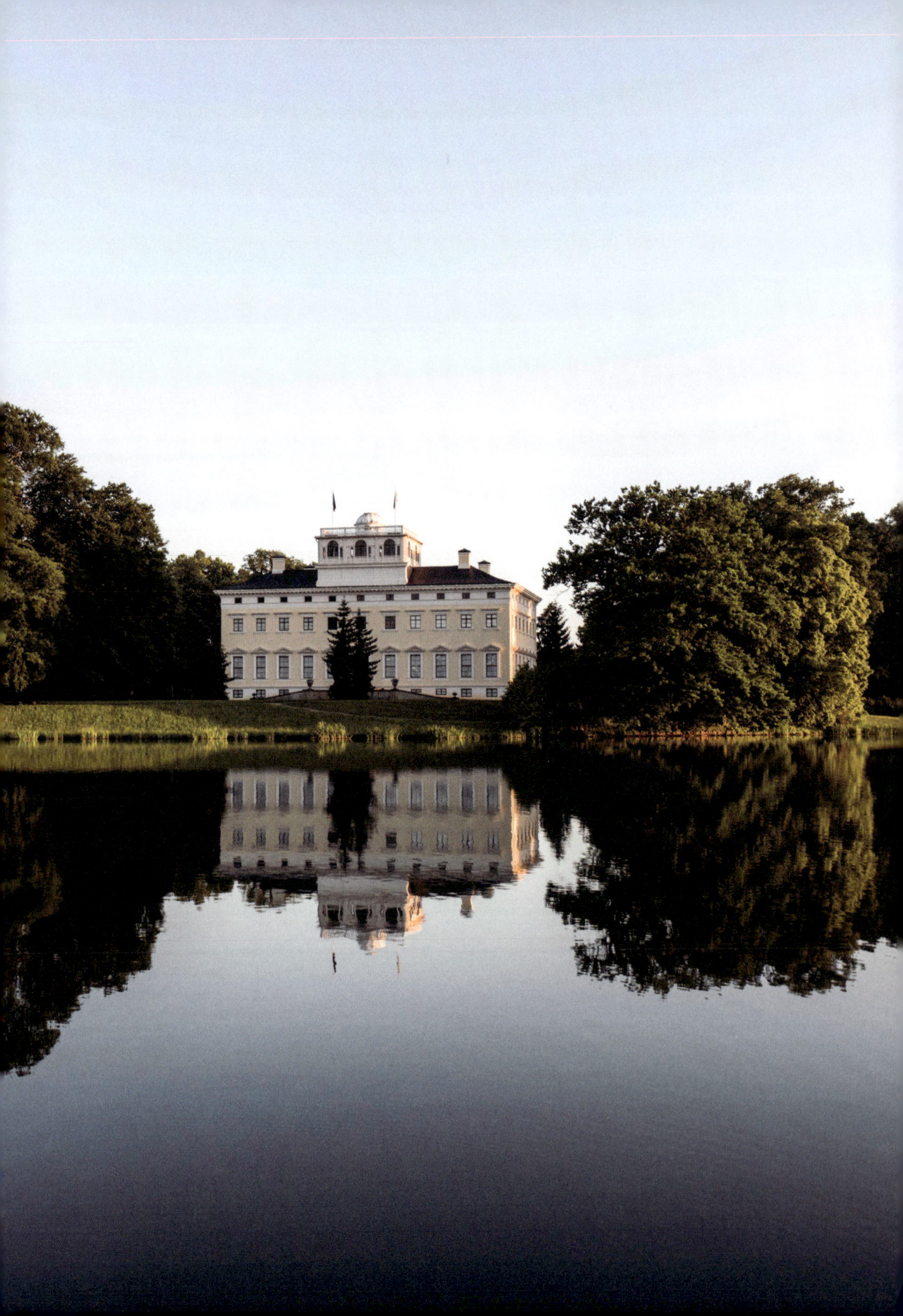

Ein Fürst erschafft ein Arkadien für alle

In Wörlitz entstand der erste Englische Landschaftspark auf dem Kontinent. Eine Bildungsreise durch Europa – und seit 260 Jahren unendlich schön

England gilt immer noch als Mutterland höchster Gartenkultur, der Englische Landschaftspark als Nonplusultra eines Parks. Seine Ikonen sind Stowe und Stourhead, Petworth und Blenheim. Doch man muss gar nicht auf die Insel, um einen der schönsten Parks dieses Stils zu genießen. Auf nach Sachsen-Anhalt. Dort liegt mit den Wörlitzer Anlagen im Gartenreich Dessau-Wörlitz, UNESCO-Welterbe seit 2000, der wohl erste Englische Landschaftspark des Kontinents. 112 Hektar kunstvoll gestaltete Natur, angereichert mit malerischen Architekturen. Ein Paradies für alle, keine Zäune, kein Eintritt. Obendrein – blendet man die das Gartenreich zerteilende Autobahn, zersiedelte Landschaft drumherum und das nahe, stillgelegte Kraftwerk Vockerode aus – größtenteils original erhalten wie seit seiner Entstehung ab 1764.

Da kehrt der junge Fürst Leopold III. Friedrich Franz von Anhalt-Dessau von seiner ersten England-Reise zurück. Dort bewunderte er auf einer *Grand Tour* – ein Must für gebildete junge Adlige – die berühmte neue Mode der Gärten im »natürlichen« Stil. Und erschafft in seinem winzigen Herzogtum, 700 Quadratkilometer, 35 000 Einwohner, den Traum vom eigenen Paradies nach diesen Vorbildern. Kongeniale Partner sind der Architekt Friedrich Wilhelm von Erdmannsdorff und der Hofgärtner Johann Friedrich Eyserbeck. Erdmannsdorff baut nah am Seeufer

Schwebend schön spiegelt sich das Schloss, ein Glanzstück des Neoklassizismus, im Gewässer, auf dem sich sogar gondeln lässt.

Doppelseite davor: Kuriose Kopien sind die Insel Stein mit Mini-Vesuv und der neapolitanischen Villa Hamilton.

das erste neoklassizistische Schloss Deutschlands (aufwändig restauriert) und auch fast alle Park-Gebäude im Stil der Antike. Drei weitere England-Reisen später ist Wörlitz so perfekt kopiert und komponiert, dass der englische Diplomat Charles Stewart dort 1813 ausruft: »God damn, ich bin in England!«

Yes, indeed! Spaziert man heute durch dieses Kunstwerk, erwartet einen das gesamte Repertoire des Englischen Landschaftsgartens: der »Belt-Walk«, ein von Gehölzen gesäumter Rundweg; eine Matrix geschlängelter Wege, die nach jeder Biegung neue Gartenbilder und in Szene gesetzte Bauten oder Skulpturen offenbaren; majestätische, über 200 Jahre alte Laubbäume, vor allem die Stiel-Eiche als zentraler Baum der Elb-Auen; die »clumps«, in offene Flächen gesetzte Baumgruppen als markante Blickpunkte; (damals) botanische Raritäten wie Sumpf-Zypresse (*Taxodium*), Virginische Rotzeder (*Juniperus virginiana*) oder Tulpenbaum (*Liriodendron tulipifera*) und ein später angelegtes Pinetum (Sammlung Immergrüner Gehölze). »Hier sind über 460 Gehölz-Arten und -Sorten«, sagt Gartendirektor Michael Keller. Dazu zahlreiche Obstgehölze, als Spaliere oder Hochstämme, wie zu des Fürsten Zeiten überall im Park verstreut. Denn der bezog Äcker und Weiden, Vieh- und Landwirtschaft sowie Obstanbau mit ein, getreu nach Horaz »das Nützliche mit dem Schönen« vereinend.

Typisch sind die auf Kontraste setzenden Szenenwechsel, erst schummrige Eiben-Haine, danach Panoramablick auf eine weite Wiese wie im Bilderbuch: Gräser, Glockenblumen, Skabiosen, Margeriten und Labkraut verweben sich zu einem pointillistischen Teppich, der zweimal jährlich gemäht wird. Stolz zeigt Keller auf eine junge Mehlbeere, »die hat Prince Charles im Vorjahr gepflanzt«. Sie hat, wie viele Bäume, einen Biberschutz aus Maschendraht, »der Biber hat halt Vorfahrt«, lacht Keller. Man ist in einem Biosphären-Reservat, mit vielen Schmetterlings-Arten und 120 angestammten Vogelarten, darunter Eisvogel und Wiedehopf. Unerwartet öffnet sich eine Lichtung, an deren Ende auf grünem Hügel ein Venustempel thront. Eines von zahlreichen Zitaten aus Italien, wie die Kopie des römischen Pantheons, das sich in Wörlitz traumverloren im Wasser verdoppelt. Der Fürst verehrte Antike, Klassizismus und Palladio. Johann Joachim Winckelmann traf er in Rom, Neapel beeindruckte ihn tief. Das exzentrischste Souvenir von dort ist die Insel Stein. Ganz im Osten, wo der Wörlitzer See schmal endet, erhebt sich ein klobiger, künstlicher Felsen, 17 Meter hoch, ein Mini-Vesuv. Schon vor 230 Jahren amüsierten sich Besucher dank Pyrotechnik über einen brodelnden Vulkanausbruch, heute fasziniert das Spektakel im Sommer ebenso. Neben dem Vulkänchen steht die Villa Hamilton, der Nachbau jenes Sommerhauses des Englischen Gesandten in Neapel besticht innen mit exquisiter Ausstattung. Die rote Außenfassade des Pavillons macht ihn als markanten *Point de vue* weithin sichtbar. Denn alles ist hier virtuos auf Fernwirkung hin inszeniert, die »Goldene Urne« an einem Kanallauf oder, hochromantisch, die Rousseau-Insel mit von Pappeln gerahmtem Sarkophag, Hommage des Fürsten an den von ihm bewunderten Dichter.

Überall sind langgezogene, schmale Sichtachsen elegant eingefügt: vom Schloss aus übers Wasser auf das am Ufer sich träumerisch spiegelnde »Nymphaeum«. Von diesem Gartensitz wiederum genießt man den Blick vis-à-vis auf das Schloss, von Pappeln – »der deutsche Ersatz für südländische Zypressen«, so Keller – als rahmenden Ausrufezeichen flankiert. Links schimmert durchs Grün der »Englische Sitz«, das 1765 erbaute erste Palladio-Parkgebäude in Deutschland, weiter links der Rundbau der nach römischem Vorbild entworfenen Synagoge, Zeugnis für die tolerante Politik des Fürsten, dahinter der hohe, spitze Kirchturm der St. Petri-Kirche.

Die zweite Hauptrolle in diesem Freiluft-Theater, das mit allem – es ist das Zeitalter der Empfindsamkeit – die Illusion »unberührter Natur« feiert, spielt das Wasser der alten Elb-Arme. Glitzernd als sanft gebuchteter See, geheimnisvoll in von Rhododendren gesäumten

Folgende Doppelseite: Verträumte Kanäle und Sichtachsen mit malerischen Blickpunkten wie dem antiken Venus-Tempel im Arkadien für alle

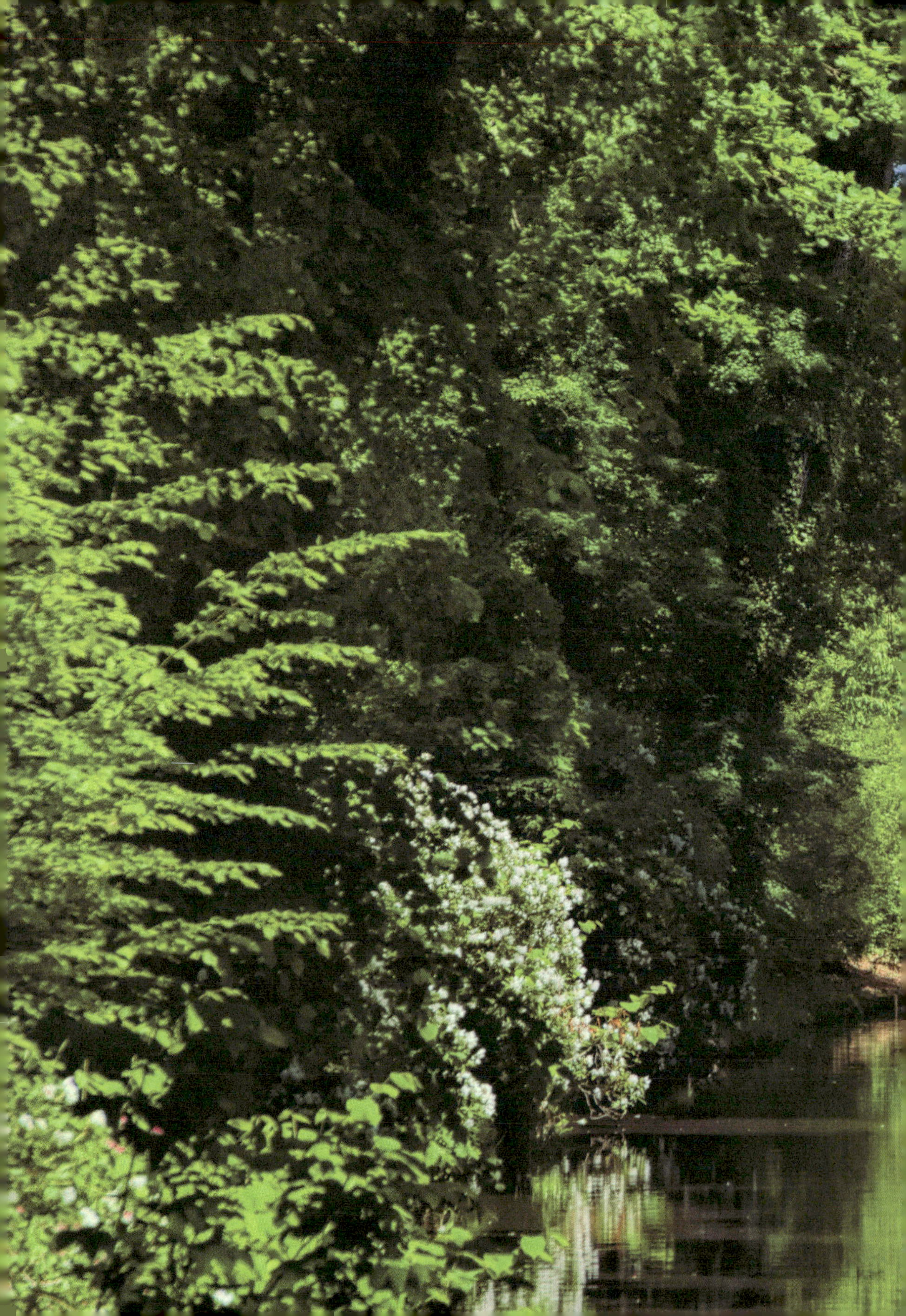

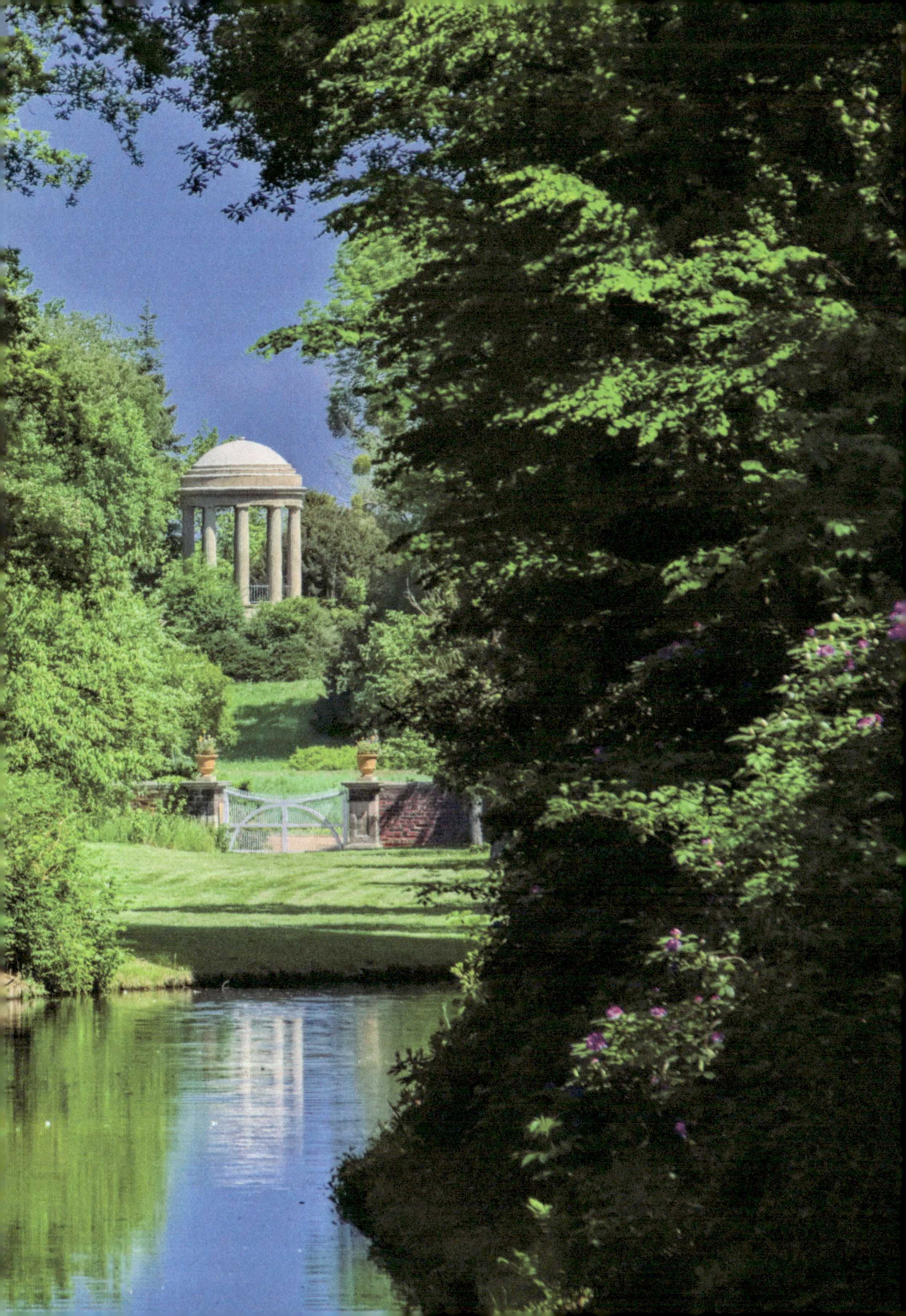

schmalen, künstlichen Kanälen, oft effektvoll Bäume, Bauten oder Skulpturen spiegelnd. Spielerisch wird das Element zum Amüsement des Spaziergängers genutzt. Mit Seil-Fähren kann er auf Inselchen übersetzen, mal empfängt ihn die »Venus aus dem Bade«, auf der winzigen Rosen-Insel eine noch vom Fürsten gepflanzte mächtige Eiche. Von dort landet er in »Neumarks Garten«, verirrt sich hier im »Labyrinth«, ergötzt sich im frisch restaurierten »Elysium«, um dann mit der Teelaubenfähre überzusetzen zum Schloss, dabei die am Ufer sinnende »Muschelsucherin« bewundernd. Die luxuriöseste Fortbewegung ist mit Gondeln, bewegt von muskulösen Gondolieren (gesungen wird nicht). Lautlos gleitet man durch die Kanäle, begleitet nur von Pfauen-Schreien oder Kuckucksrufen, erfährt so dieses Arkadien auf einer zweiten Ebene.

Ob Gondel oder zu Fuß, originell sind die fast 20 Brücken, jede anders: Von der 1791 damals modernsten »Eisenbrücke« über die vergoldete »Sonnenbrücke«, die sich im Wasser als güldener Strahlenkranz verdoppelt, bis zur anmutig gebogenen hölzernen »Weissen Brücke«, einem Nachbau aus Kew Gardens. Über die »Hornzackenbrücke« geht es an der »Romantischen Partie« vorbei zum klassizistischen »Flora-Tempel«. Das als Amphitheater kreierte »Blumen-Theater« davor entzückt mit kunstvoll verzierten Vasen und Töpfen, aus denen Sommerblumen quellen, Diva ist das zarte Wandelröschen in allen Farben. Dahinter überrascht Lago-Maggiore-Aura, der mit Neuseeländischem Flachs, Fuchsien, Buntnesseln und gigantischen Palmen in Kübeln bestückte dschungelhafte Palmengarten entstand Anfang des 20. Jahrhunderts.

Vom »Flora-Tempel« blickt man über eine Wiese mit Blumen-Beet in Phallusform auf das pittoreske »Gotische Haus«. Für die Kanalseite war die venezianische Kirche Madonna dell'Orto das Vorbild. Die Fassade der Gartenseite hingegen prangt mit reinster Tudor-Gotik, inspiriert von Strawberry Hill bei Twickenham nahe London. Vom

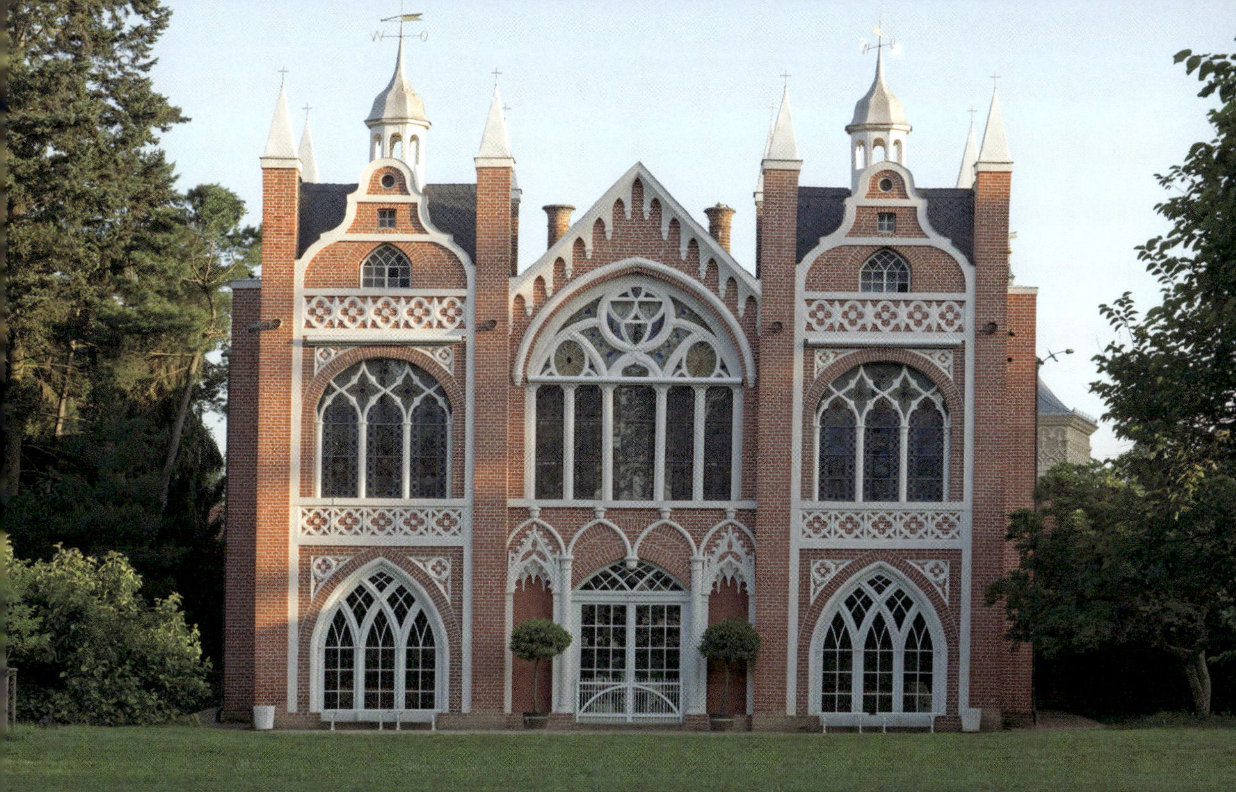

Im exzentrischen »Gotischen Haus«, getreue Kopie eines Landsitzes in England, war einst die Bibliothek des Fürsten.

Landsitz des englischen Schriftstellers Horace Walpole, der damit eine heftige Neo-Gothic-Mode auslöste, war Fürst Franz bei seinem Besuch fasziniert – und kopierte gekonnt. Es entstand ein eigenwilliges Stil-Konglomerat. Heute Museum, war es einst privates Refugium für den Fürsten und Luise Schoch, die ihm morganatisch angetraute Gärtnerstochter. Die offizielle Gattin Luise erhielt, luxuriöser Trost für die kränkelnde, depressive Fürstin, wenige Kilometer entfernt mit dem »Luisium« ihr eigenes Reich. Das Erdmannsdorff-Schlösschen ist ein Kleinod, das Interieur erlesen und der umgebende Park ein verwunschenes Idyll.

Mit seinem Park hat der Fürst nicht nur kopiert, sondern, den *Genius Loci* geschickt nutzend, einen eigenen, sinnlich-intellektuellen Kosmos erschaffen, ein Park als Bildungsreise durch Europa *en miniature* für seine Untertanen, mit freiem Zutritt. Wörlitz wird aus verschlafener Anonymität Ende des 18. Jahrhunderts selbst wichtige Station einer *Grand Tour*, Adlige, Künstler und Dichter kommen, staunen, loben die

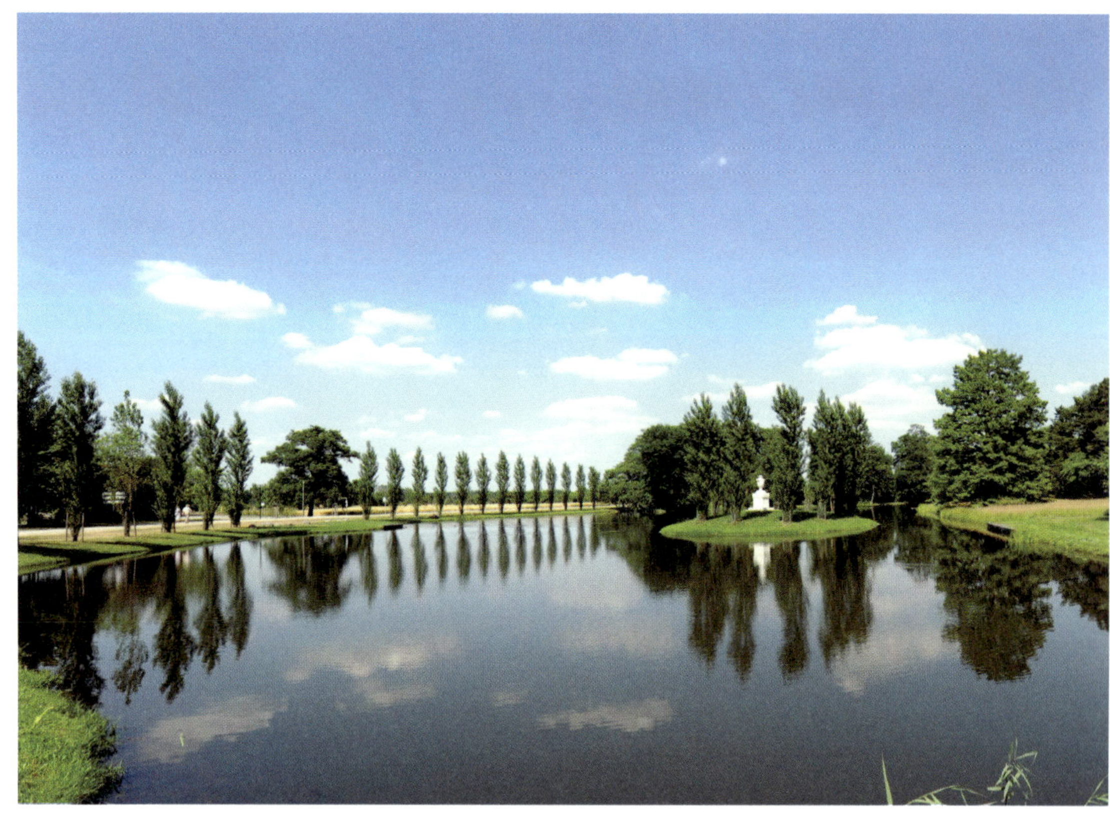

Die Rousseau-Insel am Park-Eingang, grünes Bekenntnis von Fürst Franz zur Natur-Philosophie des französischen Reformers

kühne Neuerung. »Eine Zierde und Inbegriff des 18. Jahrhunderts«, so der Schriftsteller Christoph Martin Wieland; »Niemand hatte noch vor ihm, weder in Deutschland noch Frankreich, dergleichen Garten-Anlagen gemacht«, feiert der belgische Parkomane Charles Joseph de Ligne die Pioniertat; der Gartentheoretiker und Verfechter des neuen Gartenstils aus England, obwohl selbst nie dort gewesen, Christian C. L. Hirschfeld rechnet Wörlitz 1785 »den edelsten Anlagen in Deutschland« zu.

Ein Garten als Gesamtkunstwerk von Natur und Architektur, Spiegelbild der Aufklärung und Manifest für Toleranz – von einem absolutistischen Fürsten, dies ist wohl einmalig auf dem Europäischen Festland. Zwar machen seinem Vermächtnis und dem Gartenreich insgesamt aktuell profane Probleme wie der Klimawandel zu schaffen. Dazu

Brigitte Mang, Direktorin der Kulturstiftung Dessau-Wörlitz: »Es werden noch immer Hochwasser- und Spätfolgeschäden von 2002/2013 beseitigt, während wir gleichzeitig von monatelangen Trockenperioden heimgesucht wurden. Diese haben Auswirkungen auf den Gehölzbestand an allen Baumarten, wobei lediglich 2 bis 3 % der Gehölze irreparable Schäden aufweisen. Die Nachpflanzungen erfolgen im Rahmen des Gartendenkmalplans.« Damit das historische Bild möglichst originalgetreu erhalten bleibt.

Dennoch: »Hier ists ietzt unendlich schön – und hat den Charakter der Elisischen Felder« – Goethes begeisterter Hymne von 1778 kann man heute nur zustimmen.

Tipp

Von der Balustrade des Flora-Tempels geht der Blick auf die zum Wolfskanal gelegene Fassade des »Gotischen Hauses«. Vorbild war Venedigs schönste Kirche Madonna dell'Orto – wenn dann noch lautlos eine Gondel vorbeigleitet, meint man sich mitten in Sachsen-Anhalt wie in einem venezianischen Traum.

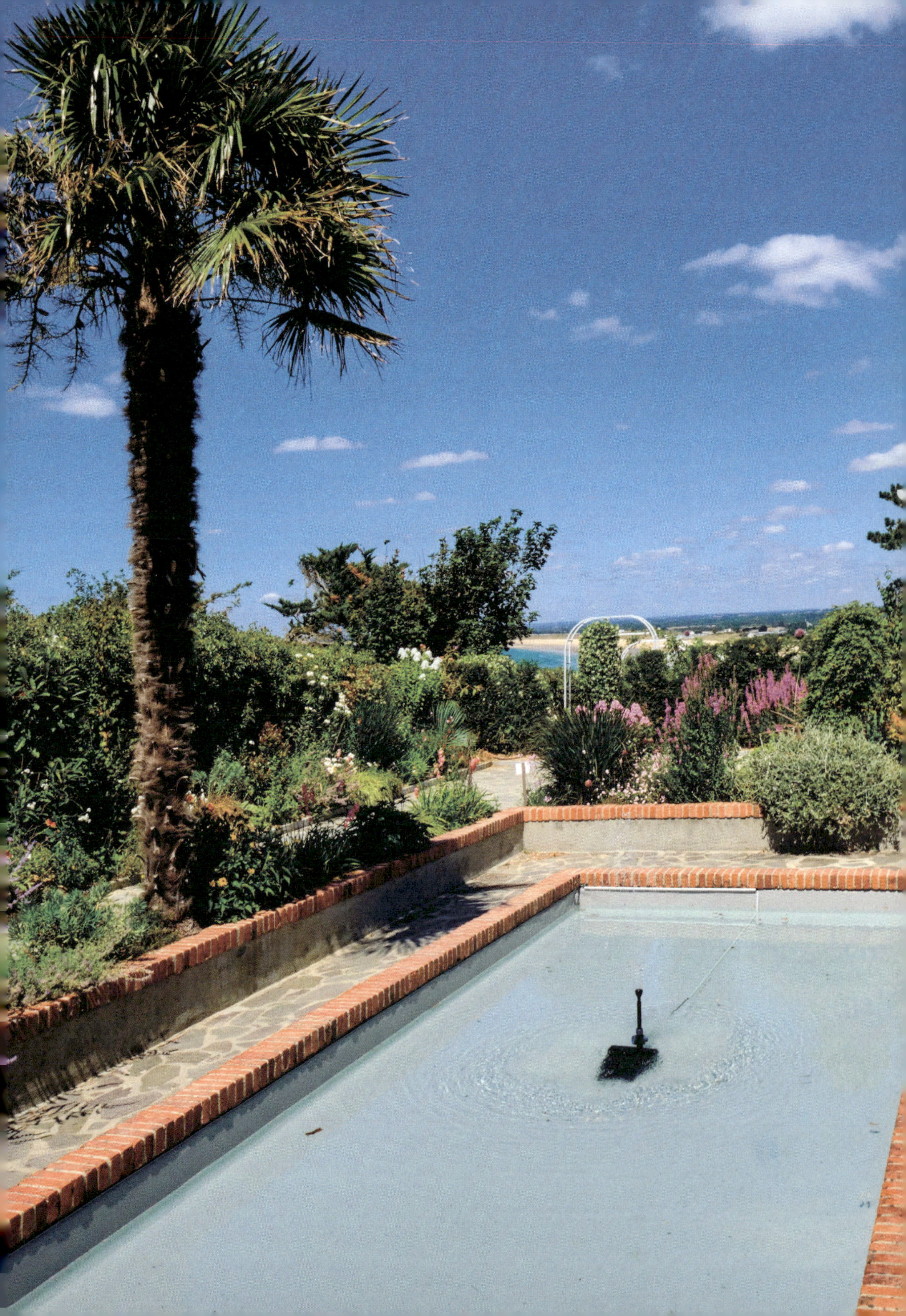

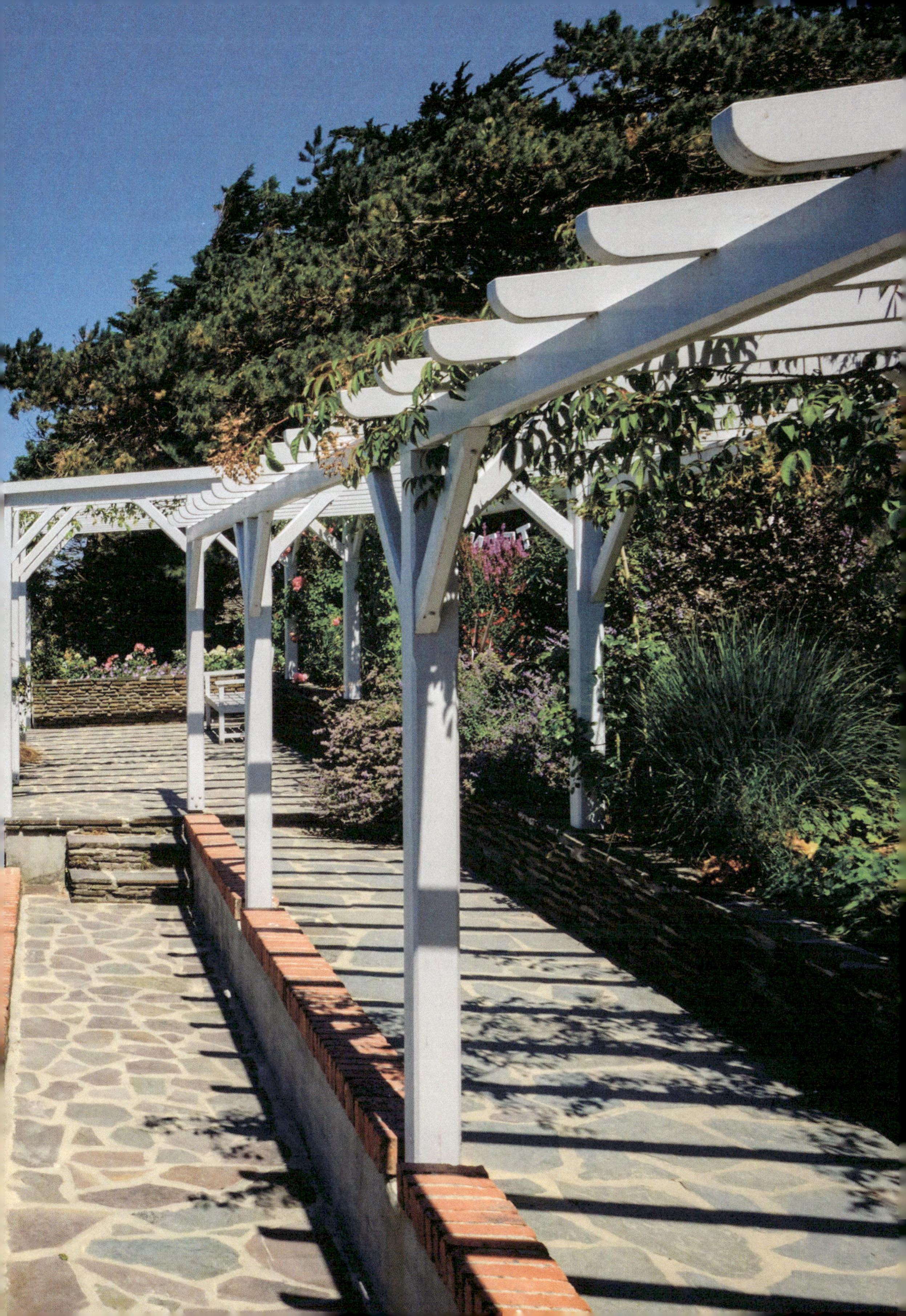

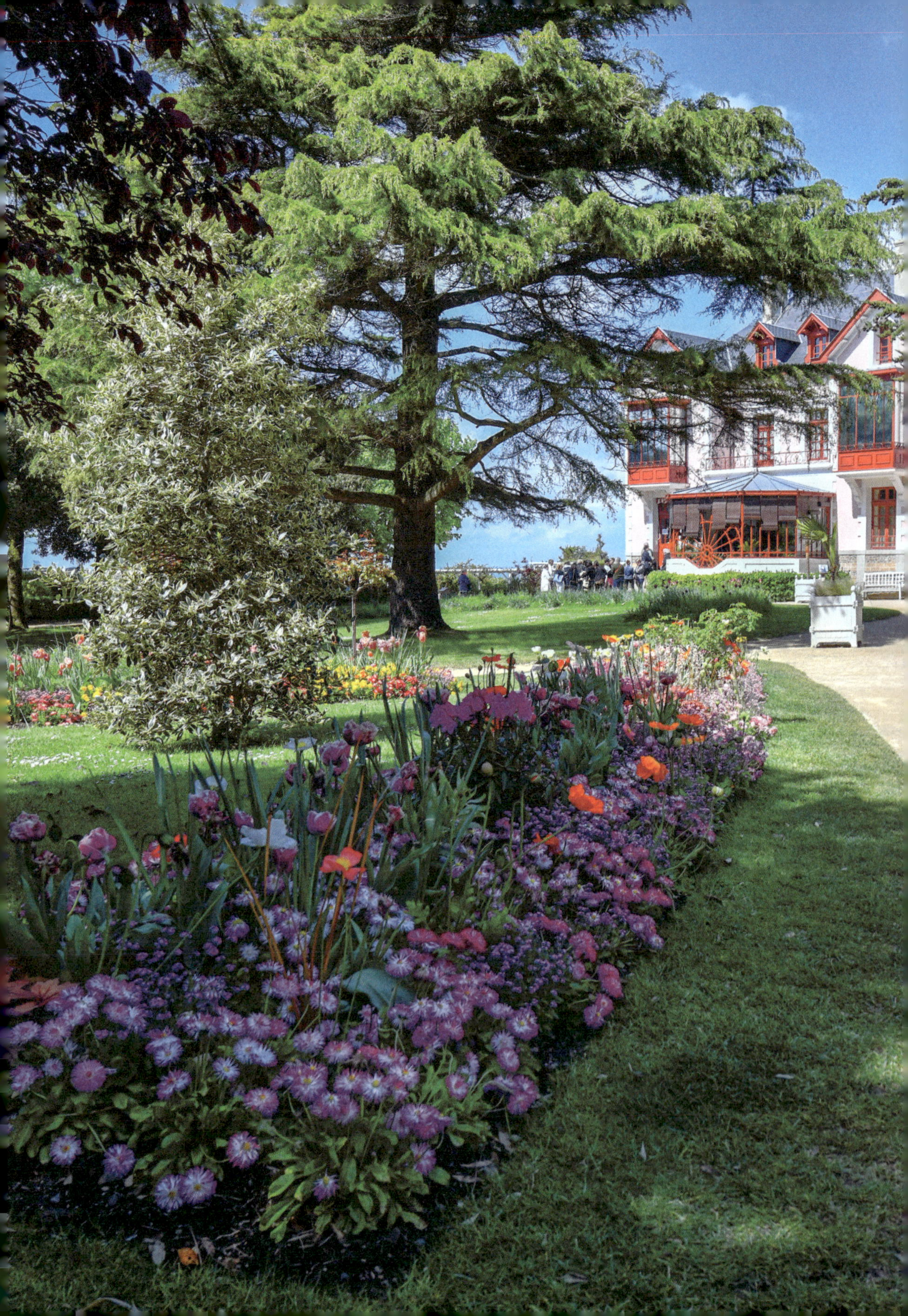

Das Rosenrefugium des Christian Dior

Der Garten seiner Kindheit an der normannischen Küste inspirierte den Modeschöpfer zu grandiosen Roben – ein magischer Ort, voller Rosen, Eleganz und Nostalgie.

Es sind die Eindrücke der Kindheit, die uns nachhaltig prägen, im Negativen wie im Positiven. So war es auch bei Christian Dior. Der Garten seiner Kinder- und Jugendjahre in Granville in der Normandie hinterließ intensive, charakteristische Spuren in seinen genialen Kreationen. Dem kleinen Christian erschien dieser Garten wie das Paradies. Dort inhalierte er die Sinnlichkeit von Blumen, ihre Farben, Formen und Düfte, um sie später in glamourösen Roben und Parfüms zu verewigen. Der Couturier, der mit dem »New Look« zum Star wurde, die Mode revolutionierte und Mitte des 20. Jahrhunderts als berühmtester Modeschöpfer der Welt galt, wurde bei seinen Schöpfungen stets inspiriert von den immensen Erinnerungen dieses Ortes. Er transformierte dessen florale Fülle später in höchste Couturier-Kunst. 2019 wurde im Londoner Victoria & Albert-Museum sein virtuoses Erbe gezeigt, man erhaschte einen Abglanz von Diors Brillanz. Viel näher aber ist man ihm an seinem normannischen Geburtsort: Haus und Garten der Villa »Les Rhumbs«, heute Museum, sind nach gründlicher Restaurierung fast original erhalten. Hier weht sein Geist, hier sind seine Wurzeln hautnah und mit allen Sinnen erspürbar. Absolut Dior.

Granville, ein beschauliches Küstenstädtchen am Atlantik, 50 Kilometer nördlich von St. Michel, wird zu Beginn des 20. Jahrhunderts im Sommer eleganter Vorort von Paris, wenngleich weniger mondän

Die Villa »Les Rhumbs«, prägendes Paradies in Diors Kindertagen, zeigt heute die glamourösen Roben des Modeschöpfers.
Doppelseite davor: Pool und Pergola im Art déco-Stil entwarf der junge Dior selbst.

als Deauville. Hier erwerben der wohlhabende Düngemittel-Fabrikant Maurice Dior und seine Frau Madeleine die Villa »Les Rhumbs«, auf einer Steilküste hoch über dem Meer gelegen. Dort wächst Christian, am 21. Januar 1905 geboren, ab 1906 mit vier Geschwistern auf. Sein großbürgerliches Elternhaus beschreibt er später in seiner Autobiographie »Dior und ich«: »Wie alle anglo-amerikanischen Bauten der Jahrhundertwende war es scheußlich. Dennoch bewahre ich ihm eine zärtliche, bewundernde Erinnerung … Mein Leben, mein Stil, fast alles verdanken sie seiner Lage und Bauweise … Es war in einem sanften, mit grauem Kies vermischten Rosaton getüncht, diese beiden Farben sind in der Mode meine Lieblingsnuancen geblieben.« Heute strahlt »Les Rhumbs« in exakt diesem Puderdosen-Ton wieder zwischen nun mächtigen Bäumen hervor. »Es lag inmitten eines ziemlich großen Parks, damals mit jungen Bäumen bepflanzt, die gleich mir gegen Wind und Fluten kämpfend heranwuchsen. Das Haus lag direkt am Meer, das man durch ein Gitter sehen konnte. Ein Pinienwald – der fünfzig Zentimeter hoch sein mochte – verkörperte in meinen Kinderaugen einen Urwald.«

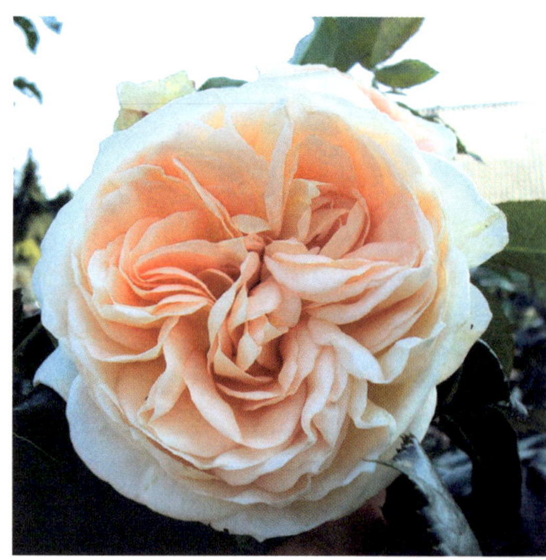

Die duftende Hommage ‚Miss Dior', eine nostalgische Strauchrose, brachte der englische Rosenzüchter Harkness 1998 auf den Markt.

Nach dem Ansturm der Badegäste lebte die Familie während der übrigen neun Monate, so Dior, einsam wie auf einer Insel. Diese Abgeschiedenheit sei ganz nach seinem Geschmack gewesen. »Von meiner Mutter hatte ich die Vorliebe für Blumen geerbt, und so genoss ich die

Gesellschaft von Pflanzen und Gärtnern.« Das habe auch die Wahl seiner Lektüre beeinflusst, »mit Ausnahme einiger Werke zog ich es vor, Namen und Beschreibungen von Blumen in den farbigen Katalogen des Hauses Vilmorin-Andrieux auswendig zu lernen«. Die Firma veröffentlichte bereits 1766 ihren ersten Katalog mit unterschiedlichsten Samenarten von Nutzpflanzen, Gemüsesorten und Blumen. Es folgten regelmäßig Publikationen mit Informationen zu Botanik und Gartenbau, die ebenso wertvoll waren wie die farbigen Illustrationen dazu. Frankreichs wichtigstes Saatgut-Unternehmen leistete sich Zeichner, die im Pariser Jardin des Plantes ausgebildet wurden. Kein Wunder, dass der schon als Junge für Schönheit sehr empfängliche Christian von den Zeichnungen fasziniert war, sich stundenlang in die Kataloge vertiefte (1952 entwarf er gar einen »Vilmorin-Dress«, übersät mit hauchzarten Stoff-Gänseblümchen). Sommers war er am liebsten im 1,2 Hektar großen Garten, beim bloßen Gedanken, ihn verlassen zu müssen, habe er Widerwillen empfunden. Den hatte die kultivierte Mutter im Stil eines Englischen Landschaftsgartens anlegen lassen, dichte Vegetation bettete die Villa in eine grüne Parklandschaft und schützte vor den oft rauen Meerwinden. Als die Familie 1910 ein Haus in Paris mietet, bleibt das Anwesen in Granville der Sommersitz, wo Christian oft verweilt. 1925, mit 20 Jahren, entwirft er eine elegante Terrasse, ein Ensemble aus Pool, Pergola und überdachtem Sitzplatz, das Herzstück des Gartens. Ganz im Stil des Art Déco, klassisch-streng. »Mein Faible ist meine Berufung zum Architekten, die mich seit meiner Kindheit umtreibt, sie hat einen Umweg über die Couture als indirektes Ausdrucksmittel genommen …«, ein Kleid sei für ihn eine Art ephemere Architektur. Die weiß lackierte Pergola wird von duftenden Kletterpflanzen umrahmt, Jasmin, Geißblatt und Clematis. Vis-à-vis begrenzt eine schmale Rabatte den Pool, eine stattliche Palme schenkt mediterranes Flair. Heute blühen in den rahmenden Beeten andere Pflanzen, Gräser und Stauden wie Bärenklau (*Acanthus*), Zierlauch, Hortensien und Storchschnabel. Doch die Dior-DNA mit Pool, Pergola und weiß lackierten Bänken ist wieder authentisch zu erleben. Von den

Folgende Doppelseite: Zum Finale eines rosenberankten Weges lockt ein duftender Freiluft-Salon, Meeresblick und Duftorgien berauschen doppelt.

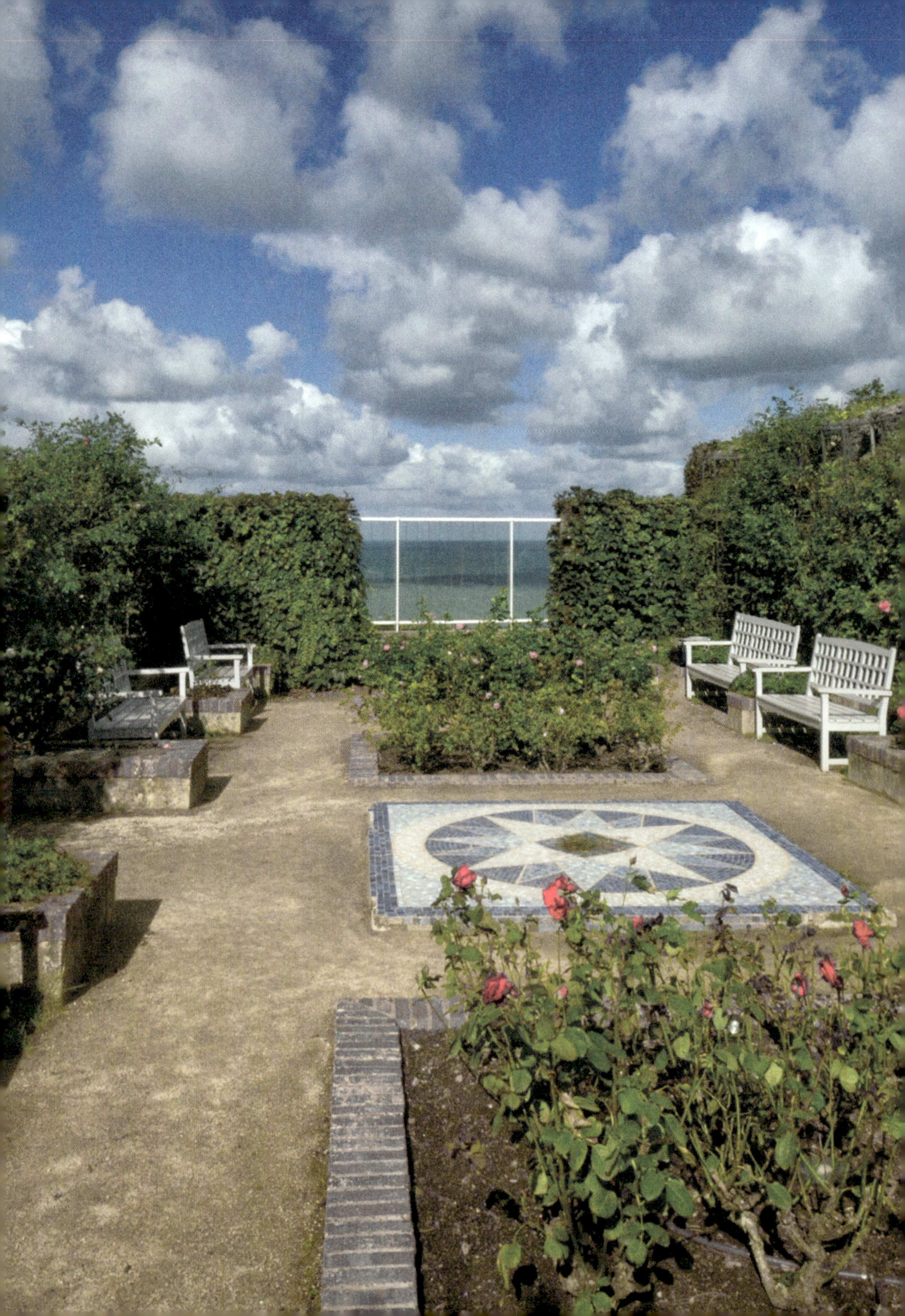

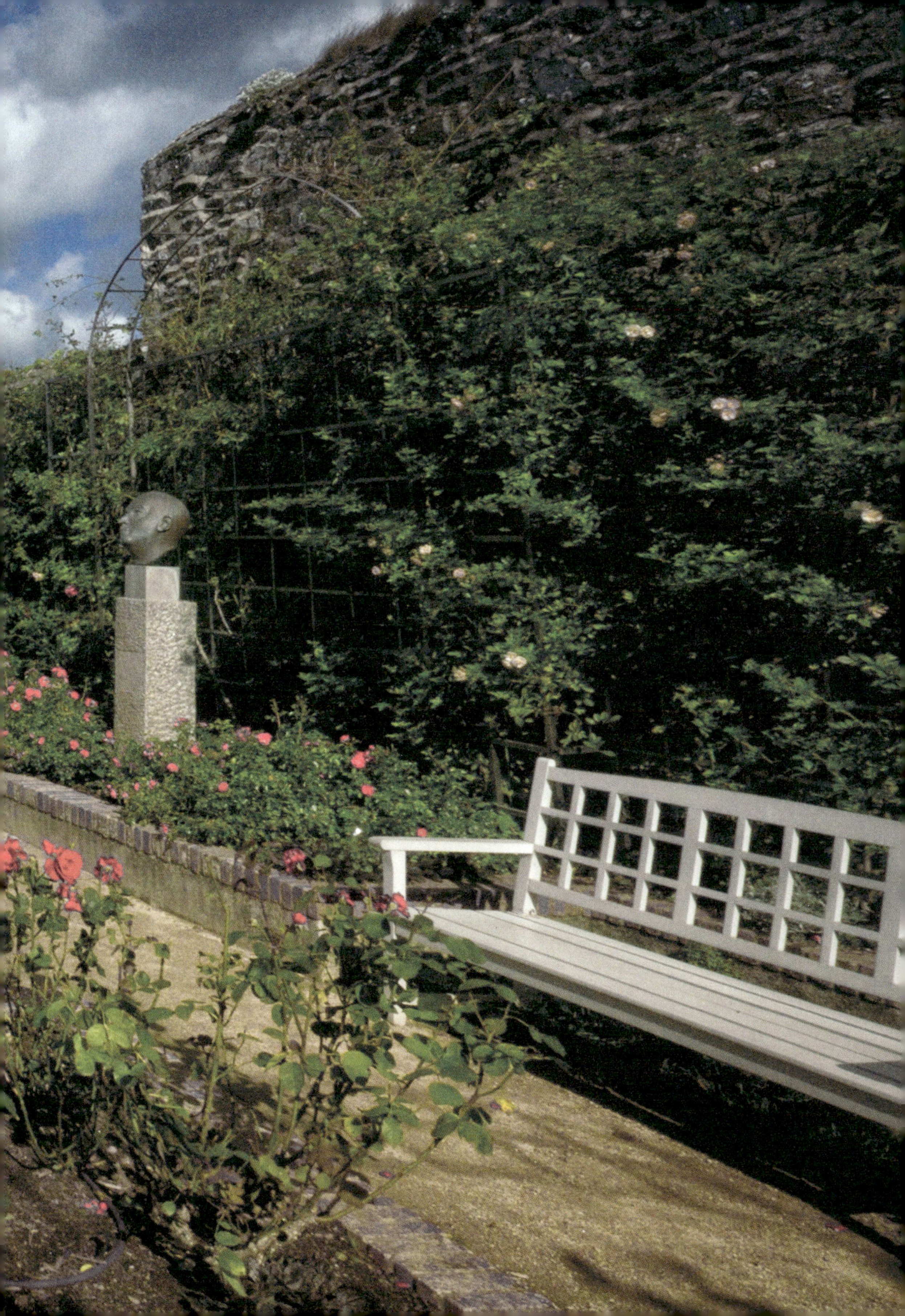

Pinien, die einst Diors Mutter direkt ans Steilufer pflanzen ließ, trotzt eine einsam weiterhin den stürmischen Normandie-Winden.

1931 stirbt Madeleine Dior, Vater Maurice ist durch schlechte Investitionen ruiniert. Das Arkadien der Kindheit muss verkauft werden, 1938 geht es in den Besitz der Stadt. Nie wieder kehrt Dior nach Granville zurück. Neben Häusern in Paris erwirbt er Anwesen auf dem Lande. Die rustikale Mühle von Coudret, nahe Jean Cocteaus Landsitz in Milly-la-Forêt, bekommt einen Garten, »so einfach und bescheiden wie die Gärten, die die Bauernhäuser meiner geliebten Normandie umgeben«. Auch im eleganten Château de la Colle Noire. In Montauroux (Provence) begibt er sich auf die Suche nach der verlorenen glücklichen Kindheit. »Ich habe den ganzen Tag zwischen den Reihen meiner Reben verbracht, um die kommende Weinernte zu prüfen.« Fernab von Paris wird der im Luxus schwelgende Modeschöpfer zum Bauern, der sich wünscht, dass er endlich in diesem Haus »unter einem anderen, südlicheren Himmel den mit schützenden Mauern umgebenen Garten meiner Kindheit wiederfinden werde«. Sein Wunsch erfüllt sich nicht, am 24. Oktober 1957 stirbt er 52-jährig nach seinem dritten Herzinfarkt.

Waren Rosen Diors Lieblingsblumen, so galt als seine absolute Favoritin das Maiglöckchen. Er vergötterte das grazile Geschöpf mit seinen charakteristischen grasgrünen Blättern und den anmutigen Blütenrispen mit winzigen, schneeweißen wippenden Glöckchen. Dazu gehört die Anekdote, dass der äußerst abergläubische Dior Blütenrispen als Glücksbringer in die Säume von Kleidern und Jacken einnähen ließ. Und oft ein Mini-Bouquet in seinem Anzug-Knopfloch steckte. Das 1956 von ihm kreierte »Diorissimo« ist die bis heute wohl berühmteste Version eines Maiglöckchen-Parfüms. Ein Bestseller. Ein Klassiker, ebenso wie der Flakon. Das Parfüm ist nach wie vor auf dem Markt. Ganz im Gegensatz zu den Kleidern, die Dior mit Maiglöckchen-Muster entwarf. *Mon dieu*, die Faszination für dieses fragile

Pflänzchen inspirierte ihn zu atemberaubenden Mustern und exquisiten Phantasiegebilden. Im Museum in Granville sind einige Schöpfungen zu bewundern. Der »Mois de Mai«-Dress, für die Haute-Couture-Kollektion im Frühling-Sommer 1957. Man würde am liebsten die Scheibe einschlagen, um es zu berühren: auf schwarz transparentem Grund prangen schneeweiße Bouquets, einzelne Blütchen spritzen hervor wie explodierende, kleine Feuerwerkskörper. Nicht realistisch, impressionistisch erhöht – man möchte fast am Stoff schnuppern. Das Kleid selbst ist eher unspektakulär, runder braver Halsausschnitt, kleine Ärmelchen, weiter Rock. Aber die magischen Maiglöckchen strahlen meterweit mit ihrem porzellanigen Blütenglanz.

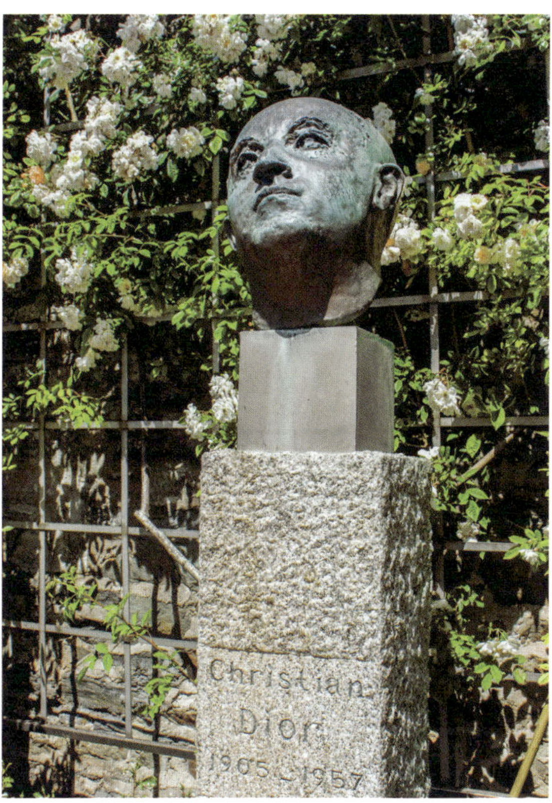

Versonnen schaut Monsieur Dior in den normannischen Himmel. Die Büste steht im geliebten Garten, der ihn zeitlebens inspirierte.

Die Krönung der Maiglöckchen-Manie war »Muguet«, ein Organza-Traum von 1957: ein ärmelloses, dekolletiertes Kleid mit angebauschtem Rock. Von der Taille bis zum Saum reihen sich zehn Reihen weiße Blütenrispen übereinander, dreidimensional in Wellenlinien drapiert.

Auch das Dekolleté wird von einer Blüten-Bordüre umschmeichelt. Das Ganze weiß auf weiß, minimalistisch und doch höchst extravagant. Sogar luftig-duftige Maiglöckchen-Hüte formte der Meister, sie werden heute von Fashionistas für vierstellige Summen ersteigert. Direkt neben dem Maiglöckchen-Märchen konkurriert ein Rosenkleid, atemberaubend auch hier das Dessin: kuchentellergroße, gefüllte rosarote Rosen, umrahmt von grünem Laub, auf weißem glänzenden Grund. Einen kompletten Rosengarten lässt Dior auf »Aladin« erblühen (Haute-Couture-Kollektion Herbst-Winter 1953). Ein Bustier-Kleid aus Seidensatin, auf dessen glänzend schwarzem Fond voll aufgeblühte Rosen in Korallenrot und Roséweiß prangen, eine farbsatte Hommage an die Königin der Blumen. Inspiriert von Erinnerungen an die Kinderzeit in Mutters Rosenbeeten in Granville.

Rosen prägen heute erneut den Garten von »Les Rhumbs«. Auch wenn es kaum noch jene aus Diors Zeit sind, sondern moderne Züchtungen, lohnt der Besuch vor allem im Juni-Juli. Schlicht überwältigend ist dann die Blütenpracht, ebenso die narkotische Duft-Orgie, die durch den Rosengang entlang bis zum hinteren Rosengarten führt, wo diverse Düfte sich vereinen. Also immer nur der Nase nach. Betörend das delikate Odeur von »Jardin de Granville«, eine Hommage des renommierten französischen Rosenzüchters André Eve von 2010 für das Haus Dior. Halbgefüllte Blüten in einem Muschelrosa, das perfekt zur Fassade der Villa passt. Der Duft wird für aktuelle Parfüms bei Dior genutzt. In sattem Dunkelrot leuchtet die vielfach prämierte »Ingrid Bergmann« (1984), eine geradezu perfekte Rose mit samtigen Blüten und süßlich-schwerem Duft. Außergewöhnlich apart ist die preisgekrönte »Rhapsody in Blue« (1999) mit fast blauen Blüten, je nach Lichteinfall mauve-schieferblau und purpurn irisierend. Die hohe Strauchrose bietet ihr süß-durchdringendes Aroma aus Pfirsich, Zitrone und Honig fast auf Nasenhöhe. Von der Terrasse geht es schnurgerade auf schmalem Pfad an der Klippe entlang, links unten tost das Meer, über einem wogen an zierlichen Metallgestängen prachtvollste Kletterrosen. Am

Ende des Weges empfängt ein Freiluftzimmer, in dem Rosen überquellen, aus Rabatten und an Spalieren der umgebenden drei Mauern. Die vierte Seite ist eine Glasscheibe, dahinter phänomenale Panorama-Sicht auf das Meer. Bei Nebel hört man die Brandung, die salzige Luft riecht man immer. Vor einer Rosenwand steht eine schlichte Stele mit Diors Büste. Der Meister schaut nicht aufs Meer, sondern versonnen in den normannischen Himmel. 250 000 Besucher schlendern jährlich durch sein Paradies, das dank der Stadt Granville diesen Namen wieder verdient. Haus und Garten sind hervorragend restauriert, bepflanzt und gepflegt. Das Dior-Museum zählt seit 2011 zu den rund 200 »Maison des Illustres« und ist das einzige Haus Frankreichs, das einem Modeschöpfer gewidmet ist. Ein Kleinod, lohnend selbst für Mode-Muffel.

Tipp

Immer der Nase nach: Vom Pool führt ein von duftenden Rosenbögen flankierter schmaler Pfad in einen versteckten Gartenraum. Rosenrausch pur! Sie ranken in allen Farben und Formen opulent an Spalieren, umhüllen mit süßem, narkotischem Odeur. Die Büste des Monsieur Dior blickt versonnen in den Himmel, unten an der Steilküste brandet das Meer.

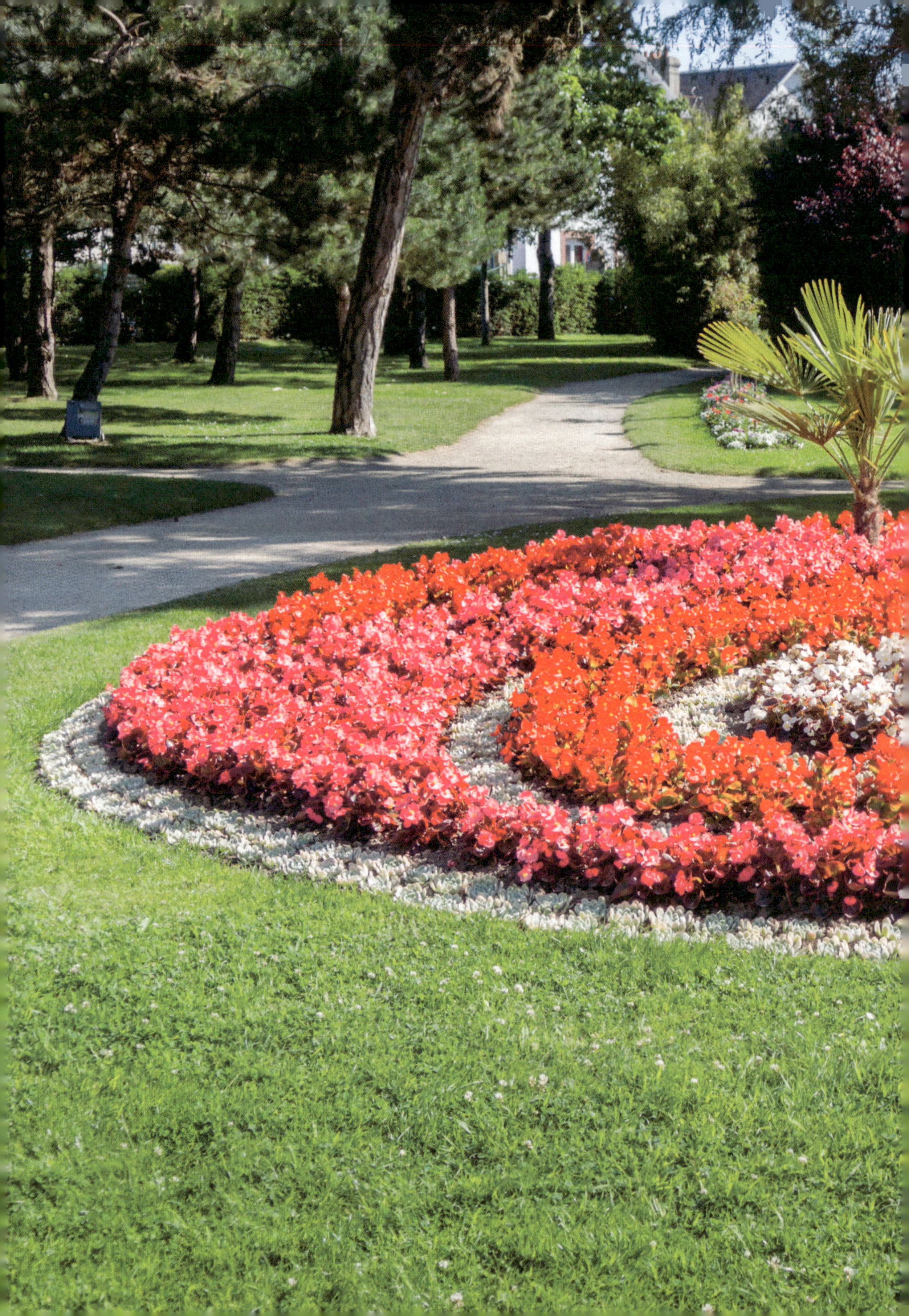

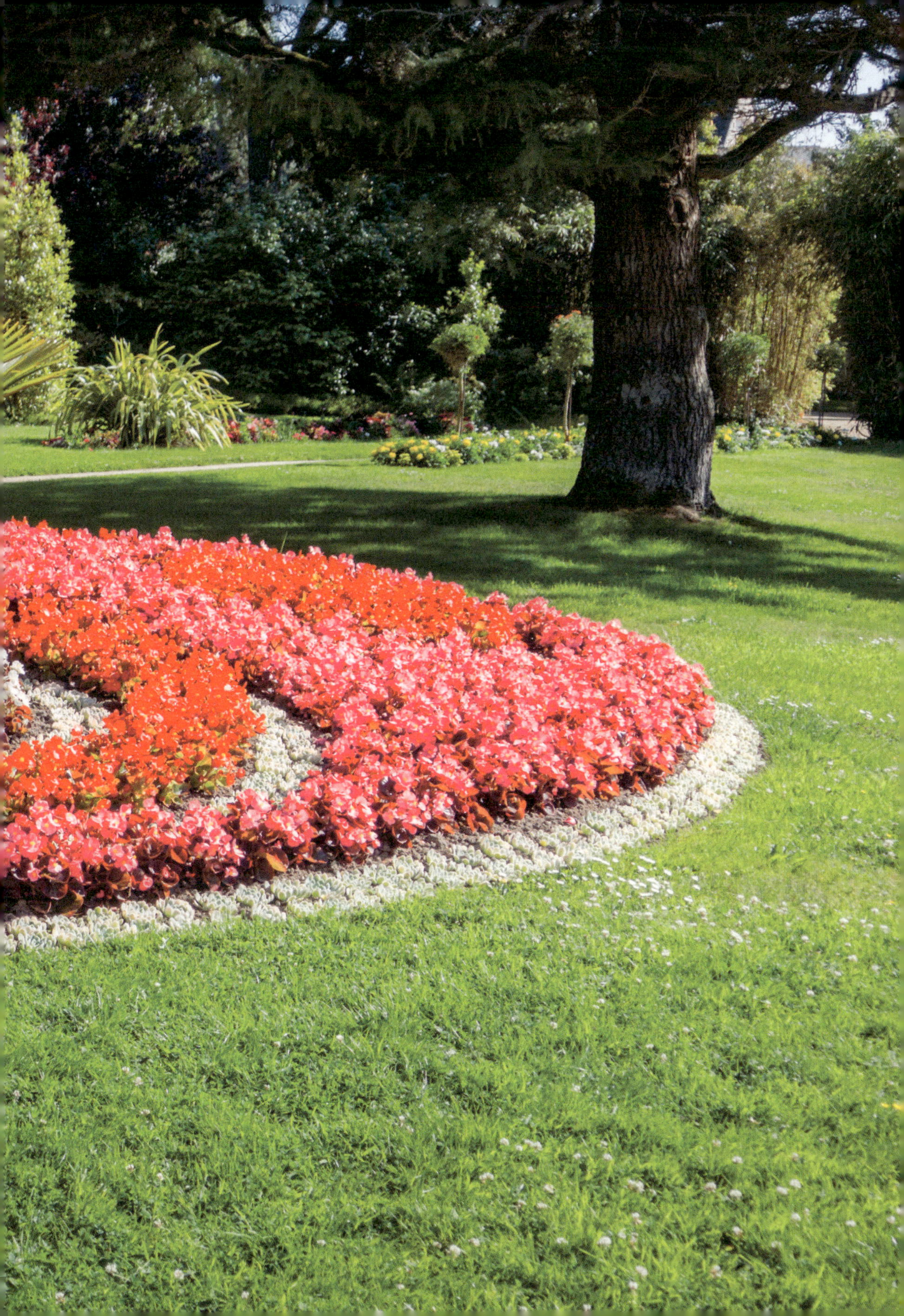

Adressen & Hinweise

Das Paradies des Polit-Stars

Chartwell
Mapleton Road
Westerham TN16 1PS
Kent, UK
www.nationaltrust.org.uk/chartwell

Allgemeine Tipps
Bei Gartenreisen durch GB ist eine Mitgliedschaft im National Trust sinnvoll, da dadurch in über 220 historischen Gebäuden und Parks freier Eintritt und freies Parken möglich sind.

Lustwandeln zwischen Poesie und Pflanzenpracht

Gräflicher Park Bad Driburg
Brunnenallee 1
33014 Bad Driburg
www.graeflicher-park.de

Parkführungen auf Anfrage

Die letzte Idylle eines Genies

Schloss & Park Clos Lucé
2, rue du Clos Lucé
37400 Amboise
Loire-Tal, Frankreich
www.vinci-closluce.com/en/information

Herrn Lennés grandioses Gespür für Landschaft

Zahlreiche Parks in Potsdam und Berlin gehören der Stiftung Preußische Schlösser und Gärten (SPSG).
www.spsg.de

Alle sind frei zugänglich, ebenso Parks in Mecklenburg-Vorpommern, u. a. Schwerin, Ludwigslust, Basedow, Krumbeck.

Besonders sehenswert:
Die Roseninsel im Starnberger See
www.schloesser.bayern.de

Der Botanische Garten Flora in Köln
www.freundeskreis-flora-koeln.de

Der Schlosspark von Ballenstedt / Sachsen-Anhalt
https://gartentraeume-sachsen-anhalt.de

Zum Weiterlesen
Peter Joseph Lenné – vom Erschaffen der Landschaft,
Christa Hasselhorst, Edition Braus

Genussvoll leben wie Gott in Frankreich - die Küchengärten der Loire

Château de Valmer
37210 Chançay
www.chateaudevalmer.com
Fast ganzjährig geöffnet

Château de la Bourdaisière
25, rue de la Bourdaisière,
37270 Montlouis-sur-Loire
www.labourdaisiere.com

Château de Villandry
3 rue Principale
37510 Villandry
www.chateauvillandry.fr
Ganzjährig geöffnet

Château du Rivau
37120 Lémeré
www.chateaudurivau.com/de

Château de Chenonceau
37150 Chenonceaux
www.chenonceau.com
Ganzjährig geöffnet

Zum Weiterlesen
Die Gärten der Loire-Schlösser,
Marie-Françoise Valéry, Prestel

Geliebte Küchengärten,
Christa Hasselhorst, Ulmer

Gezähmte Natur als schwungvolle Sinfonie

Gärten & Parks von Wirtz sind quer durch Europa verstreut.

Öffentliche Anlagen: Tuileriengärten, Paris;
Jubilee Park, Canary Wharf, London;
Boulevard Albert II Laan, Brüssel;
Alnwick Garden, Alnwick, Northumberland;
Garten am Kunsthaus Zürich, Schweiz;
Georg-Knorr-Park, Berlin-Marzahn
www.wirtznv.com

Zum Weiterlesen
The Wirtz Gardens,
3 Bände (Bände I + II Patrick Taylor und Marco Valdivia; Band III Bertrand Limbour),
Wirtz International NV

Junes überbordende grüne Juwelenbox

Tinode
Blessington
Co. Wicklow
Irland

Gartenführungen mit June,
Übernachtung & Café, Pflanzenverkauf
www.juneblake.ie

Ein Garten als Muse

Liebermann-Villa am Wannsee
(Museum, Garten und Café)
Colomierstraße 3
14109 Berlin
www.liebermann-villa.de
Auch mit ÖPNV erreichbar

Zum Weiterlesen
Im Garten von Max Liebermann,
Nicolai Verlag

Zu Gast beim grünen Fürsten

Park & Schloss Bad Muskau
Fürst-Pückler-Park
02953 Bad Muskau
www.muskauer-park.de
Park ganzjährig frei zugänglich,
ebenso der Übergang zur polnischen Seite,
Ferienwohnungen im Park

Park & Schloss Branitz
Robinienweg 5
03042 Cottbus
www.pueckler-museum.de
Park ganzjährig frei zugänglich

Park & Schloss Babelsberg
Park Babelsberg 10
14482 Potsdam
www.spsg.de
Ganzjährig geöffnet

Zum Weiterlesen
Der grüne Fürst,
Heinz Ohff, Piper Verlag

Das Schlaraffenland des Sonnenkönigs

Potager du Roi
10, rue du Maréchal-Joffre
78000 Versailles
Ganzjährig geöffnet, Führungen möglich
www.potager-du-roi.fr

Zum Weiterlesen
Le Potager du Roi –
Dialogues avec La Quintinie,
Antoine Jacobsohn

Ein Park als Prestige-Objekt

Villa Hügel
Hügel 1
45133 Essen-Bredeney
www.villahuegel.de

Zum Weiterlesen
Der Park der Villa Hügel,
Christa Hasselhorst,
Deutscher Kunstverlag

Alter Besitz in neuer Pracht

Schloss Kleßen
Lindenplatz 1
14728 Kleßen
www.schloss-klessen.de
Führungen nach Anmeldung,
temporäres Café an Wochenenden,
Übernachtungen möglich

Wogende Gräser zwischen Meeresschaum-Hecken

Jardin Plume
Sylvie & Patrick Quibel
790 Rue de la Plaine
76116 Auzouville-sur-Ry
Normandie / Frankreich
www.lejardinplume.com
Gruppenführungen, Pflanzenverkauf

Zum Weiterlesen
Le Jardin Plume,
Quibel & Le Scanff-Mayer, Ulmer

Paradies mit Laube

Schrebergarten-Anlagen gibt es in vielen unserer Städte, alle sind öffentlich zugänglich. Der beschriebene Schrebergarten in Münster gehört zum Kleingarten-Verein »Grüner Krug«, Prinz-Eugen-Straße.

Sehenswert:
Deutsches Kleingärtnermuseum
Aachener Straße 7
04109 Leipzig
www.kleingarten-museum.de

Zum Weiterlesen
Paradies mit Laube,
Stefan Leppert, DVA

Ein Fürst erschafft ein Arkadien für alle

Gartenreich Dessau-Wörlitz
Alter Wall
06785 Oranienbaum-Wörlitz
www.gartenreich.de
Der Park ist jederzeit ganzjährig frei zugänglich.

Zum Weiterlesen
Flora – Fauna – Gartenfreude,
Thomas Weiß (Hg.), Stekovics Verlag

Das Rosenrefugium des Christian Dior

Villa Les Rhumbs
1 rue d'Estouteville
50400 Granville
Normandie, Frankreich
www.musee-dior-granville.com

Garten ganzjährig bei freiem Eintritt zugänglich, Öffnungszeiten Museum abhängig von der Jahreszeit

Zum Weiterlesen
Dior und ich,
Christian Dior, SchirmerMosel

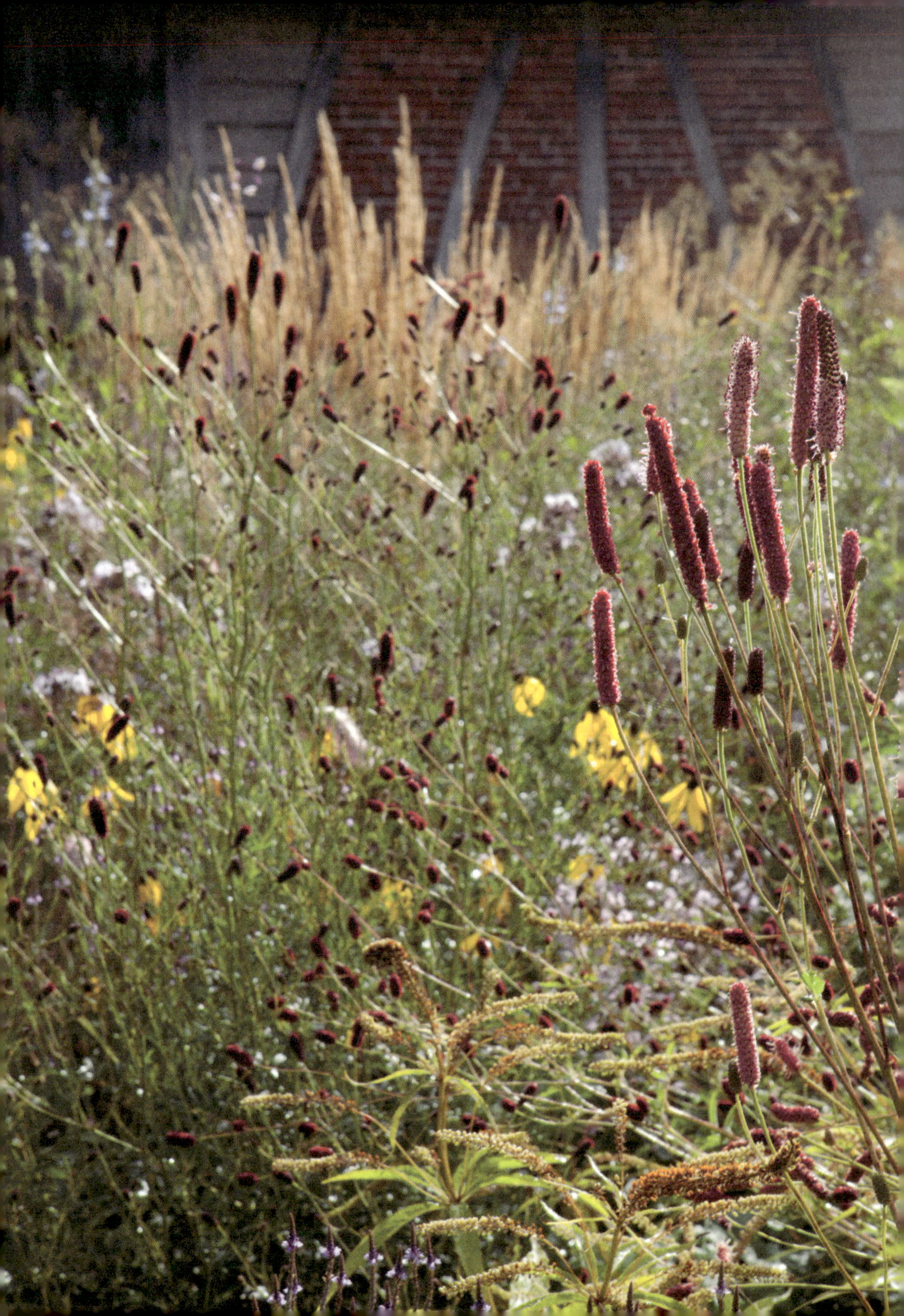

Bildnachweis

Frontispiz: Annie Spratt on Unsplash | S. 2: © Sylvie & Patrick Quibel, Jardin Plume | S. 4–7: Mona Eendra on Unsplash | S. 8: Chartwell, Kent, England: The Rose garden at the former family home of Sir Winston Churchill now a National Trust property © mauritius images / TopFoto | S. 10: © Potager du Roi | S. 12: © mauritius images / Seabreeze / Alamy | S. 16: © Andy Guest / Alamy Stock Foto | S. 19: © mauritius images / Ambling Images / Alamy | S. 20: Paul – stock.adobe.com | S. 22–32: © Marion Nickig | S. 34–42: © Château du Clos Lucé – Parc Leonardo da Vinci | S. 44, 46: © Ulrich Schrader | S. 50: © picture alliance/dpa/dpa-Zentralbild/Monika Skolimowska | S. 53: © Elisabeth – stock.adobe.com | S. 54: © Bayerische Schlösserverwaltung/www.schloesser.bayern.de | S. 56, 63: © Château du Rivau | S. 58, 60: © Christa Hasselhorst | S. 66: JL – stock.adobe.com | S. 68–81: © Wirtz International nv. | S. 82–90: © Christa Hasselhorst | S. 92: Max-Liebermann-Gesellschaft, Foto: C. Adam | S. 94: © Buchholz, Max-Liebermann-Gesellschaft | S. 98: © Max-Liebermann-Gesellschaft, Repro: Karen Bartsch | S. 102: © mauritius images / Catharina Lux | S. 104: © Max-Liebermann-Gesellschaft | S. 106, 108, 113: © SFPM/Andreas Franke | S. 114: © picture alliance / Bildagentur-online/Sunny Celeste | S. 116: powell – stock.adobe.com | S. 118, 126: PackShot – stock.adobe.com | S. 120–124: © Christa Hasselhorst | S. 130, 134, 138: © Ursel Borstell | S. 137: Jan – stock.adobe.com | S. 140, 146: © Jan Rothenbücher | S. 143: Виктор Иден – stock.adobe.com | S. 144: Julien – stock.adobe.com | S. 148: © Ursel Borstell | S. 150–161: © Sylvie & Patrick Quibel, Jardin Plume | S. 162–174: © Marion Nickig | S. 176: © Ferdinand Graf Luckner | S. 180: LianeM – stock.adobe.com | S. 183: © Marion Nickig | S. 184: fotograupner – stock.adobe.com | S. 186: © mauritius images / Tuul and Bruno Morandi / Alamy | S. 188–195: © Benoit Croisy, coll. Ville de Granville | S. 190: © Gartencenter Bartels | S. 198: © mauritius images / Sue Martin / Alamy | S. 204: © Sylvie & Patrick Quibel, Jardin Plume | S. 206: © Christa Hasselhorst | S. 208: © Château du Clos Lucé – Parc Leonardo da Vinci

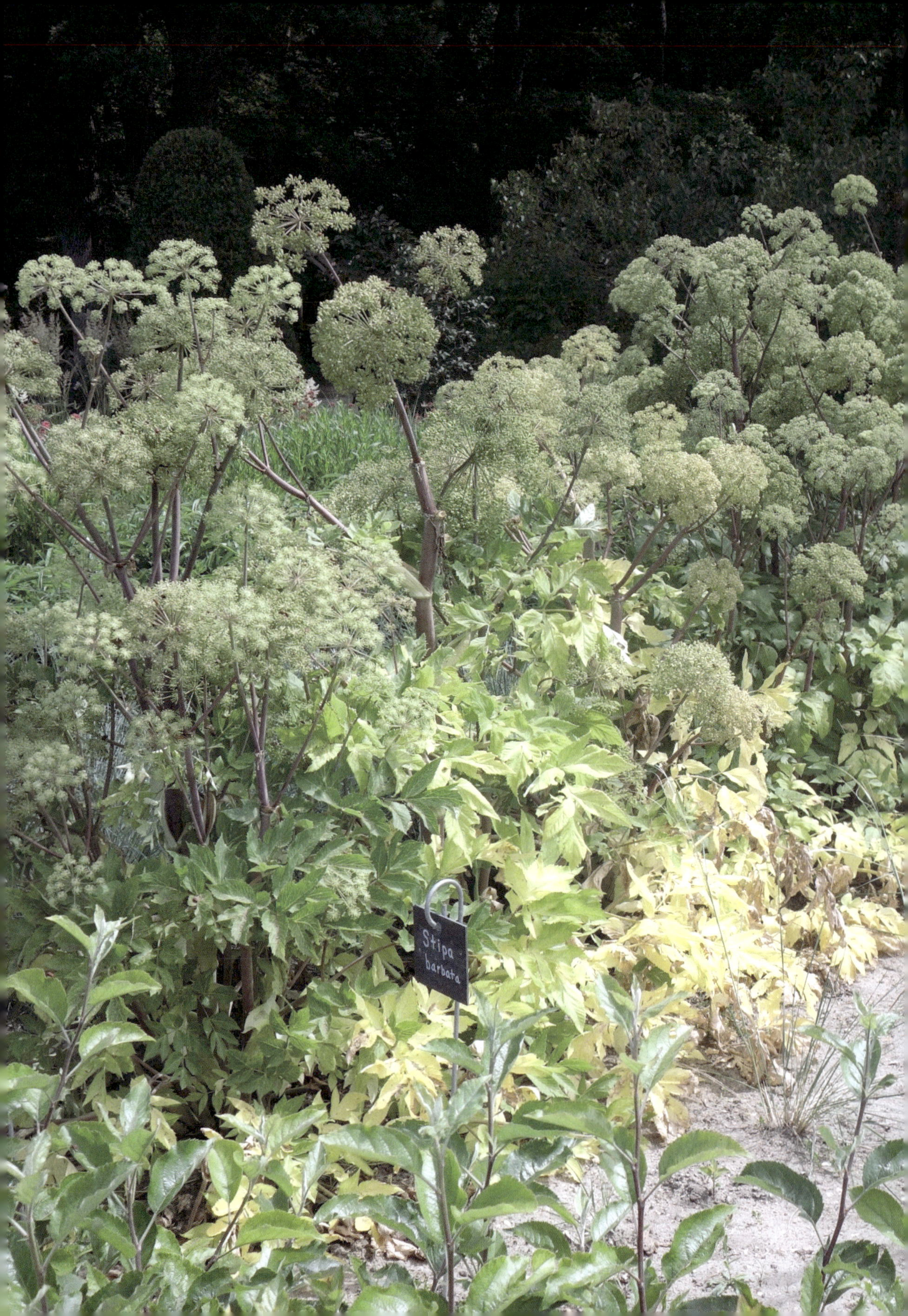
Stipa
barbata

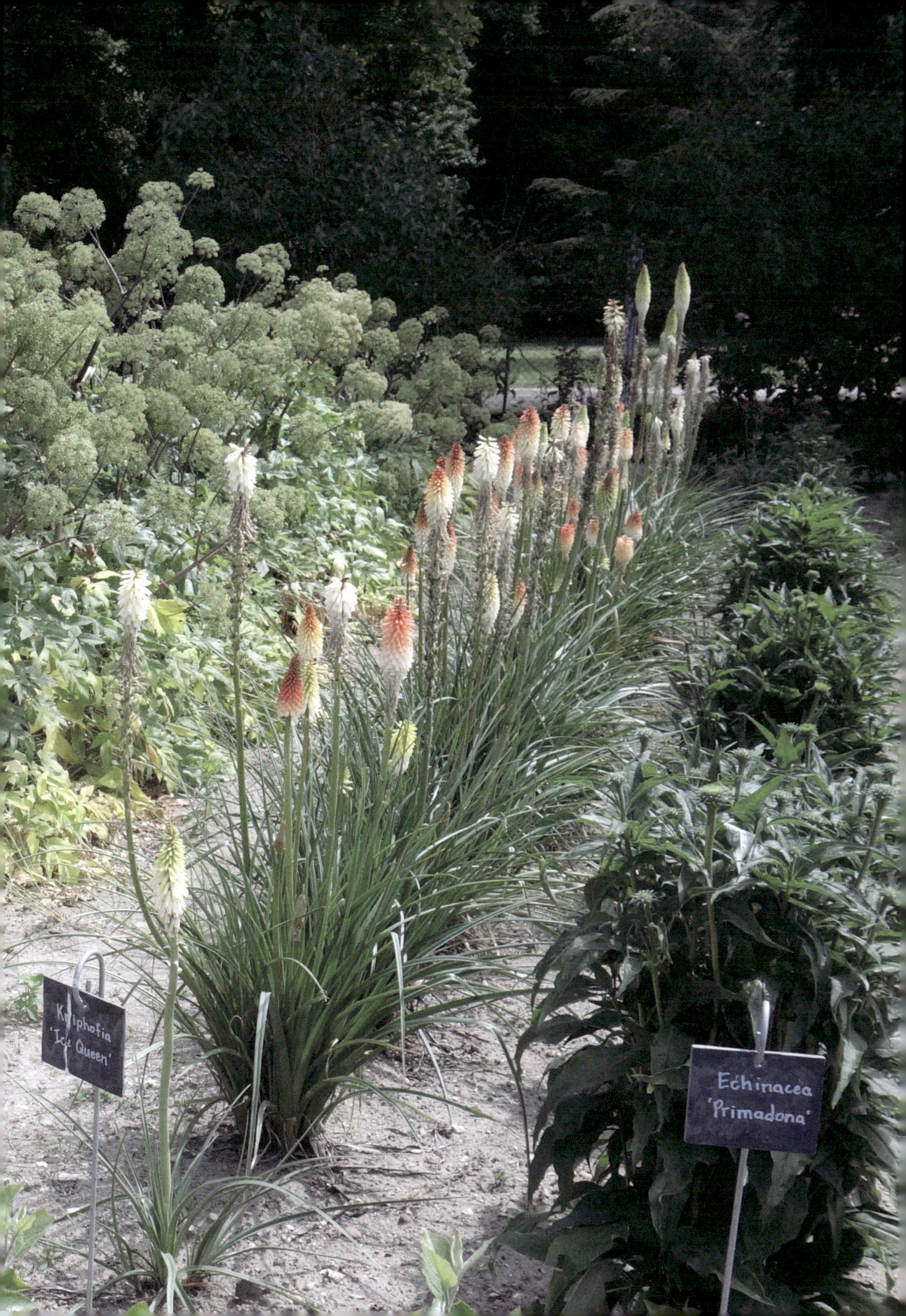
Kniphofia
'Ice Queen'
Echinacea
'Primadona'

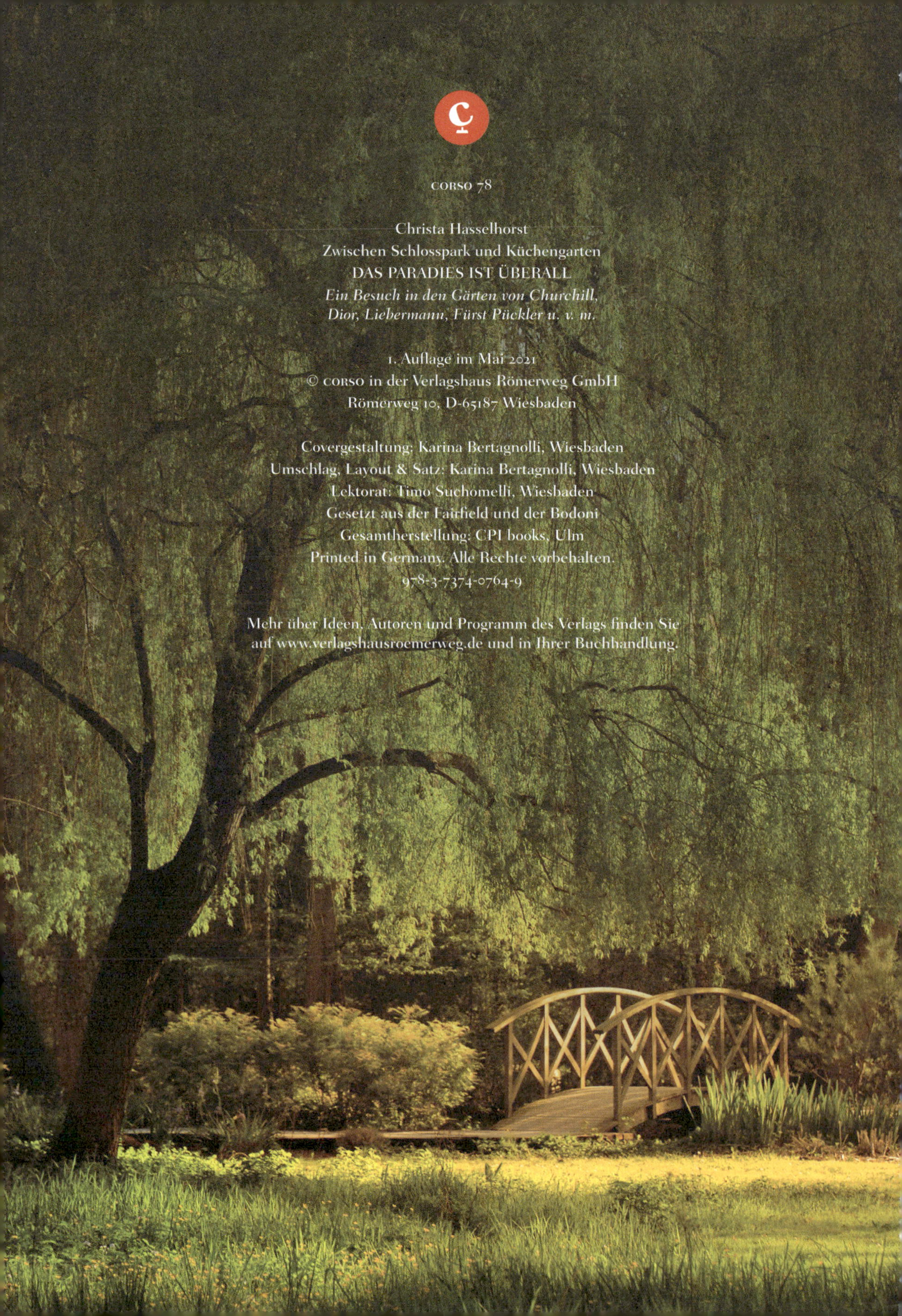

CORSO 78

Christa Hasselhorst
Zwischen Schlosspark und Küchengarten
DAS PARADIES IST ÜBERALL
Ein Besuch in den Gärten von Churchill, Dior, Liebermann, Fürst Pückler u. v. m.

1. Auflage im Mai 2021

Römerweg 10, D-65187 Wiesbaden

Covergestaltung: Karina Bertagnolli, Wiesbaden
Umschlag, Layout & Satz: Karina Bertagnolli, Wiesbaden
Lektorat: Timo Suchomelli, Wiesbaden
Gesetzt aus der Fairfield und der Bodoni
Gesamtherstellung: CPI books, Ulm
Printed in Germany.
978-3-7374-0764-9

Mehr über Ideen, Autoren und Programm des Verlags finden Sie auf www.verlagshausroemerweg.de und in Ihrer Buchhandlung.